近代華人傑出領袖

蔣經國、鄧小平與李光耀

邱錦添　編著

文史哲出版社總經銷

國家圖書館出版品預行編目資料

近代華人傑出領袖：蔣經國、鄧小平與李光耀／
邱錦添編著. -- 初版. -- 臺北市：邱錦添
出版：文史哲總經銷 2015.10 面； 公分
ISBN 978-957-43-2854-3（平裝）

1.領袖 2.世界傳記

781.057   104020024

近代華人傑出領袖：蔣經國、鄧小平與李光耀

2015 年 10 月　初版第 1 刷

編　　著　邱　錦　添
出　版　者　邱　錦　添
　　　　　　10084 台北市羅斯福路二段 198 號 11 樓
　　　　　　電子信箱：ctchiu68@ms67.hinet.net
　　　　　　電話：886-2-23653636　傳真：886-2-23655533
　　　　　　郵政劃撥帳號：50027753
台灣總經銷　文史哲出版社 www.lapen.com.tw
　　　　　　10074 台北市羅斯福路一段 72 巷 4 號
　　　　　　電子信箱：lapen@ms74.hinet.net
　　　　　　電話：886-2-23511028　傳真：886-2-23965656
　　　　　　郵政劃撥帳號：16180175
定　　價　新台幣 500 元

自　序

　　在中國近代史上，蔣經國不僅是位「承先啟後」之卓越領袖，而且是台灣經濟現代化與政治民主化之推動者，輔助蔣介石鞏固台澎金馬，延續中華民國政權，在台灣生聚教訓，建立台灣成為亞洲四小龍之一。鄧小平經歷三上三下，終獲政權，提出改革開放政策，使中國在經濟、政治、社會與文化各方面產生廣泛變化，中國因此經濟崛起，國際地位提升，可說是扭轉中國大陸之命運，改變世界命運的成功推手。李光耀把新加坡從一個落後貧瘠的小島蛻變成一個經濟繁榮世界一流的國家，他領導新加坡煞費苦心，用盡計策，強化經濟發展，穩固政治與社會，並以他機敏的心思縱橫國際，尋求奧援力量，創造一個競爭力最強的經濟體，讓新加坡繁榮昌盛，邀視全球。

　　三人在出生背景、家庭生活、人格特質均截然不同，但治國策略、改革政績影響亞洲及世界均至深且鉅，為華人之驕傲，值得世界各國參考借鏡。作者有感於三人對國家社會之重大貢獻，乃研讀諸多書籍，其中較為重要著作如新加坡政府出版「新加坡選擇了李光耀」九本、李光耀回憶錄、李光耀觀天下、李光耀硬道理、傅高義著「鄧小平改變中國」、阮銘著「鄧小平帝國 30 年」、漆高儒著「蔣經國評傳」、陶

涵著「蔣經國傳」、陳國祥著「硬耿領導」及許介鱗著「評比兩岸最高領導」等書籍，選取並加以整理諸多資料，以成長歷程、學識修養、人格特質、家庭生活、治國理念、領導統御、治國績效、危機處理、領袖魅力、人生價值等主題，編著本書，其書名有關三位人名的排列，係按照仙逝先後排列，對於三人作相同相異之分析，本書計分八章，第一章出生背景、第二章家庭生活、第三章人格特質、第四章世紀對決、第五章改革政績、第六章三人評比、第七章歷史地位、第八章結論。

　　承東海大學李根永教授百忙之中，在本書第六章三人政治思想之分析，提供卓見，政治大學吳家昌教授惠賜寶貴意見，台北市大同社區大學張琬君校長之鼓勵，以及助理林佩穎小姐從上網蒐集資料、打字、校對、不辭辛苦，一併表示謝意。雖筆者對於三位近代華人傑出領袖之比較分析，為求公正、客觀、超然，一切依據史實資料，惟筆者學識有限，恐有思慮不周之處，仍請各界惠賜指正。

邱錦添
2015 年 10 月

近代華人傑出領袖

── 蔣經國、鄧小平與李光耀

目　　次

第一章　出生背景

第一節　蔣經國[1]

（1910 年 4 月 27 日出生於浙江省奉化縣溪口鎮
1988 年 1 月 13 日逝世台北七海寓所。）

　　1910 年 4 月 27 日（農曆三月十八日），蔣經國在浙江省奉化縣溪口鎮豐鎬房出生，是中華民國總統蔣中正和其元配妻子毛福梅所生兒子。1913 年時，3 歲的蔣經國曾經罹患過天花。童年的時候蔣經國主要是由信奉佛教的母親毛福梅、祖母王采玉和母親隨從細心照顧，相對地作為父親的蔣中正則往往嚴格要求蔣經國的作為。採取威權教育方式的蔣中正有時候會選擇忽略蔣經國的質問，甚至在兩人私人信件中蔣中正也會嚴格命令他的兒子。1916 年 3 月 24 日，蔣經國進入奉化縣溪口鎮武山小學，老師是同鄉周東。此外，這所學校還有其母親娘家岩頭村出身的老師毛頌南，在學校他被稱為同福先生，非常受到蔣經國尊敬。蔣經國正式接受啟蒙教育，直至 1919 年。後來蔣中正在 1917 年 12 月邀請顧清

1　維基百科
　http://zh.wikipedia.org/wiki/%E8%94%A3%E7%B6%93%E5%9C%8B

廉教導蔣經國（曾為蔣中正老師），且親自為蔣經國制定研修課表。

　　1920 年，蔣中正一面自行為蔣經國編訂課程，另一方面則聘請王歐聲教導被視為中國文化基礎的四書五經。1921年，蔣經國轉學到奉化縣鳳麓學堂接受傳統教育，並且於此取表字為「建豐」。在課餘時間蔣經國仍然接受王歐聲的教導學習經學，也因而有機會精讀《說文解字》、《爾雅》等書籍。蔣中正按照自己理想去培育蔣經國。因此他讓蔣經國讀四書五經、《曾文正公家書》、《王陽明全集》。

　　1921 年，蔣經國祖母王采玉抱病到上海看望蔣中正，回到家鄉溪口後不久，於 6 月 14 日溘然長逝。蔣中正為此非常傷心，乃將王采玉葬於附近飛鳳山，便匆匆前往前線，參加作戰。之後他前往廬山數個月，期間經常帶著蔣經國與蔣緯國在家鄉附近散步。蔣中正在料理完母親喪事後，即把蔣經國帶到上海，決定舉家搬入上海居住。在上海，蔣經國受到蔣中正下屬陳果夫照顧，蔣中正側室陳潔如也一同前往上海，並且成為蔣經國繼母。蔣中正來信囑咐蔣經國讀《孟子》，不斷強調《論語》等儒家古典書籍和英語之重要性。期間王歐聲也跟隨前往上海市為蔣經國教導國文。

　　1922 年，在上海，蔣經國考入萬竹高等小學四年級就讀。受到當時五四運動已經爆發，蔣經國也因而受到反帝國主義運動以及平等社會思潮的影響。此時蔣中正將蔣經國視為必須教導的兒子，而養子蔣緯國則是要讓人愛護的孩子。蔣中正要求蔣經國在上海市居住期間必須每週撰寫 200 個至300 個字的書信，並且在書信往來中也不斷要求蔣經國的書

法能力。1924 年 3 月 20 日，蔣經國便向當時已經被視為重
要政治人物的父親蔣中正提供有關溪口鎮農村基層組織建
議，其中蔣經國認為識字很重要，應該要提供免費教育來讓
民眾得以認識和撰寫 1,000 個文字。同年，蔣經國從上海萬
竹高等小學高級部畢業。

一、決定留學

　　1924 年，蔣經國考入上海市浦東中學。1925 年，上海發
生主張反帝國主義和反當政軍閥的五卅運動，蔣經國站在工
人一邊，參加示威遊行，之後還曾經四度參與。他受到同學
和老師讚揚，但校方卻執行政府指令，以「該生行為不檢」
之罪名，開除了蔣經國學籍。隨後，蔣經國前往廣東省探訪
父親，並且希望加入國民革命軍。蔣中正得知消息後，便把
蔣經國送到北京，進入由著名學者和語言學家吳稚暉先生的
北京海外補習學校，希望吳先生照顧這位世侄。1925 年 6 月，
蔣經國前往北京後，在該所結合古典與現代教育方法的學校
中獲得啟發。不久，蔣經國又因參加反對北洋軍閥的學生運
動，而被判處兩週監禁。蔣經國認為自己將成為「進步革命」
的年輕成員，並且認為共產主義將會為社會帶來繁榮。期間
他開始有了前往莫斯科留學的想法，而在當時蘇聯也安排東
亞國家支持人士得以就讀培訓學校莫斯科中山大學。

　　之後蔣經國拜託他的老師吳稚暉推薦自己為可以前往中
國國民黨候選成員，並且認為自己能通過中國共產黨中央委
員會同意而前往蘇聯就讀。雖然在中國國民黨內，吳稚暉是

西山會議派的重要人物，甚至反對共產黨之主張，後來促成
中國國民黨決定發起四一二事件與蘇聯決裂，但吳稚暉並沒
有嘗試勸阻蔣經國前往莫斯科之念頭。1925 年夏天，蔣經國
前往廣州，在中華民國陸軍軍官學校與自己父親討論有關前
往莫斯科的計畫。儘管蔣中正一開始並不希望送自己的兒子
前往蘇聯，後來與陳果夫討論。之後，蔣中正同意蔣經國出
國留學。對此在 1996 年接受採訪，陳果夫的弟弟陳立夫則表
示聲稱蔣中正接受的背後原因是中國國民黨當時並無法確認
能夠獲得蘇聯的支持。

二、留學蘇聯：莫斯科中山大學

　　蔣經國留學蘇聯期間深入研究尼古拉・伊萬諾維奇・布
哈林（左）和列夫・達維多維奇·托洛斯基（右）的思想。

　　到上海前，蔣經國到溪口和母親毛福梅告別。1925 年 10
月 19 日，蔣經國從上海市出發前往蘇聯莫斯科中山大學留
學。同年 11 月，蔣經國經由海參崴抵達莫斯科。12 月，蔣
經國赴歐留學。之後，蔣經國進入莫斯科中山大學就讀，取
了俄語名稱「尼古拉·維拉迪米洛維奇·伊利扎洛夫」。蔣經國
開始追隨早在莫斯科東方大學期間就擔任教師的卡爾・拉狄
克。而當時許多有影響力的中國家族都把自己的孩子送往莫
斯科中山大學就讀，這包括有後來成為中國共產黨領導人的
鄧小平；期間蔣經國和大自己 6 歲的鄧小平成為好友，並且
也曾與蒙古族的烏蘭夫一同聽課。

　　蔣經國在其學習共產主義思想不久開始熱衷研究尼古
拉·伊萬諾維奇・布哈林和列夫・達維多維奇・托洛斯基，其

中托洛斯基主義主張進行不斷革命、工人階級對於革命階段
的重要性等政治思想與蔣經國的思想觀點極為雷同。當時莫
斯科中山大學是托洛斯基主義重要發展核心。1924 年，托洛
斯基公開要求蘇聯共產黨要讓組織透明化。但是蘇聯肅反運
動期間，主張優先發展蘇聯而與托洛斯基不合的史達林則一
度秘密與蔣經國會面，並要求後者公開譴責托洛斯基主義。
1925 年，蔣經國曾經在莫斯科一次 3,000 多人的群眾大會上
演講《北伐的目的及其必然成功的道理》，這也是他首次面
對廣大群眾的場合所發表之重要演講。之後他還在一次工人
大會上發表《孫逸仙先生的偉大》之演講，並且在學生報《中
國革命與中國共產黨》一文中解說共產黨政策的問題所在。
由於蔣經國信仰堅定，加上他又是蔣中正兒子，所以當他到
達莫斯科不久，莫斯科中山大學黨支部便吸收他為蘇聯列寧
共產主義青年團和中國共產主義青年團成員，後來又升為預
備黨員。不過，其加入蘇聯共產黨的申請則是一直遭到拒絕。

　　1927 年 4 月 12 日，蔣中正在上海發動四一二事件，隨
後成立南京國民政府，同時下令開始清除政府內部的中國國
民黨左派人士與中國共產黨黨員，並驅逐蘇聯顧問。第一次
國共合作的結束，使蔣經國無論是個人信仰以及生活環境都
陷入困境，之後蔣經國先是在莫斯科中山大學集會上登臺演
講以譴責蔣中正的背叛，幾天後則在塔斯社發表公開聲明而
與蔣中正斷絕父子關係。這年夏天，蘇聯當局遣送莫斯科中
山大學部份學生回國，蔣經國卻未被遣送回國之列。在史達
林看來，蔣經國是他手中的一顆棋子，將來時機來臨，和蔣
中正重打交道時也許能派上用場。蔣經國雖被史達林視為「客

人」，能夠平衡中蘇關係，但在第三國際及中國共產黨施壓下，其實際上如同人質。不過，有關這些聲明是否是為蔣經國遭到強迫撰寫有不同評論，但是一些資料則表示蔣經國已經知道自己許多支持托洛斯基主義的好友遭到逮捕，並且被蘇聯的祕密警察加以殺害。

三、勞動工作

蔣經國在提出返回中國遭到第三國際拒絕後，改表示希望前往軍隊實習而被批准得以在位於列寧格勒國立大學的蘇聯軍事情報局特種學校就讀，並且在蘇聯紅軍第一師擔任學生兵。1927 年 12 月蔣經國則轉往列寧格勒托爾馬喬夫軍政學院進修，並且在此學習軍事戰術、行政管理、交通運輸、地形學、火炮原理、軍隊政治工作、軍事戰略、戰爭史以及游擊戰術等正規軍事教育。1928 年，中國共產黨駐莫斯科代表團指控蔣經國組織秘密反對組織江浙同鄉會並且要求蘇聯政府逮捕，但是最後沒有成功。1929 年 11 月 2 日，多次申請加入蘇聯共產黨的蔣經國獲得列寧格勒托爾馬喬夫軍政學院蘇聯共產黨支部的一致同意而得以入黨。12 月 15 日，蔣經國正式以第四類黨員的身分加入蘇聯共產黨。

1930 年 3 月 28 日，列寧格勒軍事委員會正式批准蔣經國為蘇聯共產黨候補黨員。5 月，蔣經國以每科都是「優等」的全班第一名成績畢業，其畢業論文主題為《游擊戰的戰術》。首先蔣經國請求返回中國，未獲批准，繼而申請分配到紅軍中工作，但由於他傾向托洛斯基和拉狄克，結果也沒

有當上紅軍軍官，並且被蘇方判定為「具有不可靠的政治傾向」而不再信任他。6 月，蔣經國擔任列寧格勒托爾馬喬夫軍政學院中國學生參觀團副指導員兼翻譯人員，第一件任務便是帶學生在蘇聯境內參觀旅行。10 月，蔣經國被分配到莫斯科的狄納莫兵工廠擔任政治軍事課教師。

1931 年 5 月，他則被派到莫斯科近郊的索科洛夫協助蘇聯農業集體化的工作，之後還擔任了集體農莊的代理主席。因為公開譴責中國共產黨代表王明，7 月，蔣經國又被改派到莫斯科近郊的石可夫農場。他與農民一起耕田，非常賣力。由於操勞過度的緣故使得蔣經國臥病長達 1 個月，不過蔣經國於石可夫農村從事耕作 6 天之後便獲得當地農民的信任，對此他曾經表示：「他們請我去參加他們的會議，我幫助他們解決了許多問題。到這個農村來過許多許多中央代表，可是沒有一個得到他們的信任。」

1932 年 10 月，蔣經國被召回莫斯科，開始接觸中國共產黨駐莫斯科代表。1932 年 11 月，他被派至烏拉山脈大城市斯維爾德洛夫斯克待命。1933 年 1 月，蘇聯共產黨烏拉爾區黨部等了一段時間，蔣經國被分配到西伯利亞阿爾泰金礦當礦工。9 月，他被調往烏拉爾山地區的斯維爾德洛夫斯克擔任烏拉爾重型機械廠擔任伐木工人。10 月，他轉任為機械車間副技術師。在這期間他選擇進入工程學校夜間部就讀，希望能夠藉此獲得升遷的機會。兩年後，在長期受到蘇聯內務部監視下，蔣經國升任為副廠長，同時兼任廠報《重工業日報》的主編。

四、加入共產黨

　　1934 年，蔣經國曾經前往莫斯科與史達林會面。1935 年 1 月，蔣經國在蘇聯共產黨機關報《真理報》上三度發表文章批評蔣中正。其中在 1 月 22 日發表了《給母親的公開信》，在這封長信中，蔣經國表示：「昨天我是一個軍閥的兒子，今天我成了一個共產黨員。有人也許會覺得奇怪，但是我對共產主義的信念一點都不動搖。我有充分的自覺，對真正的革命理論成就有研究、有認識。」不過，在 1935 年 1 月，中國共產黨代表王明曾經強硬要求蔣經國寫信回國，並且藉此挑撥蔣經國和蘇聯之間的關係。而在重型機械廠期間蔣經國還與剛從工人技術學校畢業的白俄羅斯族法伊娜·伊帕奇耶夫娜·瓦赫列娃認識，並且於 1935 年 3 月 15 日時兩人正式結婚。1936 年 12 月 17 日，蔣經國成為蘇聯共產黨的正式黨員。

　　對於留在蘇聯的蔣經國可能被視為人質看待，蔣中正在自己的日記中寫道：「為了我兒，犧牲國家利益，並不值得。」蔣中正甚至拒絕了中國共產黨領導人所提出以蔣經國交換戰俘的談判，到 1937 年以前蔣中正持續堅持「若要我犧牲國家利益，我寧可無後」的態度。但是張戎和喬·哈利戴則聲稱蔣中正讓中國共產黨成員得以在長征中逃脫，就是因為希望被史達林挾持的兒子蔣經國能夠返回中國。不過這段期間蔣中正並沒有放棄針對中國共產黨的作戰，其中蔣中正敦促當時實際控制中國西北地區的馬家軍殲滅中國工農紅軍西路軍，

並且支持遵守命令的馬步芳就任青海省省長。而張戎和喬·哈利戴還提出另外一種說法表示蔣經國是因為遭到綁架才被送往蘇聯，但是許多資料則表示他是自己表態要去蘇聯學習並且獲得蔣中正親自批准。

1936 年，蔣經國被解除副廠長和廠務主編職務。9 月，撤除《重工業日報》總編輯一職。1937 年 1 月 5 日，烏拉爾重型機械廠的蘇聯共產黨委員會更進一步決定開除蔣經國的黨籍與廠籍；這使得之後在受到中國共產黨駐第三國際代表施壓下，蔣經國一家人的生活收入只靠法伊娜·伊帕奇耶夫娜·瓦赫列娃的收入維持。2 月，斯維爾德洛夫斯克州蘇聯共產黨黨員大會期間，蔣經國被人指控是日本間諜並且支持托洛斯基主義，在經過黨委書記米哈依爾·庫茲涅佐夫的出面保證後才得以過關。蔣經國寫信三度要求史達林同意讓其返回中國。

1937 年 3 月，莫斯科發來急電，要他火速趕往莫斯科。蘇聯允許蔣經國回去中國。蔣經國回國前，曾向史達林辭行，史達林以手槍相贈。中國駐蘇聯大使蔣廷黻為他們餞行。3 月 25 日，蔣經國帶著妻兒，離開了蘇聯，踏上回國旅程，結束他長達十二年旅蘇生涯。

蔣經國一家在當時中國共產黨駐第三國際代表團成員康生陪同下，計畫從莫斯科搭乘火車抵達海參崴。在經過斯維爾德洛夫斯克州時，不少朋友都前往車站與他道別，但是蔣經國與康生之後在海參崴火車站上聯名給蘇聯共產黨中央委員會發布電報，表示支持蘇聯共產黨鎮壓這些朋友，並且提到回到中國後一定會完成蘇聯共產黨中央委員會所交付的任務。

第二節　鄧小平[2]

（1904 年 8 月 22 日出生於四川省廣安縣協興鄉牌村
1997 年 2 月 19 日逝世於北京）

　　鄧小平 1904 年出生於四川省廣安縣的牌坊村。他雖然出生於一個小地主之家，但鄧家的親戚中卻有個讓全村引以為豪的人物鄧時敏。這個鄧氏族親鄧時敏曾擔任朝廷要員，位至大理寺正卿，專為皇帝和朝廷大員寫摺子。1774 年鄧時敏告老還鄉，村裡為他立了一座牌坊，並就此更名牌坊村。

　　1926 年至 1927 年鄧小平在莫斯科時，在自己的個人簡歷中說，他的父親望子成龍，盼著他同樣能當上大官。這種夢想大概又因他母親的因素而益發強烈，因為她也有親戚考取功名當上縣令。在帝制中國，很多家庭，尤其是有親戚當過官的家庭，若是有個聰明伶俐的孩子，都願意含辛茹苦加以培養，希望他能考取功名，光耀門楣。鄧小平便是這樣一個聰明伶俐的孩子，雖然他的父親鄧文明很少跟兒子相處，卻在他讀書求學上花了不少功夫。

　　鄧小平成長過程中，大人們並不清楚讓孩子接受哪種教育最有利於前程。科舉制在鄧小平出生第二年便廢除，鄧小平六歲時發生的辛亥革命，又讓朝廷的官僚制度壽終正寢。但是取代舊學的新式教育才剛起步，於是就像當時中國農村

---

2 維基百科
　https://zh.wikipedia.org/wiki/%E9%82%93%E5%B0%8F%E5%B9%B3

很多有天資的孩子一樣，鄧小平五歲那年的啟蒙教育，是在牌坊村一個有學問的親戚家中學習儒家經典。第二年他又轉入協興鎮一家較大的私塾，繼續學習那些儒家經典，由此養成了背誦經書的能力。當時廣安縣有人口二十萬，但只有一所公立小學為有天份的孩子教授現代科目。鄧小平想必在這裡學的不錯：他十一歲那年通過競爭激烈的考試，進入離牌坊村十公里外的廣安縣高級小學，由父親出錢成為那裡的寄宿生。十四歲時他又考入廣安縣初級中學。當鄧小平十五歲離開該校前往重慶時，他在儒家經典以及數學、科學、歷史、地理這些現代科目和寫作方面，都已打下很好的基礎。

一些革新派教師提高了鄧小平的愛國覺悟，1919 年他年僅十四歲就參加了五四青年運動相關的示威活動。這場運動的起因是西方各國領導人在凡爾賽聯手操縱第一次世界大戰後的世界格局，要把德國過去在山東占領的膠州半島轉交日本而不是歸還中國。這激怒了北京大學和燕京大學的學生，他們於 1919 年 5 月 4 日走上北平（1949 年成為首都後改名為北京）街頭，不但抗議西方列強不尊重中國，而且抗議中國政府顢頇無能，沒有維護中國的利益。

五四示威活動的消息不脛而走，迅速傳遍全國各地的大學和一些中學校園，在中國知識青年中掀起了瞭解世界大勢的熱情，點燃了民族主義的火焰。相較於中國其他更偏遠的內地，廣安與外界有著更多的接觸，流經廣安縣城的曲江水面寬一百多米，通另外兩條河與九十公里外的重慶相連，從重慶乘汽船五日便可到達上海。早熟的鄧小平也加入這場運動，和同學一起走上廣安街頭遊行示威。1919 年秋天，他還

參加了重慶抵制日貨的運動。鄧小平對外部世界的覺醒與中國知識青年民族意識的萌生完全同步。從這一刻起，鄧小平本人便與中國人努力擺脫洋人欺侮、恢復其偉大和強盛地位的事業分不開了。

一、留學法國

　　1919 年春天，鄧小平與只比他大 3 歲的叔叔鄧紹聖一起離開廣安，到重慶就讀一所由吳玉章籌建的赴法國留學的預備學校。他是當時班上年齡最小的學員。經過 18 個月的努力學習，在 1920 年 9 月上旬他和其他 378 名學員乘船沿長江到達上海準備赴國外勤工儉學。9 月 11 日，年輕的鄧小平和其他 85 名學員一起被安排到法國勤工儉學，他們乘坐法國的安德烈·萊蓬號輪船從上海出發，駛往法國馬賽。個子矮小的鄧小平在這批留學生中被選為領頭，他在這個期間表現出了出眾的組織能力。經過將近 40 多天的旅途，在 10 月底，他們抵達了馬賽。短暫停留後到達了巴黎。在上海逗留的一週，鄧小平看到洋人在他的國家如何像對待奴隸般對待中國人。[3]

　　鄧小平在法國的時光非常奔波忙碌，生活很少有安穩的時候，而且他常常沒有工作，經濟上也非常拮据。實際上當時在法國的外國留學生，如果能夠維持生活就已經很不錯了，真正從事學習的希望幾乎等於零。

　　鄧小平在法國第一個居住地，是卡昂以西的小城巴約。

3　傅高義著，鄧小平改變中國，馮克立/譯，香港中文大學出版社編輯不/譯校，2013 年 9 月 5 日第一版第 10 次印行，頁 253-254。

他在法華教育協會開辦一個法語訓練班學了 3 個月法語。1921 年 4 月，由於缺錢，他到克魯索施耐得鋼鐵廠（Schneider & Company Iron and Steel Complex）工作 3 週。在這裡，他掌握鉗工技術，後來在文化大革命中再次派上用場。他在這裡初步認識法國的無產階級，並結識一些中國共產主義者。之後又做過飯館招待和火車司機副手，期間一直住在拉加雷訥克隆布。1922 年 2 月 14 日，鄧小平到沙萊特的哈金森橡膠廠製作膠鞋。期間，他上過夜校，以及蒙塔日學校。10 月 17 日，他辭去工作，於同年冬天到夏蒂榮學習 4 個月法語後，又回到原來的工廠工作。根據這個工廠領導評價，此時鄧小平顯露出倔強和反抗精神。這段經歷對於他意義重大。1985 年，他派兒子鄧樸方拜訪此地。1923 年 3 月 7 日，他因拒絕工作而被工廠開除，失業幾個月後他去了巴黎。

　　1922 年鄧小平在法國哈金森橡膠廠就業，且加入了馬克思主義的旅歐中國共產主義青年團。1923 年 6 月，在第二次青年團代表會上被選為青年團領導，和周恩來及其他 3 名幹部一起擔任領導，但沒有具體任務。作為共產主義者，他開始從政。1924 年，由於人員變動，鄧小平補選進入中國共產黨旅歐支部，成為中國共產黨正式成員。隨後，鄧小平進入雜誌《赤光》編輯組，宣傳中國革命。在此結識了主編周恩來。鄧小平主要負責印刷，並參與宣傳工作。所有文章都由他刻在蠟紙上再進行油印，使他得了綽號「油印博士」。隨後左傾的革命者和右傾的中國青年黨之間發生了論戰，鄧小平也發表文章參與了這次爭論。此後，包括周恩來在內的許多人陸續回國，給鄧小平提供了很大的機會。

　　1925 年秋天，他成為新當選的中國共產黨旅歐支部負責人傅鍾的助手。時值第一次國共合作，鄧出任中國國民黨內代表共產主義者的監督代表。1925 年五卅慘案，在巴黎的中國人未經法國當局同意，發起一次抗議集會。6 月 21 日，他們衝擊中國駐法使館，並逼迫大使在抗議信上簽字。這使法國當局嚴厲逮捕和遣返大批中國共產主義者回國。包括鄧小平在內留下的人，都受到法國警察嚴密監視。

二、前往蘇聯

　　1926 年 1 月 7 日，鄧小平根據中央指示離開法國，前往蘇聯，並起俄文名字「多佐羅夫」，到專門培養中國革命者的莫斯科中山大學學習，同班同學有蔣介石的兒子蔣經國。他在這裡學習了俄語、歷史、哲學、政治經濟學以及列寧主義和軍事學。因為刻苦鑽研、敢言善辯的作風，他又被同學們戲稱為「小火炮」。9 月 16 日，根據中共中央的指示，鄧小平陪同訪問蘇聯的馮玉祥將軍返回中國。[4]

三、漸露鋒芒

　　回國後鄧小平奉命同馮玉祥回到內蒙古，並在馮玉祥手下擔任第 7 團的政治委員。此後，政治委員的職務他一直擔任了 23 年。1926 年 11 月 28 日，隨著北伐的節節勝利，馮

---

4 維基百科
　http://zh.wikipedia.org/wiki/%E9%82%93%E5%B0%8F%E5%B9%B3

玉祥攻下了西安。鄧小平在西安由馮玉祥成立的軍事學院擔任教學工作。

　　1927 年，第一次國共合作破裂。7 月 8 日鄧小平返回武漢到中共中央機關工作，「鄧小平」的名字正是在這個時候改的。並參加 8 月 7 日召開的中央緊急會議八七會議，並擔任中共中央秘書長。這一年的夏天，他去上海從事地下活動，一直呆到 1929 年夏天。1928 年 6 月底，他被選為中國共產黨中央委員會書記處的副書記，幫助新的中央書記向忠發展開工作。由於他從來不引人注目，而且很快就學會了上海話，因此成為了地下活動理想的接頭人。

　　1927 年冬天，鄧小平在上海與也是共產黨員的張錫媛結婚。但是這個婚姻只維持了 18 個月，張錫媛死於產褥熱。

　　1929 年，鄧小平奉命到廣西的右江和左江地區建立蘇維埃根據地。經過秘密的準備，他和陳豪人、張雲逸、李明瑞、俞作豫等人一起發動了百色起義和龍州起義，第一次表現出了他的軍事才能。1930 年 2 月，他領導建立了左江和右江兩個蘇維埃政區，創立中國工農紅軍第七軍、第八軍。1930 年夏末，鄧小平接到中央新的指示：解放中國南部。這個命令在當時很顯然是不符合實際的，甚至是自殺性的。由於這個命令，右江和左江蘇區在 1931 年左右就被國民黨全部消滅了。由鄧小平和張雲逸率領的大部隊則向柳州挺進。經過沿途的一些戰鬥後，鄧小平意識到國民黨軍隊佔有很大優勢。因此他違反了命令，放棄攻打柳州，而向江西的毛澤東在井岡山根據地進發。經過不斷的戰鬥，當他們到達江西時，2 萬人的隊伍只剩下 2 個團不足 2000 人。鄧小平則又去上海向

中央彙報工作。鄧的離隊後來被一些領導批評為「組織上正確，政治上不成熟」。

第三節　李光耀[5]

（1923 年 9 月 16 日出生於新加坡
2015 年 3 月 23 日逝世新加坡中央醫院）

　　李光耀 1923 年 9 月 16 日出生於新加坡，祖籍中國廣東省大埔縣唐溪村，其曾祖父李沐文大約在 19 世紀 60 年代來到新加坡。李光耀是李家在新加坡土生土長的第三代，出生時其家族在新加坡生活了半個世紀，雖然家族成員是清一色的華人，但是已經完全本地化，是比較典型的英屬馬來西亞華人家族。李光耀的祖父李雲龍和父親李進坤都是在殖民政府開辦的萊佛士書院接受英文教育，李光耀自幼在家裡與父母說英語，與外祖父母說夾雜了華語詞語和語法的馬來語，與玩伴們說馬來語和福建話。起初，外祖母安排李光耀進華校接受華文教育，結果李光耀什麼也聽不懂，經不住他的一再懇求，家人終於把李光耀轉入英校，接受系統的英文教育。

　　1936 年，13 歲的李光耀考入當地的英校萊佛士書院（初中部）；1940 年，18 歲的他考入該校的高中部，但在日軍佔領新加坡後中斷學業。1936 年至 1942 年，李光耀先後在萊佛士書院和萊佛士學院接受了小學和中學教育，表現非常出色。

5　維基百科
　　http://zh.wikipedia.org/wiki/%E6%9D%8E%E5%85%89%E8%80%80

一個人的童年經歷對於他以後的生活影響巨大，在李光耀身上也是如此，童年經歷對李光耀的影響主要體現在以下幾個方面：

第一，接受了初級的英文教育。李光耀從小接受英文教育不僅有助於他打好英語基礎，為以後留學英國做好語言上的準備，而且也接受了英國文化的熏陶，他的言行舉止甚至思維方式都慢慢的西方化了。

第二，其父親注重紀律對他以後的治國理念影響巨大。李光耀在回憶錄中說，"父親在家裡很注重紀律，所以對我管教很嚴"[6]，李光耀擔任新加坡政府總理後，便很注重紀律，對於違法行為的懲罰毫不手軟。

第三，進入萊佛士書院讀書為他以後從政積累了人脈關係。在這兩所政府學校的學習經歷使李光耀終生受益，他在回憶錄中說："當年是競爭對抗的年代，也是建立永恆友誼的年代。進入萊佛士書院和萊佛士學院對我有利。後來，萊佛士書院最優秀的學生在政府部門和商業機構裡表現良好，萊佛士學院的也一樣。因此，五〇年代我開始當律師時，已經有許多朋友和熟人在新加坡和馬來亞兩地的政府部門和專業領域裡擔任要職。在新加坡和馬來亞，哪怕你不認識一個人，只要出身背景相同，對方就很容易接受你；學校聯繫起着很好的作用，不論你是華人、印度人或是馬來人[7]。

---

6 李光耀：《李光耀回憶錄（1923-1965）》，新加坡：新加坡聯合早報出版，2000年版，頁22。
7 李光耀：《李光耀回憶錄（1923-1965）》，新加坡：新加坡聯合早報出版，2000年版，頁43。

第四，學會了如何做決定。作為家中的長子，李光耀的母親從小就把李光耀當做大人來看待，經常和他商量家庭事務的重要決策，因此"早在少年時代，我便成為實際上的家長。這倒教會我平時遇事如何做決定[8]，這練就了李光耀遇事勇於決斷的性格，這正是領導人在政治鬥爭中必不可少的品質。

童年和少年的經歷對李光耀影響較大的是"紀律"的印象和決斷能力的鍛鍊。據李光耀回憶，祖父經常給李光耀講自己在英國輪船上的工作經歷，這些故事都說明在船上維持紀律的重要性；父親在家裡很注重紀律，對孩子管教很嚴，但不太打理家事。在治理新加坡期間，人們也能看到"紀律"和"決斷"塑造着李光耀的行政風格。

一、瀕臨死亡

在萊佛士學院，李光耀一心想得到能夠赴英國留學的女皇獎學金，1942 年由於日本佔領新加坡，這個夢想破滅了。在日占的三年多時間，李光耀死裡逃生，躲過了日本佔領軍對華人的有組織屠殺，日本佔領新加坡期間，李光耀備嘗生活的艱辛，不僅不能繼續讀書，甚至隨時都有生命危險，有一次李光耀死裡逃生，憑着自己的機警才躲過了日本對華人的大屠殺。日本對新加坡的占領對李光耀的影響可謂巨大。首先，日本對新加坡的佔領使得李光耀體會到了權力的重要性，"三年零六個月的日治時期讓我學到的東西，比任何大

---

8 李光耀：《李光耀回憶錄（1923-1965）》，新加坡：新加坡聯合早報出版，2000 年版，頁 44。

學所教的還多。當時我還沒讀到毛澤東的名言'槍桿子裡出政權'。但我知道，關於誰說了算，誰能使人民改變行為，甚至改變效忠對象的爭論，是由日本槍炮、日本軍刀和日本暴行解決的。"有人主張對待和懲罰罪犯應該從寬，認為刑罰減少不了犯罪，我從不相信這一套，這不符合我在戰前、日治時期和戰後的經驗。其次，催生了李光耀的民族主義情緒。英國戰敗後，看著英國軍隊和澳大利亞軍隊被日軍打敗後衣衫襤褸地從李光耀家門前走過，李光耀第一次對英國人"理所當然"的統治產生了懷疑，"事實證明白人如果不是比亞洲人更加驚慌失措的話，至少也是半斤八兩。……多數亞洲人相信英國人天生優越的神話，並以為向英國人挑戰是不明智和枉費心機的。……可是現在，竟然有一個亞洲民族敢於抗拒英國人，並粉碎了上面所說的神話[9]。" "從那時起，我們斷言，我們的生活應該由我們自己決定，我們不應該做外國人的走卒或玩物。"在那個時刻，一個馬來西亞的民族主義領袖誕生了[10]。李光耀的第一位傳記作者亞力克斯·喬西（AlxeJosyc）談到日占對李光耀的影響時說："從那個時候起，李光耀就不再是華僑，而成為新加坡人。"

二、留學英國

二戰結束之後的 1946 年，李光耀在家人的協助下湊集學

9　李光耀：《李光耀回憶錄（1923-1965）》，新加坡：新加坡聯合早報出版，2000 年版，頁 60。

10　【英】亞歷克斯·喬西：《李光耀》，上海：上海人民出版社，1976 年版，頁 37。

費，負笈英國攻讀法律。在留英初期，李光耀就讀於倫敦經濟學院，並在學習時受到導師拉斯基的社會主義理論影響，逐漸展現反對英國殖民統治傾向，但卻在後期一直以「反共者」著稱。他曾在他的回憶錄中表示，「之所以討厭共產黨人，根源在於他們採用列寧主義（領袖集權）的方法，不在於他們的馬克思主義理想[11]。」一年後，李光耀轉到劍橋大學攻讀法律，並於 1949 年考獲雙重一等榮譽學位，名列榜首畢業，隨後取得律師資格。除了專業學習外，在四年的留英生活中他注意觀察了英國的政治情況，認真研究了英國的福利國家制度，參加了工黨的選區議員競選並且活躍在英國馬來亞論壇上。

留學英國的經歷對於李光耀以後步入政壇起了至關重要的作用。首先，在英國留學期間他還廣泛接觸了其他國家來英留學的學生，這開闊了他的眼界，他決定不再滿足於像普通的海峽華人那樣，從英國回來後做一名普通的公務員或專業人士，而是要領導馬來各族人民建立一個獨立的馬來亞國家。其次，在英國留學期間接受到了拉斯基社會主義理論的影響，認為 "世界上每一個人在生活中都應該機會平等[12]"，最後是接受了初步的政治鍛鍊，留英期間李光耀參加了 "馬來亞" 論壇，在那裡培養其馬來亞的政治意識。1950年，他與以前在萊佛士書院的同學柯玉芝結婚。

---

11 李光耀：《李光耀回憶錄（1923-1965）》，新加坡：新加坡聯合早報出版，2000 年版，頁 125。
12 李光耀：《李光耀回憶錄（1923-1965）》，新加坡：新加坡聯合早報出版，2000 年版，頁 124。

第二章　家庭生活

第一節　蔣經國[1]

「家是每個人的安樂窩」，對大多數的人來說，這句話是對的；對蔣經國來說，不是如此。他從小深深了解父親蔣中正和生母毛福梅並不和諧，父親在外做革命工作，生母在家禮佛唸經，青燈作伴，以後一個個新媽媽出現，陳潔如、姚冶誠、宋美齡天各一方。生母陪伴他成長，後媽的地位舉足輕重，妻子和情人他都無法割捨，女兒是他心中的一顆淚……她們，都是蔣經國生命中重要的女人，在歷史的背景下，她們的出現無不伴隨著風浪。

為生母毛福梅斥老蔣絕情
對後媽宋美齡表面很恭敬

蔣經國的生母毛福梅比蔣介石大四歲。由於是強行安排的婚事，蔣介石對毛福梅頗為冷淡，還不斷痛斥毛福梅的教育方式，無法讓蔣經國提高見識。而蔣經國曾在蘇聯發表文

---

1 漆高儒，蔣經國評傳 ── 我是台灣人，正中書局，頁 7-8。

章《給母親的信》，批評蔣介石對毛福梅太過絕情，同時批評他是"人民公敵"，以有"這樣的父親為恥"。他在民國二十六年回國後，和生母有兩年時間的相處，算是天倫樂敘之時，但到了1939年日軍飛機蓄意轟炸蔣介石的奉化老家，毛福梅不幸罹難，身為孝子的蔣經國懷著悲憤心情，手書"以血洗血"四個大字，誓為母親報仇。

而蔣經國與後媽宋美齡的關係堪可玩味。由於兩人年齡僅相差13歲，宋美齡很少以母親自居，而孝子蔣經國因生母毛福梅受父親冷落，也一直對宋美齡耿耿於懷。但蔣經國深知，宋美齡在家庭與政壇的地位舉足輕重，因而不得不對其謙恭有加。雖然宋美齡也常在人前人後稱讚：經國是最講禮貌的。但是在蔣經國去上海"打老虎"（1948年，蔣經國帶一批少壯派骨幹到上海進行經濟管制，打擊投機奸商，時稱"打老虎"。）期間，她卻毫不手軟地從中干預，最終讓整個行動泡了湯。蔣經國雖然手握實權，但卻不得不對宋美齡保持表面上的恭敬，而蔣介石一直充當這兩人間的潤滑劑。

蘇聯妻子蔣方良入鄉隨俗

民國廿二年十月，一名來自白俄羅斯鐵路工人的十七歲孤女－芬娜·伊芭奇娃·瓦哈李娃（Faina Epatcheva Vahaleva），自技術學校畢業後被派往烏拉山區的重型機器廠擔任女工，在朋友的介紹下，這位金髮、藍眼、活潑美麗、熱情無比的芬娜，與任職副廠長的尼古拉·維拉迪米洛維奇·伊利札洛夫（Nikolai Vladimirovich Elizarov，蔣經國的俄文名字）結

識，在和蔣經國與其他年輕朋友一起出遊、游泳、滑雪、溜冰、打排球的交往中，譜下了一段異國戀情。當時的蔣經國，因為國民黨與共產黨交惡，在蘇聯成為人質，被蘇共當局下放到西伯利亞，思鄉情切的蔣經國，只有藉辛勤工作來忘卻煩惱，芬娜的出現與愛情，帶給蔣經國莫大的安慰。經國在日記中記下：「芬娜是他唯一的朋友，每逢他遇到困難，芬娜總會表示同情及加以援手。」

民國廿四年三月十五日，蔣經國與芬娜結婚，當時蔣經國的月薪是七百盧布，並分配到一戶兩個房間的公寓。婚後，兩人過的生活雖然清苦，卻也甜蜜。經國在烏拉重機械廠，從基層技師做起，到工廠車間主任助理，後來升為助理廠長，並且主持「重工業日報」的編輯工作，工作相當順遂。只是好日子並不長，因為身分特殊，命運依然操控在蘇聯共產黨和中共的手中。尤其在他被「檢舉」思想有問題並被革職送到西伯利亞勞改，生活陷入困頓之時，經國刻骨銘心的表示：「這段艱苦的日子一共維持了六個月，我們全家三口只有依賴我太太在工廠做工的微薄工資過活。」同年十二月十四日，長子蔣孝文出生。

直到民國廿五年十二月的西安事變後，蔣公決定把在蘇俄當人質的蔣經國找回來。民國廿六年三月，在親友的淚水和祝福聲中，芬娜跟著蔣經國，揮別她的姊姊和故鄉，搭乘火車、輪船來到中國，四月十八日抵達杭州，後回到浙江省奉化縣溪口鎮的老家隨蔣經國南來中國後，她的公公蔣介石依諧音為她取了溫婉的中國名字：蔣芳娘。而蔣經國生母毛福梅不甚喜歡此名，認為"芳娘"的叫法讓長輩叫起來就亂

了輩分，於是再依諧音改為"方良"，更對洋兒媳婦寄予了"方正賢良"的美好期望。

入鄉隨俗的她甚至學會了漢語，還是一口正宗的寧波腔。蔣方良既有西方人的開朗與熱情，又有東方人的內斂與順從。在蔣經國的要求下，蔣方良很少外出交際，僅有的活動只是在家中舉辦簡單的小型聚會。

蔣經國正式就任台灣領導人後，就以不便參與私人宴會為由，與蔣方良深居簡出，使得蔣方良幾乎大門不出、二門不邁，除了洗髮、去婦聯會、勞軍，很少活動，充其量就是和蔣經國在院子裏散步；她根本沒有貴重首飾或珠寶，就算想吃些什麼東西，也只托司機買回來。在蔣經國多年的儉樸克難作風之下，蔣方良從來沒有想到要為家裏買些產業，手邊積蓄也不多，以致她在晚年只靠撫恤金過活，生活條件相當差。自 1937 年隨丈夫到中國後，蔣方良未再見到故鄉山水，也有人勸她回鄉散心，但最後還是因阮囊羞澀而作罷。蔣經國去世後，蔣方良心如死灰，有好幾年，她不看病、不見客，整天待在屋子裏。尤其 1996 年蔣孝勇接著病逝，白髮人送黑髮人，讓她更顯孤單。2004 年 12 月底，蔣方良走完孤單的人生路，最終也沒能返回自己的家鄉。

在蘇俄最苦難的日子娶了俄女方良為妻，這位糟糠之妻，是患難的伴侶，表面上尚屬相安，但實際上並不和樂，因為方良並不能相夫教子。方良所以不能相夫教子，是因為她教育程度太低。她是一個孤女，從小可憐，後來在蔣經國任職之工廠工作，而與他相識相愛。在蔣經國沒有工作、沒有工資收入時，曾有一年時間以一個女工的收入，支撐三口

之家（那時孝文已出生）。他們夫妻回國後，進到第一家庭，簡直是從地谷到高嶺，轉變的太快了，方良不能適應，對丈夫的工作無從幫助，中國文化的體認不深，對兒女難以負起家庭教育的責任。一個良好的家庭，靠家庭教師的督導是不夠的。[2]

秘密情人章亞若神秘死亡

有著一張秀氣圓臉的章亞若是江西人，她肌膚白皙，品學兼優，詩詞書畫樣樣精通，彈琴下棋，能歌善舞，是公認的校花。她與蔣經國初見後，蔣經國對她留下了好印象，加上她勤奮細心，積極參與公署救護隊等服務，深為蔣經國嘉許並公開表揚。章亞若在國劇上別有造詣，更讓蔣經國為之傾倒。兩人朝夕相處，愛慕關係有了發展，旁觀者一目了然。

蔣經國對章亞若服服帖帖，章亞若的聰穎幹練也彌補了蔣方良的許多不足，她甚至一度以家庭教師的名義出入蔣府，還在 1941 年蔣方良赴重慶拜會公婆期間，幫忙照顧蔣經國的兩個孩子，不過蔣方良對此毫不知情。當時章亞若住在贛州江東廟附近的一幢舊宅裏，幾乎每隔一兩天的晚上，蔣經國都會開車或徒步造訪章家。小蔣幕僚漆高儒也稱，曾應蔣經國之邀，在章亞若閨閣內共同用餐；章亞若甚至還請來當地巫婆問米，問是蔣經國的母親毛福梅，蔣經國竟向亡母報告她又有了個兒媳；兩人的婚外情幾乎已是專員公署心照

---

2 漆高儒，蔣經國評傳，中正書局，1998 年 2 月 2 版，頁 7。

不宣的秘密。據說蔣經國一生也僅送過章亞若一次禮物，就是從重慶舊市場買來的歐式鏡子。

1940 年年底章亞若懷孕，蔣經國秘密安排她到桂林待產，此後在桂林醫院產下一對雙胞胎男嬰。1942 年 8 月，仍停留桂林的章亞若因友人請客，丟下兩個小孩獨自赴宴。回家後突然頭痛胸悶，上吐下瀉，連夜送省立醫院救治；原本病情有所好轉，但半夜因血中毒而身亡。章家深感死因不正常，帶著兩個小孩連夜匆忙逃走。蔣經國得知章亞若的死訊後，哭過好幾場，為掩飾哭腫的眼睛，還特地叫人買了一副黑眼鏡戴上；此後一年多時間，他始終鬱鬱寡歡，也了解是自己連累了章亞若。

至於是誰下的毒手，包括戴笠的軍統、陳立夫的中統，都曾被懷疑；蔣孝嚴則懷疑是蔣經國親信部下所為；漆高儒也承認，章亞若在桂林仍以蔣專員夫人自居，格外招搖，黃中美等蔣經國的同學兼幕僚一度起了殺機，避免章亞若影響蔣經國前途。但這個籠罩超過半世紀的疑雲，至今始終無人能證實真相。

蔣經國自己的家庭可以說是支離破碎的。他要照顧為父親明棄暗留的生母（一直在溪口），也要照顧另一個母親的身後事（陳潔如死於香港，他派人送錢料理）；又要和宋美齡相處儼然如母子。對方良、對兒子都有愛，但是孩子長大了，學書不成，學劍亦不成，「知子莫若父」，內心是痛楚的。經國先生的長子蔣孝文，曾讀陸軍官校，輟學後赴美國讀書，與革命先烈徐錫麟的孫女徐乃錦結婚。返台後出任臺灣電力公司桃園區管理處處長與國民黨桃園縣黨部主任委

員，後因糖尿病長年臥床，民國七十八年四月，因鼻咽癌病逝台北，得年五十四歲。

問題愛女蔣孝章

　　長女蔣孝章，二十一歲（民國四十六年）前往美國學習英國文學，經國先生託國防部長俞大維的兒子俞揚和照顧她，卻激出兩人的愛苗，民國四十九年八月九日與俞揚和結婚。蔣方良為蔣經國生了四個孩子，蔣孝章是唯一的女兒，而且由於蔣家"孝"字輩的一代並無姐妹，她的出世，自然更獲祖父母和父親的鍾愛。中俄混血的孝章相貌出眾，氣質大方典雅，她乖巧、美麗又善體父母心意，成為父母的掌上明珠，甚至也成為哥哥的避風港。蔣孝文如有惹得父親生氣而將受責罰之時，往往央求妹妹，由蔣孝章為他向爸爸撒嬌而化解。

　　不過，蔣孝章的婚姻是蔣經國一直頭痛的難題。當時蔣孝章遠渡重洋到美國念大學，蔣經國拜託"國務部"部長俞大維在美國的兒子、曾在空軍服役的俞揚和就近照顧。沒想到蔣孝章愛上了離過婚的俞揚和。蔣經國聞訊震怒，甚至派出衣復恩等親信赴美攔阻，卻無濟於事。

　　蔣經國在台北聽到蔣孝章打算在美結婚，"氣得把飯桌都掀了"，結果蔣家最後也只有蔣方良前往參加婚禮。俞揚和當時還特地趕回台灣，在圓山飯店向蔣經國求親並獲得接納，因此兩人的婚姻在"婚前都獲雙方家長同意，絕無不可告人之隱秘"。但據說最後還是蔣方良把宋美齡請出來，寫

了封英文信給蔣經國，對他多加勸諭，才讓蔣經國接受現實。
蔣經國部屬也多指稱，蔣孝章的婚姻風波是蔣經國最痛心的
事之一。[3]

　　次子蔣孝武，淡江大學中美關係研究所畢業，曾任中國廣
播公司總經理，民國八十年七月一日病逝於台北，妻蔡惠媚。

　　三子蔣孝勇，曾讀陸軍官校，出操時受傷，在腳部動過
兩次手術仍無法痊癒後被迫離開軍校，轉讀台大政治系，畢
業後曾任中興電器公司總經理和中央玻璃纖維公司董事長，
民國八十五年十二月廿四日因食道癌病逝於台北，妻方智怡。

　　蔣經國是我國大禹治水的翻版。大禹對國家是有貢獻
的，卻並不愛家（三過其門而不入）。蔣經國雖表面上愛家，
但家庭中缺少溫暖。[4]他有一套定型的生活習慣。黎明起身，
運動之後沖涼。副官在上午六點半就送來一大堆公文，黃色
卷宗代表例行事務，紅色卷宗則代表緊急事項。看完公文之
後，他自己到廚房吃一頓跟他父親一樣簡單的早餐。跟著他挑
一些公文去見父親，每件公文他都做筆記和建議處理方式。[5]

第二節　鄧小平[6]

　　父親鄧紹昌，字文明，生於清光緒十二年（1886 年），

3　中國新聞網 http://big5.chinanews.com:89/cul/2013/09-13/5284207.shtml
4　漆高儒，蔣經國評傳，中正書局，1998 年 2 月 2 版，頁 8。
5　陶涵，蔣經國傳，時報出版，頁 244。
6　維基百科
　　http://zh.wikipedia.org/wiki/%E9%82%93%E5%B0%8F%E5%B9%B3#.E5.A
　　E.B6.E5.BA.AD.E8.83.8C.E6.99.AF

曾在成都法政學校讀書，家裡有一點田。在廣安縣協興場「哥老會」當過「三爺」，後來升為「掌旗大爺」。曾任廣安縣團練局長、鄉長等。妻子四人：張氏（無兒女）、淡氏（三子一女，鄧小平生母）、蕭氏（一子）、夏伯根（鄧小平繼母）。1936 年去世。

　　鄧小平說，“我的家庭經濟地位是一個將破產的小資產階級的地位……我的家庭除了我的父親去捧軍閥剝地皮得來的臭鈔可以輔助家庭的需用外，還有每年幾十石租及幾萬株桑的收入……

　　我從母胎墜下來直到我十六歲出國時的生活都是過得很自由很豐富的生活，貴公子的生活，我的父母愛我猶如寶貝一般。鄧小平在莫斯科學習期間撰寫的自傳，據村裏的老人說，他小時候，即使有些事情是違反傳統道德，做了會遭受懲罰，他還是無所畏懼照樣去做。在鄧小平六歲時，父親把他送入私塾，他在先生教讀之後，便能馬上記住《三字經》、《千字文》。頗得塾師喜愛。1915 年，私塾的老先生覺得孔子才是聖人，就對其父鄧文明說，我看就叫鄧希賢。希望他將來成為賢人。這個名字一直用到 1927 年。此時鄧希賢到武漢開展地下工作，改名為鄧小平。

　　鄧小平少小離家，南征北戰，四海漂泊，但對家庭格外珍惜，對親人也總是牽掛於心，有着深沉的愛。70 年代在江西 “接受再教育” 時，為了鄧樸方的治療康復，他曾 4 次給中辦主任汪東興寫信求助。他在 1992 年初到珠海視察時，出人意料地談起了對家庭的認識：“家庭是個好東西……修身齊家才能治國平天下。”

　　鄧小平一生結過三次婚。第一任張錫媛死於難產，第二任妻子金維映離異，他與第三任妻子卓琳育有五個孩子[7]。第一任妻子張錫媛是在莫斯科中山大學學習時結識的。鄧小平喜歡她，但是跟很多糾纏着女同學不放的同學不同，鄧小平舉止適度，仍以學業和黨的工作為重。直到他回國後，兩人又在武漢的一次會議上相遇，才有了一段短暫的戀情並結了婚。

　　1930 年初，鄧小平再次回到上海彙報工作，期間去上海一家醫院探望了臨產的妻子，這是他們最後的幾次相聚之一。醫院的條件很差，她在生產時染上了產褥熱，幾天後便去世了，沒過多久新生兒也夭折了。據說妻兒的死亡讓鄧小平深感悲痛，但他立刻回到紅七軍繼續工作。在這慘痛的一年間，後來又回到上海等待重新安排工作的鄧小平，與一位既聰明又有自由思想的女革命家阿金（金維映）產生了感情。兩人於 1931 年 7 月在從上海赴蘇區之前結婚，在一起生活前後不到兩年。1933 年鄧小平受 "鄧、毛、謝、古" 事件影響，受到王明打擊批判，金離鄧而去。

　　鄧小平在 1939 年第二次回到延安，並在那裡與卓琳結婚。卓琳是延安聰明伶俐的革命三姐妹之一，原名浦瓊英，雲南省曲靖市宣威榕城鎮普家山村人。出身於一個巨商之家，其父浦鐘傑，字在廷，是名震西南著名的民族實業家，經營聞名遐邇的宣威火腿，雲南有名的火腿大王，并追隨孫中山參加北伐，被孫中山授予少將軍銜，擔任過滇軍軍需總

7　維基百科
　　http://zh.wikipedia.org/wiki/%E9%82%93%E5%B0%8F%E5%B9%B3#.E5.A
　　E.B6.E5.BA.AD

局及煙酒公賣局局長，獲五等嘉禾獎章。

　　在卓琳那個年齡的人中，能考入大學的百里挑一，受過教育的女性更是鳳毛麟角，卓琳更是被競爭激烈的北京大學錄取，在物理系就讀。1939 年 8 月，經人介紹，她當月就和鄧小平結婚，簡樸婚禮是在毛澤東窯洞前舉行的，到場的有毛澤東、劉少奇、李富春和其他幾個人。卓琳比鄧小平小 12歲，成為了鄧小平的第三任妻子，兩人都屬龍，鄧小平與卓琳生育有五個孩子，在五個孩子中，鄧樸方、鄧質方是男孩，鄧林、鄧楠、鄧榕是女孩，這些孩子成年之後職業各異，有畫家，有作家還有公務員，也走上了各自不同的路。

　　長女鄧林（1941 年出生），畢業於中央美院國畫系，現為一級美術師，中國國際友誼促進會副理事長、常任理事，中國美術家協會會員。在鄧小平的孩子中，鄧林一直想畫一個人，一個放大成屬於民族又屬於鄧家光榮的人物，那就是父親鄧小平。

　　長子鄧樸方（1944 年出生），殘聯榮譽主席。四川廣安人，1965 年 9 月加入中國共產黨，1968 年 9 月參加工作，北京大學技術物理系原子核物理專業畢業，大學學歷。現任十一屆全國政協副主席、黨組成員，中國殘疾人聯合會主席團主席，北京奧運會組委會執行主席，中國殘疾人福利基金會會長。

　　次女鄧楠（1945 年出生），科技部副部長，作為中國科協黨組書記、副主席，曾任中國科技部副部長，一直致力和推動中國科技事業的發展工作。

　　幼子鄧質方（1952 年出生），最低調成員，是鄧小平最

小的兒子，曾就讀於北京大學物理系。上世紀 80 年代初赴美國留學，獲紐約州羅徹斯特大學量子物理學博士學位。學成後在榮毅仁力邀下，進入中國國際信託投資公司直屬的中信興業公司，任副總工程師。

　　三女鄧榕（1950 年出生），中國國際友好聯絡會副會長。筆名蕭榕，小名毛毛，畢業於北京醫學院。曾任中國駐美國大使館三等秘書。現任中國國際友好聯絡會副會長。著有《我的父親鄧小平》（上卷）和《我的父親鄧小平：文革歲月》。

　　1950 年，鄧小平就把比他只大 5 歲的繼母夏伯根從老家廣安接到重慶，然後到北京同住。1969 年 10 月 22 日，鄧小平與妻子卓琳、繼母夏伯根一起，離開了他們居住了 10 多年的中南海。

　　鄧樸方是孩子中與父親最親近的一個。當他在 1971 年 6 月終於獲准來到江西父母身邊時，由於他自己不能走動，他需要躺在硬板床上。鄧小平在鄧榕、卓琳和夏伯根的幫助下，負責每天為鄧樸方翻身。鄧小平還幫他洗澡按摩。

　　鄧小平一家人在“文革”以前就和睦融洽，受迫害後孩子們更是同舟共濟尤甚於以往，他們堅信父親的清白，從未有過動搖，堅信一家人要相濡以沫，共度時艱。他們之間忠心耿耿，相互關愛，總是以家庭為重。鄧小平從未置任何子女於不顧，他們也沒有一個人與鄧小平斷絕關係。對給他家做事的人 —— 司機、廚師、勤務兵和他的秘書王瑞林，他也保持着親密的友情。王瑞林除了 1966 年至 1972 年與鄧小平分開的那段日子外，一直擔任鄧小平的秘書，從 1952 年他20 歲起到 1997 年鄧小平去世。鄧小平視其為鄧家的一員而

更甚於一名同志。

鄧小平喜歡喝紅酒咖啡，吃乳酪麵包。這是他早年赴法留學時養成的愛好。鄧小平的作息很有規律。他 8 點用早餐，9 點到辦公室。妻子卓琳和秘書王瑞林為他準備好要閱讀的材料，文件在上午 10 點送達他的辦公室，他當天就會批覆。他不在辦公室留下片紙，那裡總是乾淨整潔。鄧小平圈閱或批示文件就是他領導全黨工作的方式。

在最寒冷的一、二月份，鄧小平一般會去比較溫暖的地方住上幾週。只要不是會見大人物，鄧小平通常在家裡和家人一起用餐，晚飯後他一般會放鬆下來，和孩子們一起看看電視。他關注新聞，對體育也有興趣，每週會有一兩次請人來他家打橋牌。但是他與牌友、甚至與家人都不怎麼閒聊。鄧小平有"不愛說話"的名聲，即便是在家裡。鄧小平晚年時尤其注意保存體力，而會見外人時，人們則看到他機警、活潑，甚至熱烈。[8]

"文革"之後，甚至在 1997 年鄧小平去世後，他的 5 個子女及其配偶和孩子仍然同住一院。最多時是一個擁有 18 人的大家庭。鄧小平主張"大集中，小民主"，大集中，就是全家最好在一起吃飯，但也不強加於人。對家庭成員個人愛好絕不干涉，即所謂"小民主"。夏伯根在鄧家精心照料下活了 101 歲，於 2001 年去世。

不止一位觀察家說過，鄧小平似乎能給房間帶來電流。他在解決重大問題時專注而果斷，既有戰時軍隊司令員那種

---

8 濟寧晚報
　http://epaper.jn001.com/jnwb/html/2013-05/12/content_5713.htm

天生的沉著，又有半個世紀裡接近權力中心處理重大問題養成的自信。[9]

第三節　李光耀

　　在回憶中，李光耀談及他的曾祖父李沐文（Lee Bok Boon）早於 1862 年從廣東大埔移居到海峽殖民地的經歷，造就了其作為第四代華裔新加坡人的移民背景之一。李光耀祖輩均為客家人，祖籍地中國廣東省大埔縣，介於今廣東梅州市與福建省永定縣之間山區。大埔縣為純客家區域，百歲人瑞比例極高，2013 年被中國官方正式授與「中國長壽之鄉」稱號，李光耀高壽已過九十仍相當健朗思路清晰，似乎也遺傳祖輩原鄉之長壽基因。

　　李光耀的父親為李進坤，母親為蔡認娘（蔡玊娘）。李光耀與父母的關係十分冷淡，尤其是與父親的關係，他在《回憶錄》中把父親說成是"生性吊兒郎當"，意思是對家庭不負責任。李光耀上台為總理後，在很長的一段日子裡，對父母可說是不聞不問，而其父母也一樣對他不聞不問。這原因是李光耀對其父母的緊張關係感到不滿，他們經常吵架給他留下不良的印象。1949 年他從倫敦畢業回來，隔年與柯玉芝結婚，並在絲絲街 51 號設立了律師館。李光耀留學回來後完全傾向柯玉芝的娘家，柯家經濟富裕，李光耀的律師館是柯

9　傅高義，鄧小平改變中國，天下文化，頁 45。

家出錢裝修。

在李光耀成為總理後，其父親和母親都是自食其力，不靠李光耀供養。李進坤的職業是賣舊手錶，每天提着一個小皮包，裡面放置各種牌子的舊手錶，在小坡火城一帶活動，靠近木工作坊和機器工場的咖啡店裡。一般上他在上下午工人休息的時間到來，叫了一杯咖啡，就坐著等待人們上前詢問價錢。李進坤不善言談，只會講英語和福建話，是一個沉默寡言之人。由於李光耀的緣故，有人藉此拍馬奉承，說李進坤是某大表行的經理。

1978 年李光耀提倡儒家思想，為了強調家庭觀念，此後幾年，他在農曆新年叫人把父親帶到總統府，拍全家福照，然而李進坤每年所拍照片都是臉無表情，似坐針毯。李進坤於 1993 年去世，死時報紙上連個訃聞也沒刊登，足見李光耀與他的關係。

李光耀的配偶柯玉芝是印度尼西亞第四代土生華人，她自幼被送來新加坡受英文教育，中學時在萊佛士書院認識了李光耀，1946 年兩人赴英國留學，又在倫敦見面，從此發展為情侶。李光耀在英國留學是他的人生轉捩點，這時他沉浸在愛情的美景中，更令他受到刻骨銘心教育的是大英帝國的殖民版圖的廣袤以及倫敦雄偉建築物帶給他的震撼，他沉迷在帝國的懷抱，憧憬着自己是帝國子民，逐漸產生效忠帝國的赤膽忠心，雖然留學期間他也參加一些費邊社的討論，然而此種社會主義的空泛言論不及他眼前的真實情景，他已經決定徹底效忠央格魯・撒克遜民族，做一個百分百的殖民地臣民。1947 年，兩人在倫敦結婚。1949 年，李光耀學成歸來，

設立了律師館。

　　李光耀曾於其回憶錄中談到妻子[10]：我很幸運。我的妻子芝，對於我的持續鬥爭，從來不質疑。對我而言，她是力量的泉源。判斷一個人，她有敏銳的直覺，我卻是經過選擇分析和推理之後才做決定的。在評斷誰不能信賴方面，她經常準確無比。只要她對別人的看法有所保留，我都會認真對待。早在 1962 年我跟東姑會談加入馬來西亞的問題時，她就對我們是否能跟東姑、敦拉扎克和其他的巫統和馬華公會領袖合作有所保留。她對我說，他們不論在脾氣、性格或社交習慣上都很不同，她不以為人民行動黨的部長們能跟他們合得來。我告訴她，不管怎樣，我們都得同他們合作，這是客觀的需要。要建立一個國家，我們必須合併，把基礎擴大。短短 3 年後，1965 年，事實證明她的眼光準確無誤。我們跟他們格格不入，結果他們叫我們脫離馬來西亞。她為我處理了很多煩瑣的工作，替我修改我口述的演講稿以及我在國會和訪問中講話的文字記錄。由於她很熟悉我的用詞，所以速記員抓不到的字眼，她也猜得出。不過，我刻意不跟她討論制訂政策的事情。她對那些具有敏感性的記錄或傳真文件的態度也是嚴謹的，避而不看。

　　李光耀共有三個孩子，依次是李顯龍、李瑋玲、李顯揚，三人的名字是幾個華文中學校長共同商議代取的。

　　李顯龍和李顯揚小學和中學教育在公教中學附小與公教中學，李瑋玲則在南洋女中附小與南洋女中。由於這幾個孩

10　搜狐新聞 http://news.sohu.com/92/19/news146771992.shtml

子在校就讀，學校都是戰戰兢兢看待，每逢測驗和考試，試卷都是一遍又一遍檢查，生怕留下什麼把柄。

李顯龍的高中教育是在新加坡國家初級學員度過。1971年畢業後加入國民服役，同年獲得總統獎學金以及武裝部隊海外獎學金，並被劍橋大學三一學院錄取，攻讀數學與計算機科學專業。

1978年，李顯龍赴美國進修陸軍指揮與參謀課程，同年與在劍橋認識的黃明揚醫生結婚，這時候是他人生中容光煥發的時間，雖然其母柯玉芝不喜歡黃明揚，可是小兩口的兩人世界甜蜜無比。李顯龍在國防部任職，黃明揚在國立大學醫學院擔任人體解剖學教職，每當下班時間，李顯龍會在醫學院的停車場等待妻子。但是上天並不從人願，有情人成不了終生眷屬。1982年，黃明揚生下第二個孩子李毅鵬，不幸患有白化病，這一消息直如一顆炸彈在李氏家庭爆炸開來，平日不能見好於家婆柯玉芝的黃明揚，遭受的精神壓力何止千萬。三個星期後，黃明揚突然死亡，上午死去，中午12:30送往醫院。李家所給的原因是心臟病發作，但是坊間流傳，黃明揚死於自殺。

黃明揚死後，留下長女李修齊和次子李毅鵬。李顯龍悲痛欲絕，情緒低落，四年的恩愛生活，倏忽逝去，殘酷的現實幾乎使他失去所有的信心，包括李光耀殫心竭慮對他的培養，而李光耀此時十分擔心兒子無法闖過喪妻之痛，無法實現子承父志的願望。此時在國防部擔任工程師的何晶出現了，嚴格來說，這時她還是李顯龍的下屬。何晶的出現，給予李顯龍關心與安慰，使他激動的情緒逐漸平緩下來，到了

1983 年，他的情緒終於恢復正常，本年晉陞為陸軍准將，並在李光耀策劃之下，負責解救聖淘沙纜車意外事件。1984 年，李顯龍離開部隊，全力投入政壇，被委任為貿工部長、國防部第二部長。李光耀知道李顯龍沒有實力圈子，於是在讓他於 1986 年出任人民行動黨青年團主席,培養自己的勢力範圍，一些在國防部結識的精英如李文獻、楊榮文、張志賢等都被拉攏進入圈子。

　　1986 年 12 月，李顯龍與何晶結婚，此後在李光耀扶持下，官職一路扶搖直上。按照李光耀的設想，在他 70 歲時（1993），可以把總理位子傳給時年 41 歲的李顯龍，然而 1990 年 11 月，吳作棟卻獲得黨內支持登上總理寶座，李光耀頗為無奈。吳作棟並不完全聽命於李光耀，李光耀曾經在一次大選時公然指責吳不能面對群眾，使吳耿耿於懷。吳作棟上台後，李氏父子焦灼不安，唯恐吳不肯下來，其間柯玉芝對兒子久久不能上台頗有怨言。1992 年，更令李光耀無奈而又憂心忡忡的事情發生了，李顯龍被診斷患上淋巴癌，李光耀為他召集最好的醫生，還向中國禮聘著名中醫師，在中西醫的診治下，淋巴癌最終被壓制下來，並無擴散。李光耀在上世紀七十年代大力去中國化，中醫也是打擊的對象，屢屢受到壓迫，當時一位黃姓西醫公然說服用人參等於吃草，引起中醫界強烈不滿。自從李顯龍採用中西醫療法取得成效後，新加坡對中醫的態度才稍有改變。

　　李顯龍的媳婦何晶，在他喪妻後情緒低落之時恢復了他的情緒，這一點叫李光耀夫婦十分讚賞，於是何晶在毫無被挑剔之下進了李家。

　　何晶有兩個兒子，李鴻毅和李浩毅，依李光耀的思路推理，他的第三代很有可能出來從政，甚至很有可能是第三代總理的接班人。

　　李光耀的次子李顯揚，公教中學畢業，進入國家初級學員，獲得總統獎學金以及武裝部隊獎學金，負笈英國劍橋大學，得研究工程科學碩士學位。李顯揚也不例外，回國後與兄長同樣獲得陸軍准將銜頭。

　　1994 年 4 月，李顯揚進入新加坡電信局，隔年 5 月成為該局總裁。2007 年 4 月，卸下電信局總裁職位，同年 10 月，走馬上任星獅集團主席，直到 2013 年 2 月退出。2009 年 7 月，李顯揚任新加坡民航局主席。2006 年，李顯揚曾經對報界聲稱自己對政治沒有興趣，他擔任過不下七八個重要職位，差不多都與金融財務有關。

　　李顯揚在 1981 年結婚，其夫人是新加坡國立大學經濟系教授林崇椰的女兒林學芬，育有三個兒子。林崇椰是新加坡工資理事會主席，在經濟起飛需要調整工資時期受當局寵信，負責規劃調整工資。林學芬畢業於英國劍橋大學，獲得榮譽學位，回國後擔任政府高等法院律師。林學芬是騰福公司高級董事，這間公司以法律中介身份擔任中國上市公司中國航油的法律顧問。

　　在李光耀的孩子當中，李瑋玲是光彩暗淡的一個。這位畢業於國立大學醫學院的醫生，曾經在婚姻方面遇上不如意的打擊。據稱，李瑋玲的第一位戀人也是一名醫生，是她的同窗，是已故摩綿區國會議員古拉馬三美的侄子，印度裔，父親是一名的士司機。李瑋玲與他來往遭到家庭極力反對，

結果是兩人分手，她一氣之下跑去英國倫敦。在倫敦，李瑋玲認識了另一位男友，也是醫生，不過是非洲裔。為了防止夜長夢多，兩人進了教堂，並且離開倫敦前往紐約行醫。然而好景不長，新加坡方面很快派人找到他們，並將李瑋玲帶回來。

李瑋玲回來後在新加坡中央醫院任職，後來升任國立腦神經醫學院院長。也許是不甘寂寞，李瑋玲曾經有一段時間經常在《海峽時報週刊》發表言論，談論婚姻、父母、華人、女性、語文等問題，但是沒有特殊的見解。李瑋玲曾經接受《海峽時報週刊》採訪關於婚姻問題，他對於自己保持單身的解釋是沒有信心演好賢妻良母的角色，因此選擇放棄，以免累人累己。

李瑋玲至今還是待字閨中，在中央醫院，偶爾見她一人，身着白袍，手插衣袋，踽踽而行，頗為落寞。好幾年前，曾經有傳言說她患上紅斑狼瘡，受盡痛苦折磨，倘若是真，卻也值得同情。

李光耀有三個弟弟，一個妹妹，都是蔡認娘所生。二弟李金耀，是一名律師，在李及李律師館工作，2003 年 11 月因病去世。三弟李天耀，原為一名住宅區保安主任，後來一躍而成為政府投資公司 GIC 董事。四弟李祥耀，是一名醫生，被委為新加坡醫藥理事會會長。[11]

---

11 南洋大學校友網站 http://www.nandazhan.com/zb/lgyjiashi.htm

第三章　人格特質

第一節　蔣經國

一、人格特質

　　蔣經國是位睿智的政治領袖。他在安定台灣情勢，促進經濟繁榮，以及帶領台灣人民邁向民主化社會，有卓越的貢獻。蔣經國受過中西文化的洗禮，深知為政之道。早在治理贛南時期，許多中外人士即公認蔣經國是清廉、果決、親切、務實、精力旺盛、無官僚氣息，真正關切福祉的政府官員。正是這些特質，讓蔣經國在台灣主政時期，普遍受到人民的愛戴與支持，成為國家團結與統一的象徵。他以民為本的施政措施，促進了社會安定，他的遠見與智慧，帶領台灣渡過重重危機，引領國家走向進步，而他的知人善任以及魄力與決心，更是推動國家改革與建設不可或缺的力量。蔣經國的領導特質給台灣帶來安定與繁榮，對台灣民主政治的發展影響更為深遠。蔣經國具有下列幾項特質

（一）強烈的國家、民族及歷史使命感[1]

蔣經國除了身為蔣介石的長子，父親給予他的家庭教育，並對他將來有所期許外，生活與工作經驗亦深遠影響蔣經國的「人格特質」。

蔣經國在 1981 年 10 月 24 日，台北光復 36 週年前夕發表電視談話：今後政府必將繼續根據主義，依「國家至上，民眾第一」的原則，制定政策，切實履行我們的雙重責任：一方面擴大建設成果，確切保障台澎金馬一千八百萬同胞的生命財產與自由幸福；一方面以台灣為民族復興基地，把三民主義建設成果，積極向大陸推進，早日光復大陸，拯救苦難的同胞，這也是當前我們每一個自由中國人的一向歷史使命。

蔣經國除了展現「強烈的國家、民族及歷史使命感」，更將自己的性命看的淡薄。中美斷交時，他說：「經國一定以個人自己所有的一切，和同胞們共患難、同生死，來克服最後這個難關，來求得勝利，希望大家各本愛國良知熱忱，深信眾志成城、大勇無畏，我們就一定可以克服一切困難，朝著既定目標勇往邁進」又說：「個人的生死毀譽並不足惜，重要的是國家民族的命脈，有賴我們大家繼續傳承。」

（二）樂觀、信心、決心、勇敢

影響蔣經國樂觀的態度，除了恩師吳稚暉豁達的人生觀，以及基督教信仰的影響外，在蘇聯煎熬的日子，對於蔣

---

1 邱騰緯，蔣經國人格特質與台灣政治發展，國立台灣師範大學政治學研究所博士學位論文 97 年 6 月，頁 55-58。

經國精神上的鍛鍊幫助甚大。例如在冰天雪地的艾爾它（Altai），蔣經國度過了飢寒交迫的歲月，在他形容「像地獄般的礦坑」裡，和教授、學生、貴族、工程師、富農、強盜一起做著挖礦的工作。他身邊有兩位工人，各有不同的人生觀，睡在他右側的工人，就寢前會對他說：「一天又過去了。我又朝人生旅程的終點，走進了一步。」而睡在他左側的工人，就寢前會對他說：「一天又過去了。我距離重獲自由歸家，又走進了一步。」相信這兩種人生態度都讓蔣經國留下深刻印象。蔣經國說：「以後我會有些什麼遭遇?將來會有什麼事發生?我既然在西伯利亞安然度過種種危險，我現在還有什麼好害怕的?我安慰自己說，情況還能更壞嗎?我亦慶幸已經習慣了痛苦和折磨。」相信這段經歷，讓他養成「樂觀」面對人生的堅毅精神。蔣經國在面對重要關頭時，頗能發揮堅決的「信心」來推動改革，他於 1986 年 3 月 31 日，在中國國民黨第 12 屆三中全會第 7 次大會通過中央常務委員提名後說：「這一次常務委員都要了解這一個責任的重大，來完成這次全會所決定的許多決議，而能夠實實在在的做好我們自己『以黨革新來帶動行政的革新』『以行政的革新來帶動全面的革新』，我們有堅決的信心來做好我們自己的工作。」

　　蔣經國曾說過一段話，最能表明他不向逆境低頭的「決心」與「勇氣」，他說「天下絕沒有打不敗的敵人，只怕自己沒有志氣；絕沒有衝不破的難關，只怕自己沒有勇氣；絕沒有做不成的事業，只怕自己沒有學問；亦絕沒有不能完成的任務，只怕自己沒有決心。」

（三）腳踏實地的務實取向

　　蔣經國擔任贛南縣長的領導風格，已經具備「務實」的「人格特質」。他說：縣政的四個目標：（一）人人有飯吃；（二）人人有屋住；（三）人人有書讀；（四）人人有工作。當時雖有人主張把人人有飯吃改為人人吃的好、住得好等等，我認為那是不切實際。當時的贛縣曾遭受共匪的洗劫，土匪很多，所以我決定以「除暴安良」作為我的工作方針。我的工作方法是：（一）簡單明瞭；（二）實幹快幹。

　　作家楊旭聲也認為蔣經國的「人格特質」具有「腳踏實地的務實取向」：蔣經國無疑是屬於現實主義型政治領袖中的佼佼者。早在贛南時期，他就重視到實際基層工作的重要性，強調腳踏實地，實事求是的作風，厭惡阿諛奉承的虛驕惡習，曾明令禁止張貼任何歌功頌德的標語文字。他這種關注實際工作績效，強調行政管理的作風一直延續到他擔任行政院長任內。

　　對於政治風氣問題，蔣經國認為「不要高高在上作官，而要腳踏實地的做事。」

（四）重視忍耐的功夫

　　《孟子》〈盡心篇〉有一段話，指出心性上的「忍」是領袖人物的必備修養：「天將降大任於斯人也，必先苦其心志，勞其筋骨，餓其體膚，空乏其身，行拂亂其所為，所以動心忍性，增益其所不能。」蔣經國說：「革命事業及人格的完成，並非一蹴而就；必須經過許多艱難困苦的環境，和

各種難堪和不可忍受的折磨；甚至遭人汙辱毀謗，亦當逆來順受，然後可以達到。」

（五）謙虛、隱藏自我

　　蔣經國的父親蔣介石教導他應特別注重修身、齊家的道理，更要尊師重道，以謙虛的態度向長輩、老師和朋友學習。蔣經國在 1956 年對剛從美國學成歸來,擔任救國團主任秘書的李煥說：「你要知道，西方社會與中國社會的價值觀念不同。西方社會崇拜『英雄』，你一件事情做的成功，社會就會崇拜你；中國人則崇拜『聖人』，只要你一件事情做的不對，你就會失敗。」蔣經國當時就寫了一張字條給李煥，上面是「隱藏」兩個字，他告誡李煥，在中國社會絕不能自我宣傳、自我膨脹，要謙虛、隱藏、埋頭工作，才能有所發展、有所貢獻。

　　李煥說：「蔣經國的作風，一向拒絕為人剪綵、破土或題字。他不是沽名釣譽的人。」蔣經國關心台灣建設，親自到達工地、鄉村、工廠各處巡視，有人說他是為了自我宣傳，自我推銷，是一個十足沽名釣譽的人，實際的情況不是如此，試退回到民國二十八年到三十四年在江西贛南的歲月，那時他巡視地方，他從來沒有叫隨從人員拍下一張照片，或要地方記者為他宣傳，他是穿著草鞋、日行百里的苦行僧。他心裡想，要什麼宣傳，他奉行的；留名應留萬世名，計利應計天下利，不寫歷史，就不會走進歷史。蔣經國赴各地巡視，是為了解決問題，不是為自己宣傳。

　　蔣經國做了六年的行政院長，做了十年的總統，很有分

際，不做行政上越級的決定，做行政院長的時候，依憲法規定，對立法院負責，他知道和國會議員府會一家相處之道，在他任內已有增補選的立法委員，已經不是「萬年國會」，他對老的新的立法委員一樣尊重，新的立委，也有了國民黨以外的人士，聽反對的聲音，懂的民主政治的「容忍」，這種容忍是「相忍為國」。他做了總統，提名的行政院長很稱職。雖然政局上有「總統制」、「內閣制」的議論，他了解我國政制是「五權憲法」的政制，總統的職位有很多事情可做，他一貫的親民、愛民，止於至善，總是令人口服、心服。

（六）無私、清廉

蔣經國的三子蔣孝勇認為他的父親具有「無私」的人格特質，他說：「我想是他的無私。他是幫商人賺錢，但他不往來。除了注重國家整體經濟的提升外，也非常能體恤一般民眾的需要。」蔣經國在重慶主辦中央幹部學校時，曾在門口豎立兩句名言：「要做官的莫進來，想發財的請出去！」說明自己不求做官、不求發財的人生價值觀。又在初任行政院院長時說：「對國家來說，只有責任，沒有權利，只有犧牲，沒有享受，尤其在面前敵人的時候。我們唯有建立這一基本的觀念，才能真正做到誠實廉能的國家公僕。」

蔣經國非常重視「清廉」的人格，不僅自我要求，更希望全國的公務員都能「遠離物慾的陷阱」。蔣經國曾舉《天地一沙鷗》這本書的例子，來說明「清廉」的重要。他說「最近本人提到《天地一沙鷗》一書，其中描寫海鷗群在爭食的情況說：它們只知道飛來飛去搶奪食物，這個時候，看不見

天，也看不見地，甚至連他們自己的翅膀也看不見了。這句話極其深刻，說明了人在物慾的蒙蔽下往往不能保持理智的清明。」

蔣經國主政，是「清清白白做人，實實在在做事」，他扮演的角色，是總工程師兼總監工，他一再要求工程的品質必須堅實、耐久，不可偷工減料，他到達的工地、廠礦、農村，沒有人知道何時會來，何時會走，知道了他何時來，便可做假裝扮，不知道他何時走，便知他不是走馬看花，他有時可以住在工地兩三天，有時住在牢犯工人的工寮。人家看到他樣樣是玩真的，誰敢搞名堂、撈油水，也不忍心做壞事，因此，工程的弊端，可以說是零故障弊絕風清。

蔣經國經年櫛風沐雨、披星戴月的到各地巡視，諸葛亮所謂：「鞠躬盡瘁，死而後已」的精神，他足以當之。無怪乎它可以做點成績出來。胡適之說：「要怎麼收穫，先要問怎麼栽。」他既然勤於栽種，自然收穫就豐碩了。[2]

二、評　價

（一）正面評價

1.掌握時代脈動

吳三連認為蔣經國具有「開闊胸襟」以及「光明磊落的風範」。[3]

---

2 漆高儒，蔣經國評傳—我是台灣人，正中書局，P205~208。
3 蔣彥士（1990），〈蔣故總統經國先生精神風範的啟示—在中樞舉行蔣故

香港中文大學金耀基教授在「遠見人物推薦表」中，認為蔣經國是一位「極具前瞻性與高度領航智慧與魄力，為當代難得的具有遠見的政治家。」[4]

余英時教授提出他對蔣經國的看法，他認為蔣經國是「一位十分成熟而有遠見的政治領袖」，同時具有自我超越，不斷進步的高尚品質。[5]

前監察院院長王作榮認為：「經國先生之智慧，在不同時代、不同環境，隨機應變，迅速採取不同手腕與策略。」[6]

《台灣現代化的推手 —— 蔣經國傳》的譯者林添貴認為：「蔣經國至少從 1970 年代初期起，就相信長期而言，台

總統經國先生逝世兩週年紀念會講〉，《近代中國》，第 75 期，頁 51。

4 林蔭行主編（2006），《動力 20 —— 關鍵年代的人與事》，臺北：天下遠見，頁 124。

5 余英時教授說：「回顧經國先生在近四十年來所踏過的足跡，我們清楚地看到他的一生是不斷自我超越，不斷進步的一生。遠在大陸的時代，經國先生已經在政治上初顯才能。抗戰初期『新贛南』的建設和民國三十七年在上海經濟管制區的霹靂手段，在當時都是大家耳熟能詳的。但是經國先生擔任全國性的領導工作，成為老總統的一位重要助手，則是民國三十八年政府遷臺以後的事。在遷臺後的最初十幾年中，經國先生的工作偏重在黨務方面。當時老總統總攬全局，而以陳辭修先生為輔弼；『耕者有其田』的政策及財經事務的獨立決策，都在這個時期實行的，為此後的經濟發展奠定了基礎。但從民國五十年代末期開始，經國先生便逐步挑起了承先啟後的全國重任。民國六十一年接任行政院長的時候，他已是一位十分成熟而有遠見的政治領袖了。最近二十年中，經濟奇蹟和政治奇蹟在臺灣相繼出現，是和他的領導絕對分不開的。毫無可疑，他的領導曾為中華民國的經濟成功提供了最重要的主觀條件。但在這一方面，他多少還上有所承。而晚年的民主改革則完全是他個人出自手眼的創舉，也是民國史上值得大筆特書的頭等大事。我們特別可以從這件事上看到他自我超越，不斷進步的高尚品質。」漆高儒（1991），《蔣經國的一生》，臺北：傳記，頁 180-181。

6 王作榮（1999），《壯志未酬 —— 王作榮自傳》，臺北：天下遠見，頁 364。

灣盼望永續生存，就得在政治上、經濟上，做為一個成功的
典範。他曾經訂下四個目標……回首而顧，我們不能不讚佩
蔣經國的高瞻遠矚。」[7]

　　前民進黨立委朱高正認為蔣經國「主動掌握時代潮流的
作法」，是一位難能可貴的國家領導人。[8]大陸作家葉永烈觀
察說：「蔣經國雖然是子襲父位，如同封建王朝皇帝的世襲
一般，但是我在台灣採訪，方方面面的人事差不多都對蔣經
國稱讚，即便是民進黨人事也是如此。我發現，蔣經國在台
灣的威信，高於其父蔣中正。」[9]前總統副秘書長張祖詒說：
「外界批評他是權威、獨裁人物，但就我個人在他身邊多年

---

7 這四個目標為：一、民主化；二、臺灣化；三、強化經濟建設，大幅提升
　國民所得和生活水準；四、與中國發展工作關係。陶涵（Jay Taylor）著，
　林添貴譯（2000），《臺灣現代化的推手 —— 蔣經國傳》，臺北：時報，
　頁 489-490。
8 前民進黨立委朱高正說：「他（蔣經國先生）是一個值得尊重的國家元首，
　以他和蔣介石比較，當時蔣介石到臺灣來，完全是一個典型的外來統治者
　的姿態，但蔣經國則完全不同，他樹立了親民愛民的形象，並與臺灣人民
　結合在一起，這一點獲得了大家的認同，也同時讓國民黨得到在臺灣生根
　的機會。其次，我覺得他是一個能自我節制的國家元首。說實在的，如果
　照現在國家的非常體制，他有權為所欲為，即使依他事實上所掌握的權
　力，他也有能力為所欲為，但他並沒有這麼做，這不是一個沒有眼光，沒
　有氣度的人所能做得到的。以中國現代史來看，那一個人不爭權奪利，一
　旦等到爬上最高位時，那一個人不刻意鎮壓反叛？但蔣經國先生卻得到大
　家的肯定，尤其他早期推動本土化政策，最近一、二年內對反對黨的寬容、
　尊重，這一點就我們的立場，固然尚嫌不夠，但在蔣介石時代，那可能是
　這個樣子呢？從黨外公政會時期，他就授意溝通，一直到民進黨成立至
　今，他依然如此，這都與他的寬容和自制有密不可分的關係，這一點就值
　得大家欽佩。另外，他能不斷的求新求變，從推動十項建設發展經濟，接
　著又從事政治建設，這都是難能可貴的成就。這種主動掌握時代潮流的作
　法，表示他是個難能可貴的國家領導人。」廖福順（1988），〈朱高正的眼
　淚〉，《新新聞週刊》，第 45 期，頁 52。
9 葉永烈（2005），《我的臺灣之旅》，廣州：廣東旅遊。

所見，他從來沒有用威權的姿態來治理國家。」[10]

　　總統馬英九回憶蔣經國在剛擔任行政院長時，碰到第一次石油危機，油價從 3 元漲到 13 元，漲近了 4 倍，但蔣經國調整物價一次到位，控制民生物資的漲幅，使得基層民眾的生活沒有太大影響。[11]雖然當年上漲了 47%，但人民所得也上升 36%；政府推動「十大建設」[12]，透過擴大內需，讓國家建設邁入正軌。[13]尤其在晚年掌握時代動脈，推動重大政治改革，例如：「1984 年開始推動政治的民主化，透過解除

10　《中國時報》，2008.1.14，版 A7。

11　總統馬英九認為蔣經國具有「振興經濟雄心」。蔣經國上任行政院院長第二年就碰上第一次石油危機，為因應當時物價飛漲，決定採取穩定經濟措施方案，這樣的方式重點在照顧基層民眾。總統馬英九回憶當時他正在海軍服兵役，一個老士官長跑到他房間借報紙看米酒漲了多少錢，結果還好只漲 5 毛錢，顯見蔣經國當時照顧到低收入戶及弱勢國民。《中國時報》，2009.4.12，版 A3。

12　「他（蔣經國）從 1972 年就開始擔任行政院院長，任內最大的貢獻就是推動了國家的『十大建設』，例如：中山高速公路、縱貫鐵路電氣化、桃園中正國際機場、臺中港、蘇澳港、北迴鐵路、石油化學工業、大煉鋼廠、大造船廠、核能發電廠。這些重大的基礎建設，把臺灣經濟發展的基礎又往前推進了一步。」筆者於 2007 年 2 月 17 日 15 時 50 分至 16 時 20 分，電話專訪總統馬英九之內容。

13　總統馬英九於「蔣經國先生與臺灣民主發展 —— 紀念經國先生逝世二十週年學術研討會」開幕致詞：「剛好這時碰上石油危機，油價由一桶 3 塊漲到 13 塊美金。在這樣的大變局下，一方面臺灣的基礎建設十分老舊，需要更新，另一方面石油危機造成百物飛漲，民國 62 年 1 月政府提出因應當前經濟措施方案，開始將所有的物價做抑價式調整；然後推動『十大建設』，推動『十大建設』時反對的聲浪不小，幸好當時的政府是在一種超穩定的結構，執政黨在絕對多數的情況下，一系列推動建設穩定經濟，當時的物價上升百分之四十幾，可是一般人的收入也增加很多，所以大家並不擔心。」葛永光主編（2008），《蔣經國先生與臺灣民主發展 —— 紀念經國先生逝世二十週年學術研討論文集》，臺北：幼獅，頁 215。

戒嚴、開放組黨、開放報禁、地方自治的法治化,也就是北、高兩市開放市長民選省長民選,最後推動國會的改革。」[14]

　　高英茂教授認為蔣經國主政時期,正是中華民國政治制度從民主化的「量變」進入「質變」的關鍵階段。[15]前行政院院長郝柏村說:「主要是今天我們在臺灣講民主改革,大家總以為民主改革是經國先生過世以後才有的,這是完全不符合事實的。我特別要強調這一點,我們在臺灣的民主,是

---

14 同前註,頁 220。

15 高英茂教授說:「從民主憲政長期發展過程看,經國先生所領導的民主改革,激發了中華民國政治制度從民主化的『量變』進入『質變』的階段,象徵中華民國『政治文化』與權力結構根本轉型的另一轉捩點。這項歷史性的『轉型』有三個特別重要的特色。茲簡析如下:一、從『一黨獨大』轉向『議會政黨競爭』政治模型。在政治文化上,政府及執政黨開始接受『政治反對』(Political Opposition)及『反對黨』(Opposition Party)的合法性及其正面功能,放棄傳統的舊觀念等。在政治結構上,政府開始承認反對黨有平等存在的權利及政治制衡的功能。在選舉及議會立法活動裏,反對黨可享有對等合法的地位及法律的保障。二、從『強人政治』過渡到『民主制衡』的新體制。由於各種歷史、制度及個人『魅力』(Charisma)的因素,多年來經國先生扮演了『政治家長』的特殊角色。他變成了所有重要決策及領導的中心。甚至於近年來民主改革的推動,都有賴於經國先生個人的毅力及威望。民國七十五年至七十六年,他用心設計,明確指出,反對蔣家親人接班或軍人干政,其目的在於促進權力接班的憲政化與制度化,杜絕『強人政治』的再次延續。如今『強人』別世,正如余英時教授所說,頗有頓然陷入群龍無首之感。但群龍無首不等於天下大亂,其實它象徵民主秩序新階段的開始。將來『群龍』應依民主的程序及制衡的原則進行政策的決定及權力的分配。三、從『單元權威體制』轉而『多元政治結構』。四十年來,由於長期『戡亂』、『動員』及『戒嚴』的措施,國民黨及其領導中心顯示了高度『軍政』及『訓政』的傳統及作風。但是,近年來由於臺灣經濟、社會、教育各方面的急速發展,多元化的發展趨勢及社會結構逐漸削弱了權力集中的單元領導。同時不同社群、階層、世代的多元要求與利益亦開始反應衝擊執政黨與政府的傳統結構。為了適應新現實及新潮流,多元化的政治結構須用民主協商、整合的新領導方法去鞏固維持其領導地位。」漆高儒(1991),《蔣經國的一生》,臺北:傳記,頁 184-185。

從經國先生開始的。」[16]前美國喬治城大學國際戰略研究中
心研究員克萊恩（Ray S. Cline）認為：中華民國在蔣經國的
領導之下，定會「成為所有熱愛自由民主的中國人希望的燈
塔「」。[17]

　　蔣經國早在贛南時期便以改革者自許，從革新中求進
步，他於 1986 年 10 月 15 日，在中國國民黨中常會說出他晚
年政治改革的中心思想：「時代在變、環境在變，潮流也在
變；因應這些變遷，本黨必須以新的觀念、新的做法，在民
主憲政體制的基礎上，推動革新措施。唯有如此，才能與時
代潮流相結合，才能與民眾永遠在一起。」[18]他又於 1987 年
5 月 6 日，在中國國民黨中央委員會說：「我必須因應時間、
空間的變化，以及主觀、客觀條件的變化而在工作方法上求
新求變。……有些在過去是對的做法，在今天可能不切實際，

16　郝柏村（1995），《郝總長日記中的經國先生晚年》，臺北：天下遠見，
　　頁 3。
17　克萊恩（Ray S. Cline）說：「蔣經國先生告訴我，中華民國在臺灣這個
　　復興基地上，將以保存中華固有傳統文化和孔子倫理學說為首要之務，
　　並在經濟和政治上，朝一個持續發展和開放社會的目標前進，使之成為
　　一個和大陸共產馬列極權完全不同，並以反對其暴政的態度來拉遠差
　　距，成為所有熱愛自由民主的中國人希望的燈塔。……蔣經國先生的想
　　法就是我對你們信心堅持的根源，因為唯有以這種奮勵自強的決心，發
　　揮無比的勇氣和精神力量，才能夠證明一個自由、民主社會，是絕對經
　　得起考驗的。」克萊恩（Ray S. Cline），〈經國先生的遠見〉，《臺灣
　　日報》，1988.1.18，版 3；克萊恩（Ray S. Cline）（1988），《蔣總統
　　經國先生哀思錄》（第 2 編），臺北：蔣總統經國先生哀思錄編纂小組，
　　頁 71。
18　蔣經國，〈蔣主席強調本黨大公無私，以開拓的胸襟推動革新，使民主
　　憲政更和諧完美〉，《中央日報》，1986.10.16，頭版頭條；蔣經國（1992），
　　〈本開闊無私胸襟使憲政更臻完美〉，《蔣經國先生全集》（第 20 冊），
　　臺北：行政院新聞局，頁 36-37。

甚至還可能造成錯誤。」[19]

　　蔣經國也認為順應時代潮流，並非見異思遷，破壞原有的一切，而是在已有的基礎上求進步。他說：「創新—不斷的創造，不斷的革新，乃是求取不斷進步的不二途徑。但創新並非見異思遷，更非破壞原有的一切，而是運用智慧，投注心力，要在已有的基礎上，開拓新的機會，壯大既獲成果，使我們的基礎更堅固、更厚實。凡事祇要精益求精，定能日新又新。」[20]

2.為人民公僕[21]，具有親民、愛民的風範[22]

　　由於蔣經國在蘇俄 12 年的經驗，親身體會下層百姓生活的真實面，深入民間訪貧問苦，激發他立志從政相當大的動力。[23]

　　早在 1943 年 12 月 17 日，蔣經國於重慶寫下〈五年來從

---

19 蔣經國（1992），〈表現黨的氣節發揮工作熱忱〉，《蔣經國先生全集》（第 15 冊），臺北：行政院新聞局，頁 206。
20 蔣經國（1992），〈做時勢與歷史的創造者〉，《蔣經國先生全集》（第 13 冊），臺北：行政院新聞局，頁 54。
21 耶穌說：「你們裏頭為大的，倒要像年幼的，為首領的，倒要像服事人的。」《聖經》（新標點和合本）（1996），香港：聖經公會，頁 95。
22 總統馬英九認為蔣經國具有「親民」、「愛民」的風範，經常穿著簡便、風塵僕僕下鄉探訪民情。他說：「大家不要小看這點，這影響臺灣政治人物兩、三代之久，可說是轉變風氣很重要的實例。」《中國時報》，2009.4.12，版 A3。
23 「經國先生雖然處在一個威權的年代，但是他的人格特質卻是民主和平民化的，認為政府官員是人民的公僕，是為民服務的，不是高高在上，作威作福的。經國先生將追隨他的幹部都轉化為公僕式的官員，清廉、儉樸、一心一意報效國家，犧牲奉獻，不以權謀私，因而造就一批高素質、又能犧牲奉獻的幹部。」葛永光（2008），〈蔣經國的轉化型領導—臺灣民主轉型的推手〉，發表於「蔣經國先生與臺灣民主發展」學術研討會，臺北：中華民國團結自強協會，頁 4。

政的感想〉：「一般從政者，往往不明白當公僕的道理，反而將自己當作主人，這是政治不上正軌的主因。……今日之從政者，應確定以國民為主，自己為僕的地位。這樣做事才有意義，亦祇有如此，才能建立真正的民主政治。」[24]

蔣經國在 1972 年擔任行政院院長時，再次強調「公僕心」的重要性。他說：

> 過去我們中國老百姓習慣把地方官稱之為父母官，這個名詞，雖然帶有封建時代的意味，但從另一方面來說，民眾視官吏為父母，實在也是表露他們的願望，希望地方官員能以「天下父母心」的心情和熱誠，無條件的為民眾犧牲貢獻。因為大家知道，天下父母對待自己的子女，都是揉合了慈祥、關懷、勤儉、犧牲等種種美德，凝成無限的恩情，愛護得無微不至。而且所有的父母，貫注在子女身上的一片摯愛，都是不求報償、沒有保留、不計任何代價的。今天是民主時代，百姓是國家主人，當然不應再有「父母官」這種名稱，但我們擔任公職的同仁，卻正要以父母對待女的那種慈愛心腸來對待百姓，更應以民眾的公僕自任，培養出一種「公僕心」來，為民眾提供周密的服務，才能不負民眾對我們的期望。[25]

又說：「民主政治既是民意的政治，政府的措施，自應

---

24 蔣經國（1992），〈五年來從政的感想〉，《蔣經國先生全集》（第 1 冊），臺北：行政院新聞局，頁 298-299。
25 蔣經國（1992），〈有所為有所不為〉，《蔣經國先生全集》（第 9 冊），臺北：行政院新聞局，頁 270。

完全依據民意，與民意的願望相結合，以民眾的利益為依歸，為民眾提供最好的服務。因之所有行政部門，從觀念到作法，都須不離民眾，接近民眾，以親愛精誠的態度，確實做到公僕的職責。」[26]

在當上總統後，蔣經國於 1980 年 10 月 8 日，以中國國民黨黨主席身分發表告全國同胞書，他說：

總之，就是一切以大眾利益為中心，民之所好好之，民之所惡惡之，人心為中興復國的根本，民意為一切施政的依據，民眾和政府血肉相連，一團和氣，共同奮鬥。……我們要在整體的建設中重視所有民眾的切身利益問題，無論行政問題、治安問題、物價問題、交通問題、地方建設問題住宅問題、日常生活問題……都要克服困難，找出答案，合理解釋，合法解決。我們要照顧都市、鄉村、山地、海濱的農民、勞工、婦女、青年和漁民、鹽民、攤販、計程車駕駛以及低收入的民眾。[27]……我們要深入各個地區，切實

---

26 中央日報社編（1988），《歷史巨人的遺愛 ── 蔣故總統經國先生紀念專輯》，臺北：中央日報社，頁 83。

27 前考試院院長邱創煥說：「你只要提到勞工或農民問題，經國先生馬上精神來了，說：『你再說一遍、說清楚』，他非常重視農民與勞工問題。」葛永光主編（2008），《蔣經國先生與臺灣民主發展 ── 紀念經國先生逝世二十週年學術研討論文集》，臺北：幼獅，頁 230。前中國廣播公司董事長趙守博說：「我接社工會主任的時候，經國先生跟我談了很多問題，第一談老兵，第二談社會工作、農民與勞工，然後就交代我多替這些底層的農工民眾反映他們的心聲。第二件事情是他最後一次主持中常會時，當會議進行到一半的時候，他還是慢慢地抬起頭來，然後指示臺灣省政府要怎麼推動，當然都是如何照顧人民的事項，這些都說明他是非常愛護人民的。……再來是老兵，有一次抗議衝進中央黨部，李煥

明白地方上鄉鎮鄰里社區的各種狀況，要從地方行
政、基建設上，事事落實於民眾，也就是要一切成果
分享於民眾。[28]

1987 年 5 月 6 日，蔣經國在中國國民黨中央委員會發表
談話：「一定要把重點放在一切的作為是否能適合於民眾的
需要上。……『永遠和民眾在一起』，絕不應是一句口號。
也唯有在做一件事之前，先去了解民眾的想法是什麼？民眾
的需要是什麼？民眾的要求又是什麼？然後再根據民眾的願
望確實去做，那麼『永遠和民眾在一起』才不會落空。」[29]同
年 7 月 29 日，蔣經國在中國國民黨中常會說：「黨的社會工
作，在作法上一定要深入基層，面對群眾；幹部要為群眾服
務。要接納群眾的意見，要多向地方父老請教。凡是有利於
大多數人的事，不管如何困難，都一定要做，並且要做得實
在，做得徹底，不達目的絕不終止，對於違背大眾利益的事
則應斷然拒絕。」[30]

蔣經國說：「走在形勢前面」、「主動解決問題」、「但
求無過，更是大過。」「沒有勇氣改進自己缺點和錯誤的人，

先生要我出去處理。我立刻將這群人帶走。後來經國先生沒有追究這些
人為什麼衝進來，反而交代說他們反映的問題要趕快解決。」葛永光主
編（2008），《蔣經國先生與臺灣民主發展—紀念經國先生逝世二十週
年學術研討論文集》，臺北：幼獅，頁 239。
28 蔣經國（1992），〈中國國民黨永遠和民眾在一起〉，《蔣經國先生全
集》（第 13 冊），臺北：行政院新聞局，頁 41-43。
29 蔣經國（1992），〈表現黨的氣節發揮工作熱忱〉，《蔣經國先生全集》
（第 15 冊），臺北：行政院新聞局，頁 206-207。
30 蔣經國（1992），〈切實做好為民服務的工作盡力推行有益民眾的政務〉，
《蔣經國先生全集》（第 20 冊），臺北：行政院新聞局，頁 99。

是可恥的懦夫！」以及「平日要能夠時時關心民眾，處處服務民眾，主動的發現問題，在民眾還沒有提出要求之前，我們就已為他們解決。」[31]

在民眾日常生活需求中，蔣經國似乎特別重視水源。無論到金門馬祖或臺北近郊，他總是問：「現在這裡的水怎麼樣？」他經常提醒行政首長，要特別照顧大眾，尤其是低所得百姓的利益。[32]一位經常隨他出巡的官邸秘書回憶：「他很少做錦上添花的事，去的都是低收入、有問題的地方。」這位秘書舉例，有一年，基隆的八斗子路爛如泥，需要一個港口，還需要一個給漁船加油的崗站。他視察後設法籌錢，並且一直追蹤到竣工。

此外，蔣經國特別重視教育[33]例如前教育部部長郭為藩提到蔣經國擔任行政院院長時，看到鄉下很多的國民中、小學教室老舊，沒有廚房，甚至尚無夠水準的廁所，照明及飲用水設備急待改善，因而通過「發展與改進國民教育五年計劃」。全案包括：改進危險教室、更新課桌椅、加強學童衛生保健、改善教室照明、改善飲用水、增改建學校廚房、增改建廁所、辦理學童午餐等。可見他是一位以服務他人為職

---

31 蔣彥士（1990），〈蔣故總統經國先生精神風範的啟示 —— 在中樞舉行蔣故總統經國先生逝世兩週年紀念會講〉，《近代中國》，第 75 期，頁 50。

32 溫曼英（1987），〈為中國佈新局 —— 堅百忍而圖成的蔣經國先生〉，《遠見雜誌》，第 18 期，頁 25。

33 1979 年 5 月，蔣經國公布《國民教育法》，使國民教育法制化；1981 年，蔣經國公布《幼稚教育法》，用心呵護民族幼苗；蔣經國任內三度修改《大學法》，擴大並深化高等教育，同時他認為正規大學教育尚不足達到普及高等教育，而於 1985 年 6 月，公布《空中大學設置條例》。

責的行政首長。[34]

　　前行政院院長郝柏村認為蔣經國雖然出生在權貴家庭，卻相當平民化，非常親民，見到一般老百姓，就非常高興和親近。[35]前輔仁大學校長羅光總主教，認為蔣經國是一位待人親切又真誠的人，沒有官架子，只是一位誠懇的長者。[36]

---

34 前教育部部長郭為藩說：「經國先生巡視各地時，經常到鄉下的國民中、小學巡視，發覺很多學校逾齡教室普遍存在，沒有廚房，甚至尚無夠水準的廁所，照明與飲用水設備也待改善，所以責成教育部通盤檢討改進，教育部於六十三年提出龐大而完整的計劃，行政院也在六十四年十一月舉行一次『空前』的行政院教育會議，全面檢視提昇各類教育素質的策略，而為後來國民中、小學教育紮根的「發展與改進國民教育五年計劃」（民國六十五年至七十年），也經蔣院長核定實施。全案包括改進危險教室計劃，更新課桌椅計劃，加強學童衛生保健計劃，改善教室照明計劃，改善飲用水計劃，增改建學校廚房計劃，增改建廁所計劃，辦理學童午餐計劃。全案經費預算新臺幣一百二十億元，在當時係一極可觀的數字，由此足見經國先生重視國民教育的真情與魄力。」《中國時報》，2008.1.14，版 A7。

35 前行政院院長郝柏村說：「他非常重視基層，所以部隊中的基層、社會的基層，他都相當關心。因此每當他休假，總是往基層去，有什麼事情要矇蔽他是很難的，他是非常了解民情的。……他沒有企業界私交，但是鄉下老百姓擺攤的、賣麵的朋友他有，像澎湖呂九屏、是開飯館、做海鮮的、是經國先生很好的朋友。他非常重視社會的基層，特別是貧苦的、比較困難的。他專做雪中送炭的事；錦上添花的事情，他不以為然。……雖然他出生於權勢家庭，但他沒有一點權勢的味道，他是相當平民化的；我想一個平民化的政治人物，他的基本思想一定是以照顧大眾為主，以大眾的利益為考量。……經國先生是非常平民化，非常親民的，這樣的親民不是做出來給人家看，而是很自然的。……見到一般老百姓，就非常高興和親近。」郝柏村（1995），《郝總長日記中的經國先生晚年》，臺北：天下遠見，頁 5-12。

36 前輔仁大學校長羅光總主教說：「依照孔子、孟子的思想，做官是為人民謀福利，不是為發號施令。易經說：『聖人以此洗心，退藏於密，吉凶與民同患。』（繫辭上第十一章），蔣中正先生也曾聘吳稚暉作蔣經國先生的教師，教授中國經書的傳道。蔣經國先生開始隨從蔣中正先生在江西剿共，治理收復的縣鎮，親自和縣鎮人民共辛苦。後來到了臺灣，

　　蔣經國力求平民化，在贛南從政時，如有人稱他「經公教育長」，他都覺得好笑。[37]在擔任行政院院長時，經常「下鄉突擊檢查、探求民隱」[38]，遍訪全臺地區 161 個鄉鎮村落。在第一任總統任內，據統計共深入民間 197 次。[39]與民眾在一起的日子多達 155 天。[40]他曾經訪問金門 123 次在金門停留過 352 天。[41]他對屬下的兩個要求是：第一、事先絕不可以告訴對方，使他能看到真實狀況；第二、絕不接受招待，偶而自備便當，或者就和當地百姓「你吃什麼，我吃什麼」

創立榮民輔導會，建立青年救國團，和榮民，和青年『吉凶與民同患』。任行政院長，常到窮鄉僻壤訪問民間狀況。曾有幸和蔣經國先生會面多次。頭一兩次，他見面就說：你在羅馬寫的書我都念了。他還派人向我要陸徵祥傳。後來在總統任內，見面時，就問輔仁大學的情形，有時問得頗詳細。另一樁事，蔣經國先生常問起我國和教廷的關係，並為此還特別召見我，表示非常關心。每次和蔣經國先生見面時，常看見他的笑容，非常自然，非常天真，一點官僚架子都沒有。那年德雷莎修女來臺北，一同晉謁蔣經國先生，他穿著便裝，向德蕾莎修女詢問所作慈善事業，說話常是笑，辭別時，站起身，還請德蕾莎修女同他一起站著照相。蔣經國先生關心每個人的事，他見面沒有虛套，沒有官僚，只是一位誠懇的長者。」羅光（1989），〈關心每個人的事—蔣總統待人親切，發自真誠〉，《永遠與國人同在》，臺北：中央日報社，頁 63。

37 蔣經國（1992），〈清清白白的做人〉，《蔣經國先生全集》（第 3 冊），臺北：行政院新聞局，頁 444。

38 蔣經國的民間友人黃文彥說：「他來的時候是不通知的，因為他的車子臨時到我店裏，他拍拍司機，就叫他停下來，到我店裏參觀，最讓我感動的是，他第一句話就是問令尊令堂好嗎？他每次來就坐在家裏和我父親談話。」紀錄片（2009），臺北：中天電視新聞臺：「七海寓所的主人—蔣經國的故事」。

39 郝柏村（1995），《郝總長日記中的經國先生晚年》，臺北：天下遠見，頁 11。

40 李松林、陳大先（2002），《蔣經國大傳》（下冊），北京：團結，頁 549。

41 小谷豪冶郎著，陳鵬仁譯（1990），《蔣經國先生傳》，臺北：中央日報社，頁 9。

打成一片。[42]有時臨行前，連侍衛長都不知道他究竟要去哪裡。[43]雖然他對幹部很嚴格，但見到一般老百姓，就非常高興和親近。[44]平常生活樸實，不喜應酬、喜歡接近群眾[45]，閒

---

42 前考試院院長邱創煥說：「經國先生出去外面經常是一碗牛肉麵、一碗餛飩麵就這樣過一餐，每個地方的小吃店他都清清楚楚。有一次到花蓮吃牛肉麵，結果筷子放外面，蒼蠅停得滿滿的，隨扈看到蒼蠅停那麼多，怕中毒，就把筷子拿去用開水燙，他說：『不用、不用，老百姓能夠吃的，我就能吃。』他是完全平民化的。他當總統、院長時每年都請我們吃一餐飯，請什麼？請燒餅油條，每人一套燒餅、一碗豆漿，這就是經國先生請我們吃的。他就是這麼儉樸。」《聯合報》，2008.1.9，版 13；《中國時報》，2008.1.14，版 A7。前行政院長郝柏村說：「比如我記得他常到鄉間去，隨便到路邊的攤子上他就可以吃了。」郝柏村（1995），《郝總長日記中的經國先生晚年》，臺北：天下遠見，頁 11。國立臺灣師範大學政治所蕭行易教授說：「經國先生沒有偏食習慣，若有人請他吃東西，都不會拂逆別人的好意。他經常在小店、小攤進食；在部隊或團體中用餐，大家吃什麼，他也吃什麼。」蕭行易，〈蔣故總統經國先生的三平與三盡 —— 平凡、平淡、平實與盡心、盡力、盡職〉，《青年日報》，1988.4.22。王昇將軍說：「他（蔣經國）是一位飲食非常隨和而且又儉樸的人。我曾經多次陪他到外島去看官兵，在前線小島上，他遇到什麼吃什麼，和官兵一起用餐；他在擔任行政院院長時期，跑遍了臺灣各鄉鎮，他吃路邊攤，喝溪邊水，一點也不挑食，所以他有許多民間小人物的朋友。」王昇，〈王昇上將談經國先生〉（中），《青年日報》，2005.1.14，版 10。蔣經國的民間友人戴榮光說：「經國先生到店裏來，來的時候心裏面是又驚又喜啦！以前的人說，像他們這樣大人物來，吃的東西一定要特別檢查，都沒有，事先也沒有預兆，他走了之後，心裏才在怕，也不知道他回去以後胃腸會不會有事，經國先生很平易近人，他的胃腸跟我們一樣，到那裏都能吃。」紀錄片（2009），臺北：中天電視新聞臺：「七海寓所的主人 —— 蔣經國的故事」。

43 「蔣經國不重穿著、吃喝，他外出時，常常是夾克配西褲；飲食方面，外出時經常是路邊攤，在家則是幾樣百吃不厭的家常菜，如果有剩，則下頓再吃。」汪士淳（1996），《千山獨行 —— 蔣緯國的人生之旅》，臺北：天下遠見，頁 254。

44 「他是一個從不戴手套和人握手的人，他以一雙粗厚的手掌，直接和人握手會使人覺得親切、溫馨有力。」漆高儒（1997），《蔣經國評傳——我是臺灣人》，臺北：正中，頁 326。國立臺灣師範大學政治所蕭行易教授說：「經國先生對人對事都是誠懇謙虛，與他共事或接觸過的人都

話家常，關切民間疾苦，都呈現「民粹派領袖」的特徵。[46]

　　蔣經國當上總統後，更顯現獨特的「人格特質」。例如：

（一）他不要「官邸」的名稱：蔣經國擔任國防部部長時，住在臺北大直七海招待所[47]，有人稱為「官邸」[48]，他不同意，

會感覺他平易近人，從不疾言厲色。他的雙手厚重粗糙，與人握手，緊握有力。……無論深山、海濱、田野、鄉村、漁村、礦場、工廠等地方，他都樂意前往，與民眾歡聚、談話成為他追求的樂趣。」蕭行易，〈蔣故總統經國先生的三平與三盡 —— 平凡、平淡、平實與盡心、盡力、盡職〉，《青年日報》，1988.4.22。

45　前桃園縣縣長吳伯雄說：「他（蔣經國）經常到慈湖，我們有很多的機會追隨他到基層走動，他是那樣的自然隨和、隨遇而安，常常在路邊攤吃得津津有味。我記得有一次到觀音鄉的海邊，看到農村裡有人在辦喜事，他說：『我們去看看』，就跑去祝賀新郎、新娘，……他是那麼自然，感覺就像和家人在一起一樣。」《中國時報》，2008.1.14，版 A7。

46　蔣經國說：「要深入群眾，徹底明瞭群眾的生活和心理。」蔣經國（1992），〈五年來從政的感想〉，《蔣經國先生全集》（第 1 冊），臺北：行政院新聞局，頁 301。

47　「在建築風格上，七海和士林官邸是兩個完全截然不同的典型，士林的特色是氣勢恢宏，建築氣派，而七海則全然是以實用樸素為原則，兩者的基調是大不相同的，所以，如果看過了士林官邸，再將兩者做一比較，就會覺得蔣經國的節儉樸實。基本上，七海的建築體是呈一個『L』型，為了讓蔣經國一家大小能夠共聚一堂，七海當然做了小範圍的改建，但基本格局還是不變，內部家具和裝潢也都相當簡單，絕沒有一般巨商大賈或是政府高級官員那種豪門大戶的闊氣。就以七海的客廳為例，牆壁上掛了一幅張大千晚年送給經國先生的水墨畫『鍾馗捉妖』，還有一幅書法家趙恆惕的對聯，中間擺著由泰國華僑贈送的象牙，以及一些瓷器和手工藝品，外表看起來和一般的臺灣家庭絕對沒有什麼兩樣。」翁元（1994），《我在蔣介石父子身邊的日子》，臺北：書華，頁 199-200。國立臺灣師範大學政治所蕭行易教授說：「經國先生早期借住彰銀臺北長安東路招待所，民國六十年始借住於海軍總部大直招待所，無論寢室或起居室之裝潢、布置有如普通中產家庭般簡樸。」蕭行易，〈蔣故總統經國先生的三平與三盡 —— 平凡、平淡、平實與盡心、盡力、盡職〉，《青年日報》，1988.4.22。

48　「官邸」原是政府配給官員的住宅，有別於私人住宅，又作「官第」。如「後漢書‧匈奴傳」：「諸王大人或前至，所在郡縣，為設『官邸』，

只稱為「寓所」，這是平民化的表示。[49]

（二）他不要別人向他高呼「萬歲」：蔣經國不過生日，不喜歡人家叫「蔣總統萬歲」，自認為是孫中山的信徒，排斥反民主的言行，即使是無關宏旨，也不願意。他不過生日，是不要他的部屬或是百姓群眾們替他過生日，可是他的家人還是有為他慶生，而他本人則是照常上班，或是上前線、去農村。

（三）他不用說教的形式：蔣經國當上總統後，把對全國同胞的談話稱為「祝詞」，如元旦及國慶日的「祝詞」[50]；而對軍、政人員的訓話，多以「講詞」稱之[51]，和蔣介石的「訓詞」大異其趣。有時他講的話很少，一方面是對父親的尊重，另一方面也表示他的謙和，由此可見他擺脫了說教的形式。蔣經國於 1976 年 11 月 18 日，在中國國民黨第 11 次全國代表大會閉會典禮致詞：「以後對我個人，不要再講什麼『英明』、『擁護』、『偉大』、『導師』之類的頌詞，在地方黨部也不要講。」[52]同一天，在第 11 屆一中全會口頭致詞時，又再次強調：「以後什麼『偉大的』、『英明的』、

賞賜待遇之。」也是官吏的住宅，即館舍，如歐陽修「瀧岡阡表」：「太夫人以疾終於官舍」。

49 曾一豪（1994），《馬英九前傳》，臺北：希代書版，頁 193。

50 如「民國六十八年一月一日元旦祝詞」。蔣經國（1992），〈爭取必勝必成革命新機〉，《蔣經國先生全集》（第 13 冊），臺北：行政院新聞局，頁 29。

51 蔣經國甚至要求他身邊的幕僚人員要謙虛，對外發表言論，絕對不稱為「訓話」，而叫「講話」。曾一豪（1994），《馬英九前傳》，臺北：希代書版，頁 193。

52 蔣經國（1992），〈動員戰鬥式的黨務工作應迅速開始〉，《蔣經國先生全集》（第 11 冊），臺北：行政院新聞局，頁 170。

『導師』、『訓』示、『恭聆』[53]、『擁護』這許多話不要再講，不但在會場不要再講，在其他地方，在各級黨部也不要講。」[54]

蔣經國說自己最喜歡和民眾在一起，經常上山下海、探訪民瘼。[55]他說：

> 我內心無時無刻不在想念著漁港、農村、山上、海邊、鄉鎮、外島、部隊、學校、工廠、商店、礦場、碼頭、菜市、廟宇，以及每個地方所有的朋友們，想著你們

---

53 立委李慶華在中國國民黨紀念蔣經國百年誕辰座談會說：「依據蔣經國與父親（李煥）的書信，蔣經國在擔任救國團主任期間，發現開會議程中有『恭候主任蒞臨』的文字，主動寫信給李煥，要求將『恭候』改成『等候』，字裡行間已展現蔣經國的平民作風。」《中國時報》，2009.4.11，版 A3。

54 蔣經國（1992），〈逆境堅定力風雨生信心〉，《蔣經國先生全集》（第11 冊），臺北：行政院新聞局，頁 183。

55 前總統府副秘書長張祖詒說：「在寶島的山巔海濱，處處有他（蔣經國）的腳印；在臺灣的城鎮鄉村，也處處留有他的足跡。他幾乎走遍了臺灣的每個角落，踏遍了這島上的每塊土地，但他不是去遊山玩水，而是因為他熱愛這塊土地，要為這塊土地上的人民尋找希望，謀求幸福。……他會隨時出現在你我身旁。一個田野路邊的水果攤，他蹲在地上，一邊露著渾厚的笑容啃著西瓜，一邊帶著濃重的鄉音跟歐巴桑聊天，他想要瞭解農村的光景。大街小巷，開著許多店舖，售豆乾的、賣小吃的、販零食的，他都會經常光顧，他不是貪嘴好吃，而是要想熟悉一般大眾的實際生活。在臺南，他招呼一輛計程車，很有禮貌地問駕駛：『我有駕照，可否讓我開你的車到安平港？』那位運將朋友，看了他一眼，覺得面熟，欣然照辦，一路上有說有笑，談得十分投緣。他聽到了基層民生的很多故事。在屏東山地鄉育兒院裡，他看到失去雙肢的孤兒，憐憫之心油然而起，抱著那僅兩歲的小女孩，對她說：『我會一直照顧妳』。他實踐了他的承諾，但可惜沒有見到她自立長大，結婚生子。工廠、學校、軍營，更是他常去的地方，只要跟青年們在一起，看到一張張充滿朝氣的臉龐，他就精神煥發，熱情洋溢。平時不善歌唱的他，就會興高彩烈，和著大家歡唱：『當我們同在一起，其快樂無比』！」張祖詒，〈教我如何不想他〉，《中國時報》，2008.1.5，版 A10。

經常親切的和我握手、拍肩、談天那種溫暖的友情。……我所想念的每一個勤勞、樸實、笑嘻嘻的面孔，更是時時都在腦中出現。[56]

由於蔣經國經常接近老百姓，在民間的評價甚高[57]，他的朋友們曾經聯合送他一幅浮雕畫像，上面刻了 8 個字：「仁擁天下，德被萬民」。[58]

蔣經國之所以為人民公僕，具有親民、愛民的風範[59]，是因其施政皆以民意為依歸。他說：

---

56 蔣經國（1992），〈願大陸同胞同享三民主義福祉〉，《蔣經國先生全集》（第 14 冊），臺北：行政院新聞局，頁 346。

57 前監察院院長錢復，於 2009 年 4 月 11 日，在蔣經國學術交流基金會舉辦的座談會說：老百姓會喜歡蔣經國，就是因為他是「老百姓中的一個」，不會高高在上。《中國時報》，2009.4.12，版 A3。

58 張祖詒，〈教我如何不想他〉，《中國時報》，2008.1.5，版 A10。

59 「蔣經國很細心，從小事情就可以看出來。簡錦錐（蔣經國來臺後常去的俄羅斯料理明星西點麵包廠老板）談到，一次經國夫婦帶了孝文、孝武、孝勇到店裡用餐，隔壁坐了一桌上海人，不過他們不認識蔣經國，上海人用完餐要結帳，用上海話說了：『結帳。』服務生沒聽懂，也沒注意到，過了十幾分鐘，上海人看沒動靜，就破口大罵。聽得懂上海話的蔣經國就站起來說：「你要講普通話，他才聽得懂，你不要發脾氣，這位服務生很勤快的，你不要責備他。」還有一次，蔣經國到圓山用完餐時候已晚，當時雷雨大作，侍衛趕緊來接蔣經國，他離去後，員工們鬆口氣正準備收拾，沒想到蔣經國又匆忙折返，大家嚇一跳，以為發生了什麼事，沒想到蔣經國說：「外面下雨，你們等下怎麼回家？」簡錦錐說蔣經國很慷慨，不僅會自己買單，還會給小費。1953 年，有次蔣經國還沒開口，女店員就已貼心地幫他準備好每次必外帶的禮盒，蔣經國問她：「小姐，妳月薪多少？」女店員回答：「180 元。」蔣經國改用俄語問喬治・艾斯尼（明星麵包店合夥人），「她薪水多少？」艾斯尼回答：「300 元。」蔣經國用俄語說，她說 180 元，你說 300 元，你要對她好一點，她是好員工呀！」簡錦錐趕緊在旁解釋，「這位小姐還是試用期，而且是 6 小時的月薪，不是 8 小時，等成為正式員工就會有 300 元了。」蔣經國一聽，也就放心了。陳靜宜，〈蔣經國飲食故事—那些有情有味的日子〉，《聯合報》，2008.5.1，版 D10。

全民利益包括了國家的安全、秩序的安定、生活品質的改善、家庭幸福的增進。……一切以大眾利益為中心，「民之所好而好之，民之所惡而惡之」，人心為中興復國的根本，民意為一切施政的依據，民眾和政府血肉相連，一團和氣，共同奮鬥。今天，我們的信念是「國家利益就是全民利益」，民眾幸福了，國家民族必定有前途；「中國問題就是全民的問題」，全民都自由了，民主了，生活豐足，中國問題就解決了。[60]

　　蔣經國的領導特質，美國《新聞周刊》形容為「民粹派領導作風」，並以俄文名詞做標題。[61]這個名詞的實質內涵是—生活樸實、喜歡接近群眾、閒話家常、關心民間疾苦。由於他的生活樸實無華，又急切關心民間疾苦，更因上山下海，使他所到之處，能廣結善緣，在擔任行政院院長時，已在民間交結了 12 位好友，因而視聽管道不被侷限，是一位典型發揮政治藝術的領導人。[62]總統馬英九說：「這麼多年的總統，每次做民調經國先生名列第一，因為他把人民的生活

60 蔣經國（1992），〈中國國民黨永遠和民眾在一起〉，《蔣經國先生全集》（第 13 冊），臺北：行政院新聞局，頁 40-41。

61 美國史丹佛大學胡佛研究中心馬若孟教授，用「制約式政治核心」和「公僕式政治核心」兩個概念來描述臺灣政治社會的轉型，他認為蔣經國成功的將臺灣轉型成「公僕式政治核心」的民主體制，這個體制的特徵是—社會及人民的旨意，已經將該政治核心變成了順應其需要而提供服務的公僕。馬若孟、蔡鈴（1998），《中國第一個民主體系》，臺北：三民，第一章。

62 國立臺灣師範大學政治所蕭行易教授說：「在行政院長任內，每逢周末假日，經國先生輕車簡從，不辭辛苦，深入民間和各階層民眾閒話家常，發掘民瘼，紓解民困，足跡遍及全臺 161 個鄉鎮村落。」蕭行易，〈蔣故總統經國先生的三平與三盡 —— 平凡、平淡、平實與盡心、盡力、盡職〉，《青年日報》，1988.4.22。

水準提高了。」[63]

蔣經國逝世的時候，美國與中華民國雖然無正式外交關係，不過仍派出陣容堅強的團隊，參加在華盛頓「國家大教堂」舉辦的追思會。前外交部部長錢復回憶說：「經國先生逝世當年我奉派美國，外交部通知我們經國先生逝世的消息後，我們布置了靈堂，當時美國國務卿是舒茲，他特地來行禮簽名，他在簽名簿上寫「經國先生是長久可敬的友人，我對他永久懷念」，我當時去美國已經五年多了，他看到我都像蛇蠍一樣避之不及，但他卻毫不避諱的來行禮，並說我來這裡是要表示對我最尊敬朋友的哀悼之意。」由於美國和我們沒有邦交，因此我們並未通知美國政府官員，但美國政府卻主動通知我，他們派司法部長和三位參議員、四位眾議員做特使參加公祭，陣容非常堅強。我們在華盛頓「國家大教堂」舉辦的追思會，也有好幾位部長，國務院、國家安全會議重要的官員，以及各國駐美的使節來參加，雷根總統也特地派他的女兒來致意，這些都可看出美方對經國先生的敬意。[64]

前新聞局局長邵玉銘說：「經國先生在美國遇刺時，當時我在芝加哥大學唸書，我的老師接到電話說經國先生遇刺，他的回答是真糟糕，他居然沒有被打中。這是當時在美國教授中國問題學者的態度，……後來經國先生去世沒有多久，美方許多研究中國問題的教授說，時間和歷史一定會對

63　《聯合報》，2007.11.14，版 A4。
64　《中國時報》，2008.1.14，版 A7。

兩位蔣先生愈來愈仁慈，美國學者終於接受兩蔣。」[65]

（二）反面評價

艾倫懷丁（Allen Whiting）教授認為在蘇聯和中國發生的混亂爭奪，形成蔣經國今天的思想和行為。他說：「他（蔣經國）不信任別人，別人也不信任他。他的同僚們說：『他太需要朋友了』。他不算不是個現代人，他需要教育和吸收新知，在他周圍是個小集團，但包圍這位『王子』的人們常在改變。很少人和他永遠接近。⋯⋯他個人的遭遇經歷，幾十年的鬥爭，在蘇聯和中國發生的混亂爭奪，形成他今天的思想和行為。」[66]

作家汪士淳認為：「蔣經國卓越的領導及識人能力、深具正義感而嫉惡如仇，固然早已受到外界肯定；然而內向、城府甚深、人格多重、多疑[67]，也是在他過世之後，從親近

---

65 同前註，頁 200。

66 轉引自劉宜良（1997），《蔣經國傳》，臺北：前衛，頁 502-503。

67 作家柏楊回憶：「蔣經國接管情治系統後，有鑑於過去潛伏的共產地下黨的泛濫，更變得歇斯底里。那時候有一部蘇菲亞羅蘭和馬龍白蘭度合演的電影，最後，男主角拿破崙退到一個島上，蘇菲亞羅蘭給他送換洗的衣服，相當轟動。而在一次團務會報上，蔣經國嚴肅的詢問大家看過沒有，大家說看過。『那麼』蔣經國問，『說說你們對這部片子的意見。』沒有一個人敢開口，因為不知道他的意思何在。⋯⋯逼到最後，大家只好講演技、景色、音效。蔣經國臉上逐漸露出厭煩，他說：『你們完全沒有深度，沒有政治警覺。』在大家驚愕的眼神中，他繼續說：『這明明是諷刺我們，諷刺我們退到一個小島上，孤立無援。只剩下一個女人給我們送來破舊的衣服。』第二天，場場爆滿的電影就突然下片。⋯⋯當時，我幾度想報告說：『這部片子是我們退到臺灣以前拍的，與臺灣毫無關聯。』但我已感覺到，蔣經國對任何逆耳之言，都聽不進去。」柏楊（1996），《柏楊回憶錄》，臺北：遠流，頁 220。「1951 年，簡錦錐（蔣經國來臺後常去的俄羅斯料理明星西點麵包廠老板）幫經國夫

他的人士口中慢慢傳出來的。」[68]

1.多元性格

　　1948 年撰寫《蔣經國論》的作家曹聚仁，談到蔣經國年輕時的性格。他說：

> 今日的蔣經國，至少有兩種不同的靈魂：他既年輕、又熱情，勇敢地對著現實，氣吞河嶽；他又那麼坦白無城府，人人感其可親近。可是他又那麼老成持重，不苟言笑。他冷冷地看著你，透過了肺腑，洞燭你的用意。他決不會輕易入你鈎中。有時候，你覺得他不過二十多歲；有時候，你又覺得他也已入了暮秋了；要了解他或許比讀一部書還難些。[69]

曾任新聞記者的卜少夫談到蔣經國的性格，他說：

> 一般看到他壯碩的身軀，嚴肅的面部表情，凝重的動作，都以為他的性格是非常理智，非常冷酷；正相反，他的外型與內心並不一致。儘管他二十年來在中國政治圈翻騰打滾，學會了應對各階層人物，裝扮得頗符合其身分地位那種儼然模樣，可是他卻是一個富於感

婦拍了一幅照片：蔣方良坐在前方，蔣經國站在後方，他雙手勾住蔣方良的脖子，這張照片後來掛在店內，不料被蔣經國看到卻說：『這張照片不妥。』簡錦錐吃驚：「有何不妥？」蔣經國說：「看起來好像我掐住她脖子，別人會誤以為我要謀殺她！」簡錦錐大笑，允諾一定重拍一張，務必要讓蔣經國滿意。」陳靜宜，〈蔣經國飲食故事 —— 那些有情有味的日子〉，《聯合報》，2008.5.1，版 D10。

68 汪士淳（1996），《千山獨行 —— 蔣緯國的人生之旅》，臺北：天下遠見，頁 253。

69 曹聚仁（1997），《蔣經國論》，臺北：一橋，頁 71。

情，非常熱烈，有時難免天真衝動的人。[70]

　　維護蔣經國安全的「七海警衛組」貼身侍衛翁元認為蔣經國不守信用，他舉例說：

> 大陸臨撤退前，蔣經國曾對老先生的警衛總隊第四隊的隊員講過，只要他有一碗稀飯，就會讓全體隊員先吃。可是，撤退到臺灣以後，因為警衛總隊縮小編制，第四隊因而被遣散掉了，有些隊員就對經國先生至表不滿，認為他食言而肥，不守信用。當然，以當時國家的處境，政府不可能再像過去大陸時期，容納那樣多的編制人員，可是，就因為蔣經國在上海講過那番話，不少第四隊的隊員對此耿耿於懷，而蔣經國卻事後不加兌現，難免引起被遣散隊員間的尖銳反彈。[71]

2.神祕性格

　　蔣經國不喜歡身邊有隨從人員，即使是因為安全因素，他還是喜歡獨來獨往。[72]「七海警衛組」貼身侍衛翁元說：「儘管蔣經國在名義上有了自己的隨從副官，可是，由於他一向獨來獨往的性格，依舊不改，有時行蹤根本不讓部屬知道，所以經常發生隨從被他蓄意擺脫的情形[73]，而隨從又要

70 風雲論壇編輯委員會編輯（1985），《蔣經國浮雕》，臺北：風雲論壇，頁23。

71 翁元（1994），《我在蔣介石父子身邊的日子》，臺北：書華，頁248。

72 前「七海警衛組」主任李祖怡說：「經國先生對於他的警衛曾經反對過，但侍衛長郝柏村跟他溝通過後，他同意了，但是我們那時候的長官，也交待我們不要跟的太近，跟隨他的時候，應增加一部隨扈車輛，我們用其他顏色，或是改裝成計程車。」紀錄片（2009），臺北：中天電視新聞臺：「七海寓所的主人—蔣經國的故事」。

73 前行政院院長郝柏村說：「1965年一個禮拜天，他（蔣經國）一人到陽

肩負保護他的重責大任，因而總是讓隨從忙得團團轉，追著他跑。」[74]例如：「在長安東路時代，蔣經國經常是自己一個人帶了一個司機，開著車出去到處跑，也許是他的任務需要，也許是他有另外的原因，他的司機經常抱怨『找』不到他，因為蔣經國如果發現一個人比較方便，就隨時伺機把他的司機給擺脫掉，一個人再搭別人的車子跑到別的地方去了，至於到什麼地方去了，沒有人知道。」[75]又有一次，「他在榮總住院，總統車隊還故意在他的座車上安排了一個假人，坐在主位，然後每天夜晚時分，叫車隊開回七海官邸，第二天早上再開回榮總，用這樣的方式企圖去掩人耳目，其實，比較細心的人民早就知道蔣經國是躺在醫院裡面，用不著這樣掩耳盜鈴的方式去欺騙人民。」[76]

　　「七海警衛組」貼身侍衛翁元說：「蔣經國的確予人一種諱莫如深和高不可測的感覺，即使像我這樣一個熟手的工作人員，都時時有種如臨深淵、如履薄冰的惶恐之感。」[77]

3.威權性格

　　蔣經國的弟弟蔣緯國說：「肯定哥哥不辭辛勞地為國家

明山散散心，駕駛在車子上等，等到天快黑了，應該回來了，他還沒有回來，駕駛著急了，打電話給我（時任蔣介石侍衛長），於是我們全部動員，將大屯山圍起來搜山，後來找到了，他第一句話問我總統知不知道，我說總統還不知道，他說不要跟他講。」紀錄片（2009），臺北：中天電視新聞臺：「七海寓所的主人 ── 蔣經國的故事」。

74 翁元（1994），《我在蔣介石父子身邊的日子》，臺北：書華，頁 203。
75 同前註，頁 253。
76 同前註，頁 248。
77 同前註，頁 251；曾一豪（1994），《馬英九前傳》，臺北：希代書版，頁 192-193。

做出的貢獻；如果論到哥哥的『缺點』……，哥哥的民主標
準，尚待商榷。」[78]

「七海警衛組」貼身侍衛翁元認為蔣經國具有很強的威
權性格，他說：

> 蔣經國在相當程度上，還是有很強的威權性格，這也
> 是中國的政治人物一個很平常的通病。表面上，蔣經
> 國時時刻刻一副親民愛民的形象，在外面和人接觸，
> 也一向是笑臉相迎，可是在家裡，他永遠是下人心目
> 中的君王，甚至到晚年，他的侍從醫官為他治病，都
> 受到他的威權心態的影響，必須隨時留心，深恐一時
> 讓他不稱心而遭受調職處分。[79]

王昭明在回憶錄中談到：「蔣經國在用人上有一個特性，
就是所謂的『見光死』。不管是誰，就算蔣經國已經決定要
用某人出任某個職位，只要事前消息走漏，蔣經國多半會改
變主意，臨時換人。」[80]

此外，前《紐約時報》亞洲通訊員趙達中曾經談到蔣經
國的用人牌理，他說：

> 用「天威難測」來形容蔣經國先生的用人牌理，可謂
> 一針見血。早在六〇年代末期，蔣經國先生開始接掌
> 政治權力以來，他所採取的用人哲學，常有出人意外
> 的安排，令人難以捉摸。顯示出他和他的父親蔣中
> 正，有不同之處。先總統在發布重要人事命令之前，

---

78 汪士淳（1996），《千山獨行 —— 蔣緯國的人生之旅》，臺北：天下遠
　　見，頁256。
79 翁元（1994），《我在蔣介石父子身邊的日子》，臺北：書華，頁254-255。
80 王昭明（1995），《王昭明回憶錄》，臺北：時報，頁109。

往往經過與黨國元老磋商，觀察各方反應之後，再行公布。然而，蔣經國對於敏感政治職位的安排，一向是在極隱密的作業下進行；一旦發表，造成朝野震驚的效果，益增主其事者的權威性。[81]

學者李松林在《蔣經國的臺灣時代》書中記載：「蔣經國在撤換人事時也常流露不問當事人的威權心態，如蔣彥士的先被通知『辭職已被主席接受』後，再匆忙撰擬辭呈。」[82]

前財政部部長李國鼎指出，蔣經國開始主持財經決策（1969 年），做法和蔣介石不同，他對財經問題並不十分瞭解，卻很固執。……使得主管財經的官員吃了不少苦頭。[83]

第二節　鄧小平

一、人格特質

他敢想、敢闖、敢幹、敢鬥，勇於豁出去，也勇於承擔責任；掌權當道時，他快行己意，大開大闔；挫敗失意時，他壓低姿態，保持樂觀的精神狀態，尋求東山再起。三次被打倒，三次再復出。最終取得近乎獨攬的大權，主導中國的改革開放大業，在文化大革命「十年浩劫」帶來的悲慘世界

---

81 風雲論壇編輯委員會編輯（1985），《蔣經國浮雕》，臺北：風雲論壇，頁 243。
82 李松林（1993），《蔣經國的臺灣時代》，臺北：風雲論壇，頁 124。
83 康綠島（1993），《李國鼎口述歷史》，臺北：卓越文化，頁 211。

中力圖撥亂反正。他把握人生的最後機緣，將他實事求是的一貫務實作風發揮的淋漓盡致，有時衝撞左派，有時突擊右翼，在經濟領域中衝出改革開放路線，徹徹底底改變了千千萬萬人世世代代的命運。[84]鄧小平具備以下特質：

（一）果斷判斷力

中共七屆三中全會期間，周恩來與薄一波談到他對鄧小平工作方法的感受時指出，鄧小平工作特色是「舉重若輕」。換句話說，即具有果斷的人格特質。果斷是領導者的工作特色和方法。鄧小平果斷的處事作風，其特點，就是在處理重大問題時，一但形成決策，即當機立斷並付諸行動。一位曾在西南局工作過的新聞從業人員，就以「庖丁解牛」形容鄧小平在處理棘手問題和複雜局面的領導藝術。他的高明之處，是能夠在錯綜複雜的諸多頭緒中，迅速而準確地把握住問題的重點，且以果斷的手腕予以解決。

軍事方面，鄧小平的果斷，成就了他解放大西南的戰功。由於劉伯承、鄧小平兩人戰略運用成功，共軍以迅雷不及掩耳之勢攻取重慶，使得重慶基本工業設施不致遭到國軍的破壞，而得以保存下來。1975 年鄧小平的鐵路整頓，亦展現出其果斷的領導風格。大陸學者以「敢、硬、實、準」描述。所謂「敢」是只敢字當頭，態度明確，挑戰惡勢力。所謂「硬」，則是指大刀闊斧，雷厲風行，措施強硬，決不妥協。解決問題規定期限，如不解決，採取斷然措施。對立性嚴重而又堅

---

84 陳國祥，硬耿領導，客家籍政治領袖的志節功過，頁 126。

持不改的領導幹部、派性的帶頭者，視情況做撤職，或調離。當時違法犯罪份子被批鬥的有 11700 人，被逮捕的有 3000 人，還處決了 130 名罪大惡極者。另一項「實」是追根究底。從單位開始，針對每個單位進行分析，逐個解決問題。所謂「準」，是指通過全面的調查研究，準確地發現問題，在經濟作業方面，先從工業交通上的鐵路、煤炭、鋼鐵三項開始著手。其中最先處理的是鐵路。

（二）善用俚語推展政策

語言，可以表現領導者的政治智慧。鄧小平的語言風格，可用八個字形容，即「言簡意賅，樸實明快」。其中「不管黑貓白貓，只要捉住老鼠的就是好貓。」是鄧是頗膾炙人口的政治名言，不僅是風行於大陸，且聞名遐邇於國際。

鄧小平善於引用民間或老戰友常用的語言。除了「貓論」、「摸著石頭過河，走一步看一步」、「靠政策走路，靠政策吃飯」等等，或闡述一個簡單的道理，或概述一個政策方針，或說明一個事物的特點，十分通俗易懂。他用生命的比喻把艱澀的道理簡明化、形象化和大眾化，成功地達到政策的宣導與傳播的功能。

（三）為人民服務

1985 年鄧小平提出「領導就是服務」，彰顯其領導特質。這句話指明了領導者工作的本質即在於為民服務。在中國從事長期的革命和建設中，鄧小平以馬列主義「人民群眾是歷史創造者」為宗旨，闡述黨「一切為了群眾，一切依靠群眾，

從群眾中來，到群眾中去」的群眾路線。並提出「向人民群眾學習」，「幹部的權利是人民賦予的」與「對黨負責和對人民負責相一致」的觀點。即一切為人民服務，是領導之責。致力於實現廣大人民群眾多數的根本利益，是鄧小平的領導特質。他明確指出：「按照歷史唯物主義的觀點來講，正確的政治領導的成果，追根究底要表現在社會生產力的發展上，人民物質文化生活的改善上。」

　　發現問題，就必須解決問題，這是領導者的責任。解決問題的關鍵即在於運用的方法。鄧小平始終堅持實事求是，群眾路線的方法，去實現為人民服務的目的，並形成其領導的特質。

（四）實事求是

　　「實事求是」的觀念，實際上，是鄧小平延續毛澤東的思想。他是毛澤東於 1941 年、1942 年發起整風運動時，提出的一種從實際出發的根本態度。強調他是理論和實際統一的馬克思列寧主義的作風，也是共產黨員起碼應該具備的態度。

　　十一屆三中全會以來，中國的各項發展，正如鄧小平所說，經驗總結就是堅持實事求是。鄧小平居領導地位，在對中國共產黨和中華人民共和國建政以來歷史的認識，包括對毛澤東功過是非的評價上，採取了客觀、全面性分析的態度。在對中國國情與世界情勢的判斷，則是採取冷靜且現實的態度。此外，在確定經濟發展的任務、方針和步驟方面，以實際為考量，完全尊重經濟社會發展之規律性。換句話說，鄧小平是以實事求是作為政治、經濟與外交的基本原則，建構出建設有中國特色的社會主義的藍圖。

（五）解放思想

中國共產黨在長期的革命、建設和改革下，形成以馬克思主義為主的思想路線，即「一切從實際出發，實事求是」。鄧小平是馬克思主義唯物論信奉者，特別著重發展，強調思想的解放。此外，對於中國共產黨實行社會主義的理想，鄧小平針對：何謂社會主義，以及如何建設社會主義，進行深入的思考，並明確指出：「貧窮不是社會主義，發展太慢不是社會主義。」且基於一些人對馬克斯主義的教條式理解和對蘇聯模式的迷信，他強調：「我們搞的現代化，是中國是的現代化。我們建設的社會主義是有中國特色的社會主義。」可以說，鄧小平堅持解放思想、實事求是，具體回答了市場經濟是姓「資」還是姓「社」的問題。

1992 年春天，鄧小平在南方視察後的談話中，進一步提出：「計劃多一點還是市場多一點，不是社會主義與資本主義的本質區別。計劃經濟不等於社會主義，資本主義也有計劃。市場經濟不等於資本主義，社會主義也有市場。計劃和市場都是經濟手段。」此一論斷，再一次解放了人們的思想，為中國共產黨確定建立社會主義市場經濟體制的改革目標，並制定一系列的方針、政策。鄧小平堅持黨的思想路線，一以貫之。

（六）務實作風

鄧小平是一個實用主義政治家，政治理念並不深刻，卻非常簡單清楚。他沒有毛澤東的浪漫革命主義情懷，亦不嚮往無政府主義思想，他是一個腳踏實地的人。

　　比較鄧小平與中共的其他領袖，鄧小平具有過人的政治謀略、大膽的政治氣魄和審時度勢的務實作風。在毛澤東死後，他旋即利用民心向背，迅速地清除了毛派的餘勢，進而掌握了最高權力。接著斷然結束階級鬥爭，把國家引導上以經濟建設為中心的發展方向。同時大量裁軍，集中人力物力於經濟建設。鄧小平早期曾針對權力過於集中，以致缺少對權力的有效監督，和龐大的黨政機構所衍生的制度弊端等重大問題，提出與經濟改革相配合的政治改革之初步構想。此外，在對外關係方面，他放棄爭取第三世界領袖的野心，提出務實的和平外交策略，以交往代替對抗，與西方國家全面修好，並且在處理香港問題上顯示其創新的企圖，更於 1992 年促成了大陸與台灣之間第一次公開對話。[85]

二、評　價[86]

（一）正面評價

　　對於鄧小平的正面評價，普遍是他執政後所倡導的改革開放這一政策理念，使中國改變了長期以來對外封閉的窘況，令其走向世界，同時大幅度提高了中國國民的生活水平，提高了在國際影響力，使中國經濟進入了高速發展時期，也

---

85 鄭寶蘭，蔣經國與鄧小平「改革開放」政策的比較研究，佛光大學政治學系，95 年碩士論文。

86 維基百科
http://zh.wikipedia.org/wiki/%E8%94%A3%E7%B6%93%E5%9C%8B#.E5.B9.B4.E5.B0.91.E7.94.9F.E6.B4.BB

對現今的中國崛起有重要貢獻。

1997 年 2 月 25 日，中華人民共和國官方為他舉行隆重追悼會，評價他：…鄧小平同志是偉大的馬克思主義者，偉大的無產階級革命家、政治家、軍事家、外交家，中國共產黨、中國人民解放軍、中華人民共和國的主要領導人之一，中國社會主義改革開放和現代化建設的總設計師，鄧小平理論的創立者…。

中共中央主席毛澤東在 1956 年 9 月，在中共七屆七中全會上的一次講話中，毛澤東特別就鄧小平的情況向中央委員們作了評價：「我看鄧小平這個人比較公道，他跟我一樣，不是沒有缺點，但是比較公道。他比較有才幹，比較能辦事。你說他樣樣事情都辦的好嗎?不是。他跟我一樣，有許多事情辦錯了，也有的話說錯了，但比較起來，他會辦事。他也比較周到，是個厚道的人，使人不那麼怕。我今天給他宣傳幾句。他說他不行，我看行。順不順要看大家的輿論如何，我觀察是比較順的…這個人比較顧全大局，比較厚道，處理問題比較公正，他犯了錯誤對自己很嚴格。他說他有點誠惶誠恐，他是在黨內經過鬥爭的。」在中共高級幹部中，能夠獲得毛澤東如此高度評價，確實為數不多。

前中共中央總書記、國家主席江澤民評價鄧小平時說：「如果沒有鄧小平同志，中國人民就不可能有今天的新生活，中國就不可能有今天改革開放的新局面和社會主義現代化的光明前景。

中共中央前領導人薄一波在鄧小平去世後寫下輓聯評價他：「一人千古；千古一人。」，並親自闡述對聯的深刻涵

義：「一人千古，表達了我對小平同志的哀思；千古一人，是我對他的評價，是說他成就大業、功勛至偉。在古今中外的歷史上，凡建非常之業，必賴非常之人；而壯哉非常之人，必成非常之功。」

前美國總統吉米卡特評價鄧小平時說：「鄧小平無疑是個智勇雙全的人，我將他視作大洋彼岸的朋友。我一直覺得自己非常幸運可以和鄧小平這樣具有遠見卓識的領導人進行中美建交的談判。」

前美國總統喬治布希評價鄧小平時說：「中國改革開放以來發生的巨變在很大的程度上要歸功於鄧小平，鄧小平在中國和世界歷史中具有非常重要的地位。」

前法國總統雅客席哈克評價鄧小平時說：「對中國和全世界而言，他都是二十世紀的一位重要政治偉人」

前英國首相愛德華希思評價鄧小平時說：「鄧小平對整個世界最大貢獻就在於，他向全世界表明，中國可以如何管理和快速發展；而中國又能夠因此向整個世界做出何等的貢獻。」「對於一國兩制成功解決香港問題，這無論對中國、英國、香港本身，還是對世界都是最圓滿的結果。」

第四任聯合國秘書長克爾特瓦爾德海姆評價鄧小平對中國經濟發展所作的貢獻時說：「中國改革開放的實踐證明，這是世界經濟史上最成功的嘗試之一。在鄧小平理論的指導下，中國發展成了世界上最具活力的經濟體。我不久前曾讀過世界銀行發表的一項報告，認為鄧小平有關中國經濟建設的理論是人類歷史上同貧困作鬥爭最成功的範例。在這一理論指導下，中國找到了同工業化世界接軌的途徑，中國在全

球化進城中的地位得到了保證。」他還說「鄧小平在其一生中與中國人民共同度過了許多光明與黑暗的時期，這些時期成為他生命歷程的組成部分。人們對鄧小平畢生事業的總結證明了他信仰的正確性。」

美國前國家安全事務助理布勒金斯基評價鄧小平說:「世界上我最佩服兩個人，鄧小平是其中一位」，毫無疑問，他在改善中美關係方面做出戰略創新，惠及中美兩國」，「從規模、速度和深度上看，現在中國的發展成就人類歷史尚無以倫比。有賴鄧小平制定的綱領、這些才成為可能。

1985 年鄧小平獲選為《時代》周刊年度風雲人物的評價：鄧小平在中國推行新的經濟政策，使世界四分之一人口的生活得到改善，深受人民愛戴；世界四分之一人口生活水平的改善，有助於保持世界局勢的穩定；中國經濟政策的徹底改變，如果確實有效，將意味著在蘇聯模式的共產主義之外還有另外一種選擇；這個轉變無論在正面上還是反面上都將會給世界上其他社會主義國家和第三世界國家帶來深遠的影響。

（二）反面評價

自稱抽煙、喝酒、吐痰，三個壞習慣。[87]對於鄧小平的批評與爭議，主要集中在鄧小平推動的改革開放的動機、經濟改革中的問題及他對六四事件的處理。

鄧小平在 1980 年 8 月 21 日、23 日會見義大利記者奧里

---

87 傅高義，鄧小平改變中國，天下文化，頁 52。

亞娜法拉奇時的兩次談話中曾對自己評價到：我自己能夠對半開就不錯了。但有一點可以講，我一生問心無愧。你一定要記下我的話，我是犯了不少錯誤的，包括毛澤東同志犯的有些錯誤，我也有份。只是可以說，也是好心犯的錯誤。不犯錯誤的人，沒有。

改革開放方面，市場化使中國國有企業面臨危機，農業改革到在 1990 年後開始失效，農民的生活質量與平均收入增幅減緩、貧富分化加大、腐敗問題、大學生就業問題、失業加劇、社會不公、官民衝突、環境汙染這些都是巨大的社會不安定因素。對此，多方有不同解讀。一方認為這是鄧小平改革不徹底的結果，特別是沒有進行徹底的政治體制改革所造成的；由於政治不夠民主，輿論監督不夠自由，司法不夠獨立，致使政府部門或政府官員掌握干預經濟的過度權力，這是當今日的權力腐敗的一個主要根源；但中國的唯利型人際關係，官僚壟斷各類軟硬資源，平民階層話語權缺失的傳統文化因素也不可忽略，在集團性官僚主義深重的後文革時代，這並非鄧一人可以力挽狂瀾的。六四之後的中國在政治改革上較為緩慢，著重強調了「穩定壓倒一切」的重要性。政治與經濟改革的不同步，加劇了中國社會在轉型中的社會矛盾的不斷積累與深化。

另外一方認為改革開放存在矯枉過正的情況。儘管鄧小平曾經說過：「如果我們的政策導致兩極分化，我們就失敗了」，「如果產生了什麼新的資產階級，那我們就真是走了邪路了」。而現實狀況中，「讓一部分人先富起來」的時候，沒有對致富手段做出有效的限制，也沒有對「先富帶動後富」

提出具體的方式方法，致使特權階級興起，許多改革成本從社會支付變成個人支付（實際是弱勢群體支付）。而資本的逐利性，必然導致污染、過度開採、兩極分化等一系列對公共利益的損害。因此，中國經濟中生產資料私有制比重越來越大的趨勢，拉大了貧富差距，造成社會不穩定因素。而鄧小平的改革政策被部分保守「左派」人士批評為新興的資本家剝削無產階級，引進外資掠奪中國財富，認為鄧小平披著社會主義的外衣，骨子裡卻是資本主義思想，被反資本主義人士罵為漢奸。

六四事件中的處理至今仍多爭議。支持者認為這是為了維持國家統一和政局穩定的被迫之舉，批評者認為這是他一生中的汙點和晚年的遺憾。六四事件發生後，世界主要國家對中國大陸進行了制裁，而後中國政府加大了對本國新聞媒體和公民言論及教育體系的控制。

第三節　李光耀

一、人格特質[88]

（一）擇善固執，打造全球最具競爭力的國家

如果諾貝爾有「治國獎」，他是全球最該得的人。只做

88　維基百科
http://zh.wikipedia.org/wiki/%E8%94%A3%E7%B6%93%E5%9C%8B#.E5.
B9.B4.E5.B0.91.E7.94.9F.E6.B4.BB

他認為正確、該做的事,而不屑做他人或國際輿論會鼓掌叫好而他卻不以為然的事,他說:「我總會做到凡事正確,但卻不是政治上正確。」只把事情做對,不迎合人民一時的喜好,也不刻意媚俗謀求短暫的政治利益。他的睿智而堅毅的領導,使新加坡以小國之身享經濟強國盛名。

(二) 時時心懷憂患,事事未雨綢繆

儘管新加坡經濟發展與政治品質取得傲人成績,但李光耀和承接的領導班子,卻是鎮日戰戰兢兢,焦心苦思,綢繆對策應付不斷出現的新挑戰。

懷著憂患意識,事事未雨綢繆,所謂「臨事而懼,好謀以成」,無疑是李光耀取得耀眼執政成績非常關鍵的憑據。他曾以一貫憂形於色的表情說:「新加坡能有今天,絕非湊巧。每件事都有可能出錯,我們必須搶奪先機,就靠這樣,我們才有今天。」確實如此,他常言:「我的政治思想是從危機和挑戰中提煉出來的。」他先天下之憂而憂,也要天下以他知所憂為憂。他強調:「必須永遠保持警惕,並時刻提醒國人認識我國社會脆弱本質。」

(三) 他相信生活是最終的考驗

他以鐵血捍衛政權。通過跟共產黨人進行的鬥爭,抗拒馬來亞過激派的干擾,他在中央政府牢牢掌握著警察和軍隊。共產黨人嘲笑他和同僚是殖民帝國主義的走狗,咒罵他是馬來封建主義者的僕從和幫兇。然而,在關鍵時刻到來時,包括抱著懷疑態度的說華語或方言的左傾人士在內,目睹了

一群受英文教育的「資產階級」領袖挺身而出，維護大眾的利益，由此取得人民的信任。

李光耀相信生活是最終的考驗，因而一開始就樹立了他的施政風格：不提倡觀念，也不相信什麼理論，只要行得通就去做。他堅信一般人最迫切需要的就是經濟發展，因為貧苦的人民「有像樣的生活去享受民主嗎？」他認為：「這是絕對、絕對、絕對無庸置疑的。」就這樣，他和鄧小平主導的改革開放一樣，確立了以經濟發展為中心的主軸，其他一切都要為這個中心主旨服務。他沒有說但實際在做的另一條，跟中共朗朗大喊的一個樣：穩定壓倒一切。[89]

（四）李光耀是合邏輯的思想家

在批評美國和澳大利亞文化的簡陋、粗操、缺乏細緻和深度時，即使在高層會議中、大學或政治集會中，也都有分析政治情勢發展的才能。他的弱點，是以為每個人都和他一樣：以心智處理事務，縱然是處理種族和宗教等情感問題。批評者認為他不了解邏輯分析，有時採用最拙劣的直覺方法。在文化思想上，李氏採取中西之長：西方培養邏輯的分析能力，中國則在培養持久力和忍耐力。

他有基督徒的美德、守法、守秩序、鄙視貪污，主張集體與彼此的互助，從不與不正直者妥協；雖然他是非基督徒，卻能將美德與道德從言教中分出；華僑仍然有施口惠的脾氣，但是他不施口惠，而積極地、正確地做有意義的事。他

---

89 陳國祥，硬耿領導，客家籍政治領袖的志節功過，頁 161~170。

可能是理想主義者，了解權利，而不是慈善家，一個激烈的
改革者，其改革目標，在使每個人都能發展他們的才智與能
力，因勢利導，務使人盡其才，一如孔子。這就是民主制度
政府的主旨。[90]

貳、評　價[91]

（一）正面評價

1.最傑出、優秀的外交官

　　李光耀在新加坡有很高威望，在國際上也享有美譽，多
位政壇名人如柴契爾夫人、基辛格對他廉明、高效率的政府
表示讚賞。

　　李光耀是新加坡最有影響的外交家，"新加坡在世界上
擁有其他微型國家所無法比擬的影響力，並發揮着重要作
用。這取決於兩個因素：新加坡總理的形象和這個國家所取
得的成就。"

　　早在獨立前，李光耀已經顯露出作為外交家的才能。1964
年為了向非洲國家解釋成立馬來西亞的原因及馬來西亞的政
策、反擊印尼在非洲國家的外交攻勢，李光耀受命充當馬來
西亞總理東姑・拉赫曼的私人代表、率領一支馬來西亞代表

90　尹立言博士，世界政治家的楷模，標準的人民公僕，和平策進總會會長，
　　頁 221。
91　維基百科
　　http://zh.wikipedia.org/wiki/%E8%94%A3%E7%B6%93%E5%9C%8B#.E5.
　　B9.B4.E5.B0.91.E7.94.9F.E6.B4.BB

團訪問非洲 17 國。行前馬來西亞中央政府就有人反對李光耀
擔任代表團團長：“他不會使非洲人認識馬來西亞，反倒會
使非洲國家認識他”，訪問非常成功，為馬來西亞在非洲樹
立了獨立自主的主權國家形象。在吉隆坡與新加坡公開爭論
期間，李光耀訪問新西蘭和澳大利亞，解釋新馬矛盾和新加
坡的立場。李光耀爭取到了與拉赫曼關係親密的澳大利亞總
理孟席斯的支持，他在新、澳兩國的受歡迎程度引起馬來西
亞中央政府一部分人的強烈不滿。

　　新加坡獨立後，李光耀某種程度上成了人們認識、瞭解
新加坡的一個窗口。李光耀去倫敦勸說工黨政府首相威爾遜
推遲英軍撤離時間，在電視台作訪談和演講，受到英國公眾
的熱烈歡迎和高度評價，有媒體甚至討論起換首相的問題：
足球運動員可以交換，政治家為什麼不能交換？“我們希望
李光耀當我們的首相，艾班 A（bbaEbna，以色列外長）當我
們的外交大臣，如果能實現這樣的替換，我們在任何地方都
不會失敗。”“把新加坡總理和我們的首相放在一起比較，
哪一位更能得到現實人們的追隨和尊敬？我們國家需要自己
的李光耀。”

　　1971 年 1 月 14～22 日，第 18 屆英聯邦政府首腦會議在
新加坡召開，這是英聯邦政府首腦會議第一次在亞洲國家舉
行，李光耀作為會議主席展現了嫻熟的外交和組織才能。會
議贏得了一致好評，與會者認為會議的安排相當理想，李光
耀使所有與會代表都有發言的機會和折中的可能，會議中沒
有中途退席的事情，也沒有喧嘩的場面發生。會議之前各方面
的揣測之言、對會議表示悲觀的消極評論都被證明是錯誤的。

　　李光耀在國際舞台上很活躍，與世界上許多重要的政治人物過往甚密，其出色的國際政治分析能力和外交能力也給他們留下了深刻印象。對李光耀的評價很多，本文選取幾則以窺一斑。里根："許多美國總統，包括我在內，都曾從他充滿智慧的忠告中獲益不淺。知道他在卸下總理職務後，仍舊在新加坡和世界舞台保持活躍，是個令人振奮的消息。"前西德總理施密特："當我在 20 年前第一次會見新加坡總理李光耀時，就對他留下深刻印象。我深為李光耀這個人所吸引，直到今天還是如此。他是非凡的，因為他對全球的政治和經濟動態瞭如指掌。他也是個英明和精細的政治家。美國和歐洲國家的許多領袖都從他的智慧中獲益，特別是他對中國作為世界強國的評價，以及他對自己堅信的亞洲價值觀的分析與說明。"英國前外長卡林頓："世界上大概只有李光耀和基辛格博士兩位政治家，在卸下領導職務後，仍然繼續受到世界各地所有政府和首長的歡迎。這說明了李光耀名聲的響亮。"李光耀的國際聲譽已經構成新加坡外交資源的一部分，他與西方傳媒的辯論也加強了新加坡作為一個獨立自主國家的地位。所以，卸任總理職務後，李光耀依然活躍在國際舞台上，"我增加了到外國訪問的次數，那是因為總理要我為新加坡的利益建立對外的聯繫。這對新加坡沒有害處，只要我沒有跟其他國家的領袖結怨。"

　　不過，李光耀作為首席外交官，給新加坡帶來的影響不全都是正面的，李光耀的快人快語有時也會給新加坡惹麻煩，許通美深有感觸地說過："李光耀的聰明有時使他顯得有些傲慢，他的執著可能被理解為獨斷，他的直率則被理解

為輕率。我記得，有一次，我曾經希望總理在發表關於他國的言論時謹慎一些。……總理回答說，他向來以直率而著稱，不可能期望他像一個外交官那樣發表言論。他指出，如果他弄亂了羽毛的話，外交官就應該把羽毛撫平。我抗議說，作為我們的總理，他也是我們在世界上的首席外交官。」[92]

2.精闢的政治眼光

李光耀主張亞洲價值。美國《外交》季刊 1994 年 3~4 月號刊登了李光耀與該刊編輯法里德札卡利亞的長篇談話紀錄《文化是決定命運的》，李光耀說：「坦率地說，如果我們不曾以西方的優點作為自己的指導，我們就不可能擺脫落後，我們的經濟和其他各方面迄今會處於落後狀態。但是我們不想要西方的一切。」「人性的某些基本方面是不會改變的。人性中有惡的東西，你必須防止它。西方人相信，只要有一個好的政府制度，一切問題都可以解決；東方人是不相信的。東方人相信，個人離不開家庭，家庭屬於家族，家族又延伸到朋友與社會。政府並不想給一個人以家庭所能給他的東西。在西方，特別是在二次大戰後，政府被認為可以對個人完成過去由家庭完成的義務；這種情況鼓勵了單親家庭的出現，因為政府被認為可以代替父親，這是我這個東亞人所厭惡的。家庭是久經考驗的規範，是建成社會的磚瓦。」

李光耀與馬來西亞、印尼的政治交往中似乎感覺到需要強大的軍事實力才能保證國家的尊嚴，在其回憶錄中提及英軍撤走時他的恐懼以及對當時「五國聯防」的不放心；並多

---

[92] 作者：魏煒，《李光耀時代的新加坡外交研究（1965-1990）》，華東師範大學歷史研究所 2006 年博士學位論文，頁 35-36。

次提及馬來西亞的威脅和印尼早期的封鎖。他與內閣成員一起規劃並組建了新加坡的武裝力量，並得到以色列的教官和中華民國（台灣）的訓練場所的支持來訓練部隊。目前新加坡的武裝部隊擁有 F-15SG、F-16CD、AH-64D 阿帕奇、CH-47SD 直升機、可畏級護衛艦、潛艇、兩棲登陸艦、豹 2A4 坦克、重炮等強大海陸空武器和戰略投送載具，隱然已是東南亞一個「袖珍軍事強權」。李光耀認定只有手握「精悍武裝力量」才能給新加坡帶來實質安全保障。然而同時，李光耀是個絕頂聰明的國際戰略博弈家，鄧小平上臺後李光耀與鄧維持極佳之私人關係，許多建言被鄧慎重深思考慮。李光耀同時與台灣領導人蔣經國也維持極佳之私人關係，是當時調和兩岸關係的最具影響力人物。1990 年後，新加坡在東南亞的影響力與日俱增，2000 年後新加坡更成為全球在東南亞南亞投資的最重要經營據點。李光耀對世局發展之洞察能力，被美國前國務卿基辛格極為推崇。

（二）反面評價

1.裙帶關係 盤根錯節[93]

很多西方輿論指責新加坡沒有自由、政治上不民主、文化發展因政治需要而備受壓抑，反對派長期受打壓及迫害。李光耀的兩個兒子都在政府中擔任重要職務，大兒子李顯龍為現任總理（被指為「隔代世襲」），小兒子李顯揚曾任最大國營企業新加坡電信（今淡馬錫控股旗下）的總裁兼

---

93 維基百科
https://zh.wikipedia.org/wiki/%E6%9D%8E%E5%85%89%E8%80%80

CEO。李顯龍的妻子何晶在 2002 年出任政府財政部的資金管理公司淡馬錫控股的董事後，著名的財經媒體彭博新聞社發表文章影射該項任命是「為滿足李氏家族利益或某種與家會理事家族利益有關的腐敗動機」，遭到李光耀的駁斥並予以控告。凡攻擊他的皆遭控告，此類批評依然存在。2004 年，李光耀之子李顯龍接任總理後，英國《經濟學人》雜誌再度發表文章，指責新加坡政治中存在的裙帶關係。李光耀威脅訴諸法律，但後來該雜誌刊登了公開道歉信與賠償。在野新加坡工人黨指《經濟學人》因在新加坡設有地區總部，因此新加坡的法律對此有司法管轄權，所以才迫使《經濟學人》道歉。

　　在打擊政敵方面，李光耀毫不手軟，與其他國家的獨裁者無異。自新加坡獨立後，他就一直維持有效的《國內安全法》，授予政府在必要「不經審判」即得以「無限期拘禁」危害國家安全的人士。一些早年曾與李光耀合作的社會主義陣線領導人即因該法被拘禁 20 多年，其中最有名的政治犯是林清祥。此外，他透過司法手段打壓反對的聲音，許多反對派因此被迫退出政壇或移民他國。在新加坡國內，雖然反對派的聲音一直存在，卻始終不能成為主流。言論自由受到許多限制，新聞自由度也始終在全球一百七十餘國中排名後段班。

　　2011 年，網站《商業內幕》在其「20 世紀最成功的獨裁者」中將李光耀排列為第二位，第一位為伊德里斯一世、弗朗哥、蔣介石分列三、四位。

2.菁英主義提倡者[94]

　　此外還有很多國際媒體強烈指責李光耀是個不折不扣的菁英主義者，曾倡導大學畢業的女性應該與受同一教育水平的男子結婚，以確保他們的下一代也擁有「高智商」。這項宣傳終因國內過大的反對聲音（主要是來自這群選擇獨身的高學歷女性）而作罷，李光耀本人卻依然堅持其立場正確，並在其自傳中引用劍橋大學教授的研究為佐證來支持自己的看法。

　　新加坡由於民族眾多造成民間語言龐雜的現象，包括華語、馬來與、爪哇語、印地語等，社會中上層、精英學校及政府使用英語。李光耀在六十年代決定建立英語的主導地位，英語除作為政府的工作語言被加強外，在教育政策上也做出導向，非英語授課的學校受到削弱。由於華校政治立場普遍親大陸紅色政權，使用大陸簡體字課本。李光耀自傳中提到對「華校」親共立場的擔憂，認為華校是培養共產黨人，以及共產黨開展地下工作的基地。新加坡在確立英語主導地位後，確實對以後走向國際化有所幫助，也成為吸引歐美投資的重要因素。但華校幾乎難以生存，同時引起華族的擔憂，中國大陸也對此十分不滿。李光耀為平衡華族的情緒將子女送到華校讀書，但在家中卻與子女說英語。李光耀在其回憶錄中將華校的困境和華校畢業生就業的困難歸由於華校的教學質量，使得華校畢業生沒有英語學校畢業生「優秀」，這種說法更像是替自己辯護。但無可否認新加坡的基礎教育和

---

94 新加坡選擇了李光耀，政策篇，頁 46。

專業教育水平在區內是受到讚許和肯定的。

批評者認為李光耀家族控制了新加坡的政治和經濟（李光耀自己的意見就能影響新加坡的政策，夫婦兩人也是新加坡律師界的翹楚，長子李顯龍是現任總理，次子李顯揚執掌大型企業，兒媳以及親家是大企業家，只有做醫生的女兒李瑋玲不處在掌管政治或經濟命脈的圈子裡）。

而且李顯龍出任總理有李光耀刻意培養和操作的痕迹（李顯龍、李顯揚和李瑋玲從學業到工作、從政、從商都獲得大量資源支持，提升很快），但無可否認到目前為止李顯龍、李顯揚、李瑋玲在自己的崗位上是稱職的。李光耀在為子女鋪路上所表現出的私心與其自傳中描述的對新加坡公職人員的要求不符，而其自傳中有專門章節提到「將清除不符合道德要求的公職人員出隊伍」。難免被人詬病「其身不正」。

第四章　世紀對決

第一節　蔣經國與鄧小平之同學關係[1]
── 莫斯科中山大學同學（1926-1927）

　　1926 年至 1927 年間，鄧小平與蔣經國是蘇聯莫斯科中山大學同窗。1973 年兩人幾乎同時接掌政權，蔣中正委任兒子蔣經國為行政院長，把政黨政軍國家大事全權交由他處理。同年，由於時任中國國務院總理周恩來重病，中國共產黨主席毛澤東亦長期臥病在床，因此決定讓鄧小平復出，掌握黨政軍大權。3 月，鄧小平回到中國共產黨中央，立刻宣布北京已經準備好，可以跟台北直接談判統一回歸大陸的議題。數年間在中國大陸回歸和國共合作等重大問題上，兩人展開多次較量。鄧說在現階段「優先考慮用和平方式統一」，其滯留大陸的老中國國民黨人，窮盡各種途徑，透過公開、私下渠道等方式，不斷向蔣家父子招手。蔣中正臥病在床，無暇他顧。蔣經國，則不予理會，他親口告訴《紐約時報》

1　維基百科：
http://zh.wikipedia.org/wiki/%E8%94%A3%E7%B6%93%E5%9C%8B#.E5.
B9.B4.E5.B0.91.E7.94.9F.E6.B4.BB

記者：「與中國共產黨接觸（談判），就是自殺行為，我們沒那麼愚蠢。」

　　不久後蔣中正和毛澤東先後過世，兩人正式接掌政權。前哈佛大學費正清中心主任傅高義所著《鄧小平與中國的轉型》一書指出，鄧小平曾託新加坡總理李光耀帶話給蔣，希望兩位老同學能見一面，但蔣經國表示不想再上共產黨的當，所以拒不接觸。書中亦提及於 1985 年 9 月 20 日鄧小平在北京會見李光耀，談及蔣經國糖尿病日益嚴重。鄧小平問李光耀，蔣經國有沒有安排接班人。李光耀回答，說不上最後誰會接替蔣經國。鄧小平又說，他擔心，如果蔣經國過世台灣可能會亂；他請李光耀向蔣經國傳達他問候之意，並請李光耀告訴蔣經國，他建議與蔣經國早日再見面。當李光耀來台灣把鄧小平的話帶給蔣經國，蔣經國說，他和中國共產黨打交道很多年，依然有很痛苦記憶，因此不信任中國共產黨，蔣經國就謝絕了鄧小平邀請。當時鄧小平已經八十一歲，接到謝絕回音，自認有生之年無法解決兩岸問題。書中還提到，蔣經國宣布若干政治改革措施，讓鄧小平感受到壓力，鄧小平曾自問「大陸是否應該也向台灣一樣開放?」而台灣、韓國等地作法鼓勵中國大陸各地學生及民主運動。對此胡耀邦採寬容態度，但是強硬派及保守派反對，鄧小平亦不認同，導致胡耀邦在 1987 年 1 月辭去中國共產黨總書記一職。

第二節　蔣經國與鄧小平之對決過程[2]

一、鄧小平一生最大的遺憾，是他對台戰略的失敗。

他在 1989 年 5 月 16 日會見戈巴契夫時坦承：

> 我這一生，已經做成的事情是，調整了與日本、與美
> 國的關係，也調整了與蘇聯的關係，確定了收回香
> 港，已經同英國達成協議。這是對外關係的參與。對
> 國內工作的參與，確定了黨的基本路線，確定了以四
> 個現代化為中心，確定了改革開放政策，確定了堅持
> 四項基本原則。只剩下一件事，就是台灣問題，恐怕
> 看不到解決的時候了。

這段話是鄧小平對自己一生成敗的簡明概括。的確，對
內對外，鄧小平都是極高明的政治棋手。蘇聯的赫魯雪夫、
戈巴契夫，美國的卡特、雷根、布希，英國的柴契爾夫人，
日本的中增根康弘；國內的華國鋒、胡耀邦、趙紫陽、鄧力
群，誰都未能突破他的意志。鄧小平算來算去，費盡心機，下
不贏的對手只有一個，就是他的莫斯科中山大學學弟蔣經國。

鄧小平講這個話時，蔣經國（1910〜1988）去世不久，
鄧小平（1904〜1997）又活了 8 年。但鄧小平已不得不承認，

2 阮銘，鄧小平帝國 30 年，玉山社出版公司 2010 年 12 月 1 版 3 刷，頁 152-166。

蔣經國生前佈下的棋局，他這一生已無法破解。

　　蔣經國的一生，算的上一個傳奇人物，跨越三個世代：

蘇聯時代　15~27歲，1925～1973，十二年。

中國時代　27～39歲，1937～1949，十二年。

台灣時代　39～78歲，1949～1988，三十九年。

　　若以他一生度過的歲月來劃分，前半生（1910～1949）三十九年在中國和蘇聯，後半生三十九年在台灣。若扣除童年至少年的十五年成長期，對他人格形成與事業成敗構成主要影響的經歷，在蘇聯和中國各十二年，在台灣三十九年。

　　這就是說，蔣經國的歷史角色，他的成功與失敗，主要在台灣。特別是蔣介石死後的十三年（1975～1988），蔣經國不但在台灣歷史上扮演了一個舉足輕重的腳色，而且透過與鄧小平的世紀對決。對中國與世界留下了不可低估的影響力，這一點迄今尚未被歷史家充分認識。

　　蔣經國生命的最後十三年，面對世界和中國歷史的變化，承受了內外沉重的壓力：

　　第一，第三波民主化浪潮自南歐國家興起，已席捲全球之勢，迅速衝擊到亞洲和台灣。

　　第二，毛澤東去世，鄧小平掌握權力後，改變中國的全球戰略，從連美制蘇聯轉為連美壓台。

　　對中國的台灣戰略，現在是台灣流行的說法是：「毛澤東『血洗台灣』，鄧小平『一國兩制』，江澤民『三通四流』，胡錦濤『和平發展』。」

　　好像越來越輕鬆，其實是歷史的顛倒。

　　毛澤東沒有力量，也沒有意願「血洗台灣」：他的「大

戰略」是「連美制蘇」。他臨死前不久（1975 年 10 月 21 日）還對季辛吉說：「現在你把台灣還給我也不要，因為現在要不得，那裡反革命份子太多了。等我到上天堂去見上帝，我要同祂講，現在台灣由美國代管還比較好。一百年後，我們就會要了，打仗也得要。」

當時美國的立場，是雙重承認。1972《上海公報》後，一方面美、中兩國在華盛頓和北京互設大使級「聯絡處」；另一方面美國繼續保持與台灣的外交關係，駐軍和《共同防禦條約》，也就是毛澤東所謂「讓台灣看起來由美國代管」，不讓日本、蘇聯插足，也不支持台灣獨立，美國政府均予以承諾。

這個雙重承認的三角架構，是毛澤東、周恩來的選擇。1973 年 2 月，季辛吉第五次訪問北京，談判美、中雙方如何在對方領域建立常設機構。季辛吉提出四種可供選擇方案：

（一）貿易使團，類似中、日建交前，分別在東京和北京設立的「廖承志辦事處」和「高崎達之助辦公室處」。

（二）利益小組（Intersests Group），類似美國在古巴設立過的。

（三）領事館。

（四）聯絡處。

季辛吉將互派貿易使團作為第一選項向周恩來推薦，是考慮到此項選擇，不會對中國引起政治上的困難。但出乎意料的是，周恩來竟毫不遲疑地選擇了最高一級的聯絡處，而且是相互對等的大使級，外交人員可享受外交特權。

周恩來的選擇讓季辛吉喜出望外，因為這等於是中國毫

不計較美國在與台灣繼續保持外交關係的情況下，亦可與美國互派外交使團，這是季辛吉原來不敢想像的。

原因就在毛澤東「聯美制蘇」大戰略。在那次訪問中，季辛吉與毛澤東有一百一十分鐘的談話（二月十七日晚上十一時三十八分至十八日凌晨一時二十七分），毛澤東在談話中提出聯合美國及其同盟形成「一條線」，共同遏制蘇聯擴張。季辛吉位這次北京之行寫給尼克森的報告稱：「自從 1971年七月以來，我們的進展遠比任何人預期或察覺的更為快速而深入。我們現在已經形成心照不宣的盟國。」

毛澤東為「聯美制蘇」，主動擱置台灣問題。季辛吉說：「在任何一次會見中，毛澤東從來沒有對台灣問題表示過不耐煩，沒有進行過任何威脅，或把它作為我們兩國關係的試金石。『台灣事小，世界是大』、『我們可以暫時不要他們，過一百年再說吧』、『為什麼這樣匆匆的呢』？這就是毛澤東多次向我們說明的他關於台灣問題的思想。」

二、鄧小平贏得美國，卻贏不了台灣

1987 年中國形勢的重大變化，是鄧小平的崛起。在十二月的中共十一屆三中全會之前，鄧小平已經以國務院副總理身份管理外交工作。鄧小平把改變毛澤東的對美、對台戰略，列為他的首要改革目標。

鄧小平的幸運，是他遇到了美國歷史上最弱的對手，卡特和布里辛斯基；而鄧小平的不幸，是他遇到了台灣歷史上最強的對手蔣經國。這就決定了鄧小平在台、美、中三方對

決中，贏得了美國，卻贏不了台灣的結果。鄧小平聯美壓台，成功地誘惑了卡特、布里辛斯基對台「斷交、撤軍、廢約」，打破了毛澤東時代台、美、中三角的平衡；可在蔣經國

主張「不接觸、不談判、不妥協」的堅定意志抵抗下，改變不了台灣與共產中國隔海對峙的「現狀」，實現不了「台灣歸回祖國」的「統一」夢。

鄧小平對台美雙方的判斷錯誤是中美輕台。他過於看重美國對台灣的支配力量，而輕視台灣自身的力量和獨立意志。鄧小平以為，他只要迫使美國對台「斷交、撤軍、廢約」，台灣就會乖乖地聽美國擺佈，除了同他談判「和平統一」，別無選擇。

在布里辛斯基於 1978 年 5 月 20 日抵達北京，與中國外交部長黃華會談，一開頭就表明「我們對推進雙方關係正常化已經下定決心」，他將代表卡特總統「盡其所能地加速其進程」。

第二天（五月二十一日）鄧小平接見布里辛斯基時佯作不知，對他說：「現在的問題是有沒有下定決心？福特總統於 1975 年說」，如果他連任的話，會毫不保留根據這三個條件（對談斷交、撤軍、廢約）來完成雙方關係正常化。後來福特總統沒有連任。當然新政府有權考慮，我們非常期待有一天卡特總統能夠下定決心。現在我們來換個話題吧。」

布里辛斯基急忙表明：「我已經說過了，卡特總統已下定決心」鄧小平接著說：「卡特總統下了決心，事情就好辦，我們雙方隨時可以簽訂關係正常化的文件。就是三個條件：斷交、撤軍、廢約都涉及台灣，我們不能有別的考慮，因為

這關係到主權。你們要表示你們的希望，這可以；但我們也要表示我們的立場，及中國人民在什麼時候，用什麼方式解放台灣，是中國人自己的事。」

研究中國談判策略的《索樂文報告》（Chinese political behavior: a briefing analysis）指出：鄧小平使用的是故意質問對話人，刺激她急於接受中方條件的一種方法。卡特總統在 1978 年 5 月 26 日的日記裡記道：「布里辛斯基已由中國回華盛頓，他被中國人壓倒了；我告訴他，他被誘惑了。」

然而，卡特沒有糾正布里辛斯基，他跟著布里辛斯基被中國人「誘惑」、被中國人「壓倒」了。1978 年 12 月 15 日，在華盛頓和北京同時發表《美中建交公報》的內容，完全遵循鄧小平所提出的條件，顯示出美國完全被「壓倒」的情況。

在美國宣布與台灣「斷交、撤軍、廢約」前七個小時，美國駐台北大使安克志請求會見蔣經國總統。安克志讀了《美中建交公報》和卡特至蔣經國的訊息：「美中建交的同日，與台灣的外交關係將中止，《共同防禦條約》一年後終止」。安克志還說：「這些是極重要、有高度機密性的訊息，務請保密。」

蔣經國答覆：「如此重大決定，美國竟然在七個小時前才通知我國，此事對我國是重大打擊，對我個人係是一大侮辱，也是不可思議的事。此事的結果即為惡劣。美國以為如此能仍可以保持台灣的內部安全及繼續發展，事實亦斷不可能。美國在如此侷促時間內決定此一重大問題，其方式及決策本身，不僅失信於我國政府及人民，亦失信於整個自由世界人民。對於今後可能引起的一切嚴重後果，應由美國政府

負其全部責任。」

　　鄧小平在 1979 年 1 月 1 日美國與中共中國建交當天,樂得歡呼在政協國委員會上宣布「台灣回歸祖國已提到日程上來」。他說:今天是 1979 年的元旦。這是不平凡的日子。他說不平凡,係指不同於過去的元旦,有三個特點:第一、今天是我們全國工作的著重點轉移到四個現代化建設上來;第二、今天是中美關係實現正常化;第三、今天把台灣歸回祖國,完成祖國統一大業提到具體日程上來。」

　　同日,以國防部長徐向前名義發表有關於「停止對大金門、小金門、大擔、二擔等島嶼砲擊的聲明」,特別強調:「中、美建交是一件歷史大事,為台灣歸回祖國、完成祖國統一,創造了有利的條件。」

　　緊接著,一月二日至五日,鄧小平頻繁會見美國國會議員和美國記者,宣布:「我們將採取多種方法同台灣當局,特別是蔣經國先生商談祖國統一的問題。就我個人來說,我希望今年就實現這個願望。就我的健康狀況來說,至少還可以活十年,但那就太久了。」

　　1980 年 1 月 16 日,鄧小平〈關於目前的形勢和任務〉報告中,又把「台灣回歸祖國,實現祖國統一」定為「八十年代三大任務」之一。

　　然而,「願望」沒有實現,「任務」沒有完成。等到 1989 年,鄧小平終於放棄,承認「他看不到了」,也就是承認他在這場對決中已被蔣經國擊敗。

三、蔣、鄧對決之歷史真相

2009 年 2 月 18 日，江丙坤在台灣「投資新中國」高峰論壇上說：

> 八十年代兩岸關鍵人物在關鍵時刻做出關鍵決定，鄧小平的改革開放，讓中國大陸在過去十五年來，經濟成長率平均百分之十點五，為世界第一名，並成為世界第三大經濟體，第三貿易大國；至於蔣經國的政策，讓台商在台幣升值、自由化過程中，大舉到大陸投資，利用大陸做為台灣出口到美國的平台，對台灣經濟有莫大貢獻。

去年關鍵人物再度出現，馬英九主張兩岸和平穩定發展。在過去八個月所呈現的發展，得到全世界肯定。現在是關鍵時刻，中國大陸的經濟成長與內需市場，對台灣帶來良好機會，因此馬英九競選政見兩大主軸，為兩岸經貿關係正常化、兩岸經貿合作協議。

顯然江丙坤是為了表白今日馬英九與胡錦濤的「合作」雙贏，不惜偽造出昔日蔣經國與鄧小平「合作」雙贏的歷史。蔣經國與鄧小平那場對決的歷史真相是：

（一）從 1979 年至 1985 年，鄧小平的確千方百計「誘惑」蔣經國同他實現「第三次國共合作」談判「一國兩制，和平統一」。他始終把自己的願望寄託在學弟蔣經國身上。最後一次是 1985 年 9 月，鄧小平得悉蔣經國健康狀況不佳，

拜託李光耀去找蔣經國做說客。因為李光耀是雙方都信得過的朋友。鄧小平對李光耀說：

> 蔣經國不在了，台灣出現獨立怎麼辦？的確存在台灣
> 獨立的可能性。如果蔣經國先生從中華民族的利益著
> 眼，同我們一起解決這個問題，將會有很多好處。事
> 情只能由他決定。下次見到他時，請帶我問候，希望
> 同學之間合作一下。

　　在此之前，鄧小平還多方設法通過美國對蔣經國施加壓力。卡特、布里辛斯基都是聽他擺佈的，布里辛斯基在他著作《大失敗中》，公開主張台灣在鄧小平的「商業共場主義」統治下，「能可保持它自由經營的、成功的社會經濟制度」。

　　卡特進選連任失敗後，鄧小平把希望寄託於雷根總統，他在 1984 年 4 月 28 日會見雷根實說：

> 中國準備在不放棄主權原則的前提下，允許一個國
> 家，兩種制度。中國統一後，台灣可以繼續實行資本
> 主義，而且台灣還可以繼續維持對外關係，主要是對
> 美國、日本的關係不變。但是，這要取決於美政府的
> 政策。美國有許多事情可以做，並非無所作為，就是
> 不要做使蔣經國翹尾巴的事情。這樣，海峽兩岸可以
> 逐步增加接觸到談判統一。

　　雷根未為所動，鄧小平再接再厲，於 1984 年 12 月 19 日會見英國首相柴契爾夫人時，託他傳遞訊息給雷根，希望美國能像英國同意把「一國兩制」用於解決香港問題那樣，同意把「一國兩制」用於解決台灣問題。鄧小平說：

> 「一國兩制」構想的提出，還不是從香港的問題開始

的，是從台灣問題開始的。請柴契爾夫人在過幾幾天見到美國總統雷根時，介紹一下中、英兩國合作解決香港問題的狀況，並祝賀雷根先生連任總統。雷根總統認為「一個國家，兩種制度」的方式是可取的話，美國在台灣問題上是可以做很多事情的，特別是雷根總統本人。

鄧小平想用雷根總統和柴契爾夫人包圍蔣經國的這兩步棋，均未見效。柴契爾在華盛頓會見雷根時，一字未提鄧小平請她轉達的重大建議，等柴契爾一離開華盛頓，中國駐華盛頓官員就像美國官員打聽，雷根對鄧小平的建議有何反應？美國官員被問得莫名奇妙，後來在英國人協助下才弄清楚是怎麼一回事。

李光耀倒是很認真，於 1985 年 10 月專程到台灣與蔣經國在日月潭會面，轉達鄧小平對蔣經國的問候與國共和談建議，但被蔣經國拒絕。蔣經國委託李光耀訪美時，帶信給美國總統雷根。信中指出：共產中國以各種方法在國際上孤立台灣，對於美國，則指稱台灣是美、中關係絆腳石，企圖迫使美國對台「廢法」（廢除《台灣關係法》）、「停售」（停止對台軍售）、「逼和」（逼迫台灣接受和平統一談判）。蔣經國表達了他堅持不與共產中國談判的立場。

（二）面對美國對台「斷交、撤軍、廢約」，和鄧小平進一步迫使美國「廢法、停售、逼和」的凌厲攻擊，蔣經國的中國戰略是從反攻轉變到民主拒統。

1979 年 12 月 10 日，蔣經國在國民黨十一屆四中全會上

說：「這是本黨歷史上最艱險的一年。」也就是比 1937、1949
年更艱險。1937 日本侵犯，還可以退到大後方堅持抗戰。1949
年被共產黨打敗，還可以流亡台灣。1979 年遭美國背叛與鄧
小平「促統」雙重壓力，台灣已無路可退。

四、蔣經國從專制反共到民主拒統

那一天是世界人權日，當晚高雄發生「美麗島事件」，
標誌台灣自由民主運動新高潮的來臨。1980 年 2 月的「美麗
島大審」，是蔣經國對台灣自由民主運動的最後一次大規模
鎮壓，幾乎把著名人士一網打盡，然而台灣人民卻站在蔣經
國對面，被審判者一邊。當年年底，台灣民意代表選舉，「美
麗島大審」的受難者家屬和辯護律師，獲得空前勝利，使蔣
經國看到戒嚴恐怖統治的威懾力量，已經阻擋不住自由民主
的歷史潮流，民眾不再畏懼支持挑戰國民黨黨國專制制度的
政治反對派了。

在這歷史的關鍵時刻，蔣經國可以有三種選擇：

（一）是屈服於美國「斷交、撤軍、廢約」與鄧小平「統
一時間表」的壓力，滿足他的學長「同學之間合作一下」的
願望，實現共和談；或者如江丙坤所言，迎合鄧小平改革開
放，「大舉到大陸投資，利用大陸做為台灣出口到美國的平
台，從貿易合作逐步增加接觸到談判統一」。

（二）繼承蔣介石的哲學，「以不變應萬變」。國民黨
流亡政權在台灣已經維持了三十多年，而蔣經國晚年以疾病
纏身，他可以繼續拖延殘局，留給台灣一個不確定的未來。

　　（三）是順應歷史潮流前進，跟著台灣人民告別過去，同黨國獨裁政權決裂，走上自由民主新路。

　　蔣經國只要走錯一步，今天的民主台灣就不存在了。在這場對決中，鄧小平轉勝為敗，蔣經國轉敗為勝，就在 1980 年代他們各自走出的最後幾步棋。

　　蔣經國晚年走出的關鍵一步，就是從專制反共到民主拒統。

　　蔣經國四十五歲時（1955 年），曾訪問他的美國學者艾倫‧懷丁說：「在亞洲，一黨專政是唯一統治的辦法。政工、特務、特勤青年救國團被攻擊得最厲害，美國誤會也很深。但唯有如此，才能反共。只要有中共存在一天，我們就永遠沒有民主。」

　　三十多年專制反共的結果，反而被中共逼到絕境。蔣經國終於看到「時代在變，環境在變，潮流也在變」，台灣的國民黨黨國戒嚴體制，已無法照舊統治下去，不能不變了。他提出「革新保台」，解除戒嚴，解除黨禁、報禁，準備開放全國民意代表直接選舉，這就是終結把台灣當作反攻大陸基地的國民黨外來政權體制，跨向以台灣為主體、依靠台灣人民，把台灣建設成為自由民主現代國家之路的第一步。這是台灣在中國促統、國際孤立環境中唯一的生存、發展策略，也就是民主拒統戰略。

五、鄧小平「統一」夢碎

　　當歷史機會來臨時，歷史人物在轉瞬即逝的關鍵時刻做出選擇，能夠決定國家的命運。鄧小平在 1980 年代的歷史機

遇，比他的學弟蔣經國好得多。中國於 1970 代末起步的開放進程，在胡耀邦、趙紫陽等改革派領導人主持下，擁有廣泛的國內外支持。然而，鄧小平本人始終在改革力量與反改革力量之間舉棋不定。越到晚期，越偏向反改革力量一邊。當台灣解除戒嚴，解除黨禁、報禁，允許反對黨成立之際，鄧小平在中國先後廢黜兩任改革派總書記胡耀邦、趙紫陽，把黨國權力交到反改革派勢力的掌握中。

　　他的學弟蔣經國的最後歲月，結束了國民黨一黨專政，把台灣的命運從國民黨手中交還給人民，從而使鄧小平的「統一」夢碎。在蔣經國死後一年，鄧小平終於承認了他同蔣經國的對決以失敗告終，說出「我這一生只剩下一件事，就是台灣問題，恐怕是看不到解決的時候了」。

第三節　李光耀與兩岸之關係
── 兩岸調解人

　　李光耀執政三十多年，在與其他國家不同的是，李光耀與中國大陸和台灣一直維持特殊和友好關系，不論是與中華人民共和國建交前和建交後。

　　李光耀領導的新加坡政府在 1970 年代末開始與中國大陸交往，雙方都放棄了 1960 年代文化大革命時的敵對政策。1976 年，李光耀首次訪華，會晤過毛澤東等多位中國共產黨領導人。之後，他多次訪華，和鄧小平等中共領導人會面。在李光耀的促成下，海峽兩岸曾於 1993 年在新加坡舉行「辜汪會談」，極具象徵意義。李光耀為兩岸調解人，重要作為如下：

（一）一手促成辜汪會談

執政 30 多年的李光耀，任內一直奉行所謂「務實主義」精神，即便在過去兩岸劍拔弩張的時代，李光耀始終保持「政治彈性」，選擇穿梭兩岸，1993 年一手促成「辜汪會談」，為開放兩岸交流制度化，留下不可抹滅功績。

（二）居中處理兩岸糾紛

早期兩岸「偷渡」情形嚴重，不過因缺乏通報機制，遣返途中跳船事件頻傳；1990 年我方遣返大陸「閩平漁 5540 號」發生 25 名陸籍漁民悶死船艙憾事，引發巨大爭議。為避免歷史重演，同年兩岸紅十字會代表遂在金門簽屬「金門協議」；不過，當時兩岸並未建立聯繫機制，外傳居中聯繫促成會議的「藏鏡人」，正是李光耀。已故美國在臺協會理事長主席丁大偉曾在回憶錄提及，當時兩岸偷渡漁事糾紛的處理，其實都與李光耀脫不了關係。

（三）鄧託他傳話想見蔣

哈佛大學費正清中心前主任傅高義曾透露，鄧小平曾要李帶話，希望能與蔣經國這位「老同學」見上一面，但蔣經國以不願再上共產黨的當為由，拒絕見面。[3]

李光耀對鄧小平一直十分尊重，兩人首次見面在 1978 年，鄧小平出訪新加坡，並獲李的高規格接待。兩人確實有許多共同點，例如在經濟上皆力主市場經濟和改革開放，皆

3 中國時報，104 年 3 月 24 日，A5

留學歐洲，皆喜博覽群籍智識豐富，極具理想抱負遠見，施政手法精明務實，政治鬥爭經驗豐富，有戰爭經驗皆遇過生死關頭，自奉甚儉而正直廉潔，兩人都深具領導魅力等，因而李光耀與鄧小平兩人被許多傳媒拿來比較。李曾公開為鄧小平主持鎮壓六四學生運動辯護（雖然在六四事件發生後，新加坡也曾向香港居民發出過2,000張移民簽證），並認為「此類舉措與人權問題無關，是為維護國家穩定的必要手段」。

　　1990年10月3日，新加坡共和國宣布與中華人民共和國建立外交關係，成為繼大多數亞洲國家之後，同中華人民共和國建交的亞洲國家。此前，李光耀曾多次表示，新加坡將會是東南亞國協中最後一個與中華人民共和國建交的會員國。

　　李光耀與中華民國方面的關係十分密切。1970年代，新加坡和臺灣進行了包括軍事在內的多項合作，李本人也多次訪問臺灣，與時任總統蔣經國私交很好。1988年李登輝上台後，雙李也交往甚密。2000年陳水扁的民主進步黨政府上任後，李光耀曾兩度訪問臺灣，但與陳水扁關係一般。其他臺灣政治人物方面，包括蘇貞昌、謝長廷和馬英九等，皆與李光耀有所來往，曾分別進行多次私人訪問。

　　新加坡國家圖書館轄下的國家檔案館和出版商共同發表華文叢書「新加坡選擇了李光耀」，內容取自國家檔案局日前出版的英文圖書「李光耀言論集」，並翻譯成中文。在「領袖篇東方」中，李光耀評價總統蔣經國「沉默冷靜、想法務實」，他認為蔣經國從不擺出思想家的模樣，但想法務實，社會知識豐富，善於識人，確保留在身邊都是可靠之士，隨時願坦誠提出己見，哪怕是逆耳忠言。蔣經國在開口前，必

定經過一番深思熟慮，絕不信口開河。1973 年李光耀首次訪台，帶著女兒李瑋玲，李瑋玲能說流利華語，言談舉止也是個華人，因此讓時任行政院長的蔣經國對李光耀夫婦和李瑋玲有不同的看法，從此確立了星台的獨特關係，此後到 1990 年，李光耀每年都會訪台 1 至 2 次。書中形容蔣經國與李光耀私交甚篤，蔣經國能理解李光耀講的英語，李光耀也能說華語，因此雙方無須通譯，就能建立友好關係。

　　李光耀觀察在李登輝出任總統的 12 年內，公開抒發了一直在台灣潛伏著的分離主義情緒，但他認為李登輝低估了中國大陸領導人和人民實現統一的意願。書中提到，在李光耀看來，李登輝充滿自信、博學，因為台灣遭受孤立而無法理解世界領袖為何不能像日本一樣同情台灣處境，李登輝視日本的同情和支持對台灣至為重要。不過，李光耀摸不透李登輝的立場。儘管如此，許多人喜歡比較李光耀與李登輝。兩人年齡相仿，高大身材臉型體型相仿，都喜運動與博覽群籍，都留學西方具名校高學歷，兩人中國祖籍地緊緊相鄰（雖然隔著省界分屬廣東省大埔縣，福建省永定縣），兩人都是客家血統，都是姓李，而且兩者原鄉祖籍村子地理位置非常接近，連兩人的性格脾氣與智力毅力都相似。但文化背景相差甚大，李光耀受英國文化薰陶深，李登輝受日本文化影響深，兩人思維與決策格局最後也出現差異。[4]

4　維基百科
　　http://zh.wikipedia.org/wiki/%E6%9D%8E%E5%85%89%E8%80%80#.E8.8
　　8.87.E8.87.BA.E6.B5.B7.E5.85.A9.E5.B2.B8.E7.9A.84.E9.97.9C.E4.BF.82

第五章　改革政績

第一節　蔣經國與鄧小平之改革開放

一、蔣經國的「政治革新及開放」政策[1]

　　七〇年代對中華民國而言，是屬於艱困的年代。不僅在國際上，面臨退出聯合國後一連串的外交挫折，在國內政局方面，亦遭逢迥異於昔日的政爭。為應變求存，蔣經國推行一系列政治革新及開放政策。

　　七〇年代初，國民黨領導階層人事更迭，由蔣經國組閣，為了因應退出聯合國的外交困境，以及二次石油危機，蔣經國著手推展各項革新措施。經濟方面以「十項建設」為主，政治方面則採取提拔「青年才俊」策略，開始一系列的政治革新。及至八〇年代，蔣經國面臨詭譎多變的國際局勢，和受臺灣內部情勢變化所趨，極力推展政治民主化。蔣經國為加速政治改革，擬定出四項計劃。第一項是民主化，包括全面選舉。第二項是臺灣化，外省人掌權的情勢不再，本省人

---

1 鄭寶蘭，蔣經國與鄧小平「改革開放」政策的比較研究，頁 66-68。

必將全面逐步出任要職。第三項是大幅提升國民所得和生活
水準，需要大量的基礎建設，更重視科技與出口。第四項是
與中國發展工作關係。[2]

（一）推行臺灣化政策

　　政府播遷臺灣初期，台籍人士甚少有參政的機會，無論
是中央政府，還是省政府等要職，基本上大都由大陸籍國民
黨人士出任，使大陸籍與臺灣籍人士之間在政治權力和政治
資源的分配，產生了不均與不對稱的現象。[3]隨著臺灣經濟的
迅速發展與社會結構的轉變，台籍出現一批政治菁英和中產
階級人士，要求參政日益增強。蔣經國主政後，臺灣社會政
治情勢之發展，使執政的國民黨出現政治危機，蔣經國呼應
社會改革的要求，開始推行「臺灣化」政策，積極提拔台籍
地方政治人物參與中央政治事務。雖然，中央政府在人才引
進管道上，並無明顯的省籍歧見。[4]

　　但基本上國民黨的權力結構中，以大陸籍人士為主，台
籍人士為輔的基本原則沒有改變。

　　「革新保台」是以青年學者為主所提出的政治改革口
號。1971 年 4 月 9 日，美國國務院發表聲明，表示尼克森總
統和日本首相佐藤榮作達成協議，美國將於 1972 年，把琉球
以及包括釣魚台列島在內的「西南群島」交給還日本，此舉

---

2 陶涵（Jay Taylor）；林添貴譯，臺灣現代化的推手：蔣經國傳（台北：
　時報，民 89 年），頁 409-410。
3 若林正丈、松永正義合著；廖兆陽譯，中日會診臺灣 —— 轉型期的政治（台
　北市：故鄉，民 77 年），頁 5-6。
4 彭懷恩，國民黨與臺灣現代化（台北市：時報，民 69 年），頁 66。

造成了臺灣社會，尤其是大學生強烈的反應，以及留美僑界和留學生的抗議，並展開海內外的保釣運動。

保釣運動」中應運而生的革新保台派，他們崇尚美國的民主政治，反對國民黨軍事專政，更反對臺獨勢力，主張和國民黨中的開明派合作，推動臺灣政治體制內的革新。正是這股議政的熱潮，讓力圖政治改革的行政院長蔣經國，大幅調整權力結構，提出「年輕化」、「臺灣化」政策，重用台籍「青年才俊」和有地方基礎的台籍官僚。

蔣經國的政治革新，首先從內閣人事調整開始。蔣經國常深入民間，和地方人士談話，讓他意識到未來的政治領袖將由本省籍人士擔綱是不可避免的趨勢，為提高台籍人士的政治地位，於是進行內閣大改組，起用數名台籍菁英。

蔣經國的內閣閣員共 23 人，台籍閣員有 8 位，佔閣員總人數的 1/3。相較於 1949 年至 1958 年，行政院長俞鴻鈞的台籍閣員為 6%，1958 年至 1963 年，陳誠時期閣員中台籍人士佔 8%，1963 年至 1972 年，嚴家淦任行政院長時，本省籍閣員也只佔 10%。[5]內閣增加台籍菁英政策，同時亦擴展到地方政權。根據統計，謝東閔任省主席時期（1972 年至 1978 年），台灣省 17 位主要官員中，台籍官員有 10 位，比例為 59%。林洋港時期（1978 年至 1981 年），台籍官員有 12 位，佔內閣人數 70%。蔣經國大幅進行人事改革和調整，任用大量年輕化的政治菁英，解決了決策層老化的問題。誠如江南對蔣經國組閣的評論：「新閣不僅陣容新，氣象新，活力也

---

5 中華民國史料研究中心編印，中國現代史專題研究報告 20（台北縣，民 88 年），頁 540。

新，平均年齡不到 62 歲。」「人事調整，亦非過去那種，彼此輪流，而是徹底換班。非但改中央，亦改基層。」[6]此外，新內閣成員大部份為技術官僚，財經專家，在主導臺灣經濟轉型和實施政治改革過程中，發揮重要的作用。

　　蔣經國的本土化政策是循序漸進的。1976 年，中國國民黨 27 名中常委中，台籍中常委有 9 位，人數比例為三成。同一時期的立法委員、監察委員、國大代表增額選舉中，當選的委員和國大代表，大部份是台籍人士。八○年代後，國民黨決策層的臺灣化更加明顯。如十二屆三中全會選所產生的 31 名中常委中有 14 名是台籍人士，佔全體中常委人數的 45%。政府中央方面，由李登輝當選副總統外，其餘還有行政院副院長、司法院長、監察院長、內政部長、交通部長、法務部長、臺灣省主席、以及臺北和高雄兩市市長，均由台籍人士擔任。黨中央方面，由台籍人士擔綱的有一位副秘書長、兩位工作會主任、四位副主任，另臺北和高雄市黨部主委也是。至於地方縣市基層黨政主管，幾乎全是台籍人士。

　　總之，七○年代的臺灣遭逢國際政治、經濟的新困境，在「革新保台」的理念下，蔣經國大力推展的「臺灣化」政策，滿足了部份台籍人士參政的需求，同時也達到省籍平衡的效果，更促進了社會的安定與和諧。

（二）實施政改新政策

　　蔣經國在首次主持院會時，開宗明義地指出行政院第一

---

6 江南，蔣經國傳（台北市：李敖，1995 年），頁 447。

步要做的工作，就是把法令規章全盤予以整理清查，凡是不合時代要求和環境需要的，不便民的，以及阻礙行政效率的法規，都要加以修正，或者予以廢止，以提高工作效率。[7]為宣示行政革新的決心,蔣經國於 1972 年 6 月 8 日的行政院會中提出十項行政革新：（一）為節省國家財力，用諸於各項必要建設，各級政府除已經正式列入預算者外，均應停止建築辦公房舍。（二）各種公共工程之開工與完工，可以公告方式行之，不必舉行任何典禮儀式。（三）各級政府機關派員出國考察或參加國際性會議，必須事前有周詳的計劃，其所派人員並以具有各種專長，精通外文為主要要求。（四）各級機關應不作不必要之視察，如確有其必要，則視察人員到達視察地區不得接受任何招待，被視察之機關、學校、團體亦不得迎送，或張貼標語，或召開歡迎會等。尤其不可指派學生歡迎歡送。（五）各部會首長以及全體行政人員，除參加政府所規定之正式宴會，以及招待外賓所必須者外，一律不得設宴招待賓客，並謝絕應酬。（六）公務人員於婚喪喜慶，除有親戚關係或有深交者外，不得濫發喜帖及訃告。（七）各級行政人員一律不得進出夜總會、舞廳、歌廳、酒吧、酒家等場所，各級主管應監督所屬人員切實遵照辦理，如有違反規定者，應從嚴處分。（八）各級首長、主管均應謝絕各界剪彩、揭幕等之邀請。（九）各機關預算內所規定之加班費、出差費，除必要之加班出差外，不得假借名目移作其他用途，但各級機關首長對各機關學校公教人員之福利

---

7 蔣經國先生全集編輯委員會，蔣經國先生全集 17（台北市：行政院新聞局，民 80 年），頁 356。

應妥善辦理。（十）在日常處理公務方面，人人要能切實負責，自己能予解決之問題應自行解決，今日能予辦完之事應即今日辦完，不必召開的會議不開，凡要開的會議事前必有充分準備，會後必有結果。不辦不切實際、沒有效果，以及不必要之公文，凡屬應該辦的必須辦得徹底，追踪到底。[8]

蔣經國院長推行十項行政革新的目的，其一，在使公務人員的生活言行和工作態度能符合現代化的標準，使公務人員養成多讀書、勤進修，並利用公餘時間從事鍛鍊體格的生活習慣。由於公務人員的生活現代化，進而促使國民生活現代化，然後才能建立一個現代化的國家。[9]換言之，作為一個現代的行政人員，必然要有現代的知識，用現代的頭腦，去思考現代的問題，來適應現代的行政制度和組織，方能適存於現代的社會而不被淘汰。[10]

其二，革除貪污、腐敗，整飭政治風氣，建立為國效命，為民服務的政府，並為國民黨樹立清新的形象。1972 年 9 月 29 日，蔣經國在立法院報告時指出推動政治革新的目標是要樹立一個清明良好的政治風氣。他說：「政府在改進行政方面，採取的必要措施如裁撤駢枝機構，統一事權；加強分層負責，健全功能；簡化公文程式，增進效率；整理法令規章，便利民眾；以及調整地方政府組織等，目標都是促使我們的各級行政機構，邁向有效率、負責任、明是非、辨善惡，而

---

8 同註 6，頁 360-361。
9 蔣經國先生全集編輯委員會，蔣經國先生全集 9（台北市：行政院新聞局，民 80 年），頁 182。
10 同前註，頁 273。

成為一個廉能的政府。」同時，蔣經國要求「從嚴懲貪污，整飭政風，清除害群之馬」。[11]

　　為了配合十項革新的推展，1973 年 3 月 6 日，蔣經國再提出八項社會革新措施：（一）要節約，不浪費。國民都應杜絕奢靡，培養社會善良風氣，以有用的人力物力，做有益於國家建設的事。（二）不要漏稅，不要逃稅，要養成準時繳稅、如數收繳稅的優良習慣，使政府財政，益趨穩定。（三）要遵守交通規則，幫助政府整頓交通秩序。（四）要尊重公共秩序，注意環境衛生。（五）要守法，不行賄。（六）凡有錢的人，要投資從事生產，不可投機擾亂社會。政府一定保障正當商人的合法利益，但對囤積居奇，哄抬物價者，必予嚴懲。（七）家家做到守望相助，人人都能互相照顧。（八）大家要注意青少年犯罪，設法預防。[12]

　　政府的十八項政治革新，是希望全體公務人員要具備正確的思想和正確的觀念，並以正確的作法和正確的態度服務民眾。國家之盛衰，社會之榮辱，全繫於政府之如何作為。政府有組織、有紀律、有責任心，社會就會有組織、有紀律，有責任心。而一個廉能的政府，才會得到民眾的信賴與支持。政府的政綱政策才能獲得百姓的同意和信任。全國團結一致，國家就會進步強大。

　　另外，黨務革新是蔣經國政治革新的核心內容之一。在臺灣經濟快速發展的同時，國民黨內部亦產生貪污等各種弊

11 同前註，頁 239。
12 蔣經國先生全集編輯委員會，蔣經國先生全集 13（台北市：行政院新聞局，民 80 年），頁 334。

端。民眾對政執的國民黨之腐敗現象與不正之風，深表不滿。為此，蔣經國強調，政治革新的關鍵在於黨務革新，要以黨的革新帶動行政革新，並且以行政革新帶動全面革新。[13]為落實黨務革新，蔣經國明確指出：「革新的重點，最要緊是放棄自私自利的觀念，糾正心理上的錯誤。」[14]

　　蔣經國為了國民黨的長治久安，明確提出「黨務革新」。而革新的前提，首先在思想上、觀念上、生活上、行動上，作風上，以及科學的精神和方法，一齊切實革新。特別是作風方面，蔣經國提出具體的要求：（一）親愛精誠，集千萬人之心為一心，同舟一命，發揮團隊精神。（二）奮勉以公，任勞任怨，維護勤勞樸實的優良傳統，勵行克難節約的戰時生活。（三）盡忠職守，勇於任事，堅守原則，解決問題。（四）開誠布公，明辨是非，不為利誘，不為勢劫。（五）不重形式，不圖表面，說到做到，實踐力行。黨務革新的重點是堅持黨政一體化，強化以黨治國，從思想上、組織上加強對黨員的教育，實行「一切服從組織，組織決定一切」的原則，在黨內要強化三民主義教育，國民黨在勵行整頓之後，其凝聚力有所加強。

（三）開放全面選舉

　　蔣經國任行政院副院長時期即著手於政治革新，首先是

13　蔣經國先生全集編輯委員會，蔣經國先生全集 15（台北市：行政院新聞局，民 80 年），頁 165。
14　蔣經國先生全集編輯委員會，蔣經國先生全集 20（台北市：行政院新聞局，民 80 年），頁 87-88。

推動增補「中央民意機關代表」選舉。自蔣介石於 1948 年當選行憲以來首任總統，並於 1949 年政府播遷來台復職，以延續中華民國的政權。依憲法規定，第二屆國民代表大會應於 1954 年 2 月 19 日召開，選出第二屆總統。然而當時國大代表、立法委員與監察委員等民意代表，並未完全隨中央政府遷台，就國大代表而言，僅有 1642 人來台，加上中華民國統治權祗及台、澎、金、馬。因此，不論是人數或代表性皆顯不足。

根據「動員戡亂時期臨時條款」第一條規定，總統在動員戡亂時期，為避免國家或人民遭受緊急危難，或應付財政經濟上重大變故，得經行政院會議之決定，為緊急處分，不受憲法第二十九條或第四十七條所規定程序之限制。總統依行政院之建議，於 1953 年 9 月 27 日，批准第一屆國代繼續行使職權至次屆召開日止。由於當時的政治體制是國民黨一黨獨大，無人可挑戰蔣介石之領導地位，故國大代表、立法委員及監察委員從六年一任或三年一任改為終身制，使中央民意代表之職權得以無限期延長。此舉引起社會不滿，從而衍生出「萬年國代」的譏諷之聲。

1966 年，國民大會通過蔣經國推動的一項臨時條款修訂案，允許辦理中央民意代表補選，以反映臺灣地區人口成長的實際狀況。這次補選是三年後才舉行，待選的立法委員只有 26 個名額。比例約為全體委員的 5%。雖然如此，國民黨在蔣經國的指導下，已經採取意義重大的第一步，那就是要讓佔人口多數的臺灣人在中央民意機關裡有若干代表席次。[15]

---

15 同註 1，頁 308。

　　1969 年 3 月 27 日，政府公布《動員勘亂時期自由地區
中央公職人員增選補選辦法》。十二月，臺灣舉行中央民意
機關增額選舉。此次依法選出國民大會代表十五人。選舉期
間，蔣經國開放選舉言論的尺度。一時之間，有關執政的國
民黨在選舉方面的種種作為，如對選舉的各項限制、競選活
動所費不貲，掌控媒體等等，受到傾向黨外的媒體之公開批
評。正是因為蔣經國破例允許候選人抨擊政府，使得黨外候
選人郭國基和黃信介因抗議臺灣人受到歧視，以及政府把極
大金額撥給軍方等，甚至提出臺灣省長直接民選，結束戒嚴
之訴求，雙雙當選終身職的增額立法委員，成為立法院真正
的反對人士。[16]

　　到 1970 年代，國大代表人數不到 1200 人，第一屆立法
委員 773 人，來台的 545 人，也只剩 300 餘人，而 180 位監
察委員中，隨政府來台的只有 104 人，20 年後在位的僅 40
餘人。同時台灣經濟發展促使人們對政治參與的需求，以及
美國對台灣實施民主制度的期望，讓蔣經國覺得政治革新的
時代已來臨。

　　1972 年，蔣經國確立大陸地區選出的資深代表資格不
變，以維持憲政之運作。而為了讓更多臺灣菁英能出任立委
或國代，蔣經國透過修訂臨時條款，以增加名額方式大幅增
加中央民意代表。亦即此後自由地區的增選各額，可以依照
實際需要，大幅增加而不受憲法限制，至於名額分配與選舉
方法，則仍舊依照憲法規定之原則辦理。依據該年 6 月 29

---

16 同註 1，頁 322。

日總統公布《動員戡亂時期自由地區增加中央民意代表名額選舉辦法》，計增加國代 53 名，立法委員 51 位，及 15 名監察委員。限定增額國大及監委每六年改選一次，立委每三年改選一次。其中，國大代表和立法委員係由國民直選，監察委員則由台灣省議會及台北市議會議員選出。

1977 年 11 月的五項地方選舉，無黨籍一舉拿下 5 個縣市長、21 席省議員、6 席臺北市議員。不僅是國民黨選舉上的一大挫折，更令蔣經國震驚的是選舉期間所暴發的中壢事件，造成二人死亡、中壢警分局被焚、十六輛警車被毀。此事件的發生，突顯出國民黨統治權威的危機。

1978 年的增額中央民意代表選舉，黨外開始以組織化從事競選活動。黨外人士串聯組成「助選團」，進行全島的巡迴助選活動。但因美國宣布與中共建交，政府逢此驟變，以政治安定為考量，宣告暫停年底所有選舉。

選舉突然停止使黨外參政管道受阻，於是轉而發展群眾運動。臺灣第一次示威遊行，是元月下旬，為余登發涉嫌匪諜案而發動的高雄橋頭示威抗議活動。5 月中旬，許信良因參與橋頭示威而遭停職處分。不久，中壢舉行「許信良生日晚宴」，吸引兩萬群眾與會。當時，執政當局並未立即採取鎮制的行動，反而激起更大的街頭衝突。

1979 年 8 月 24 日，「美麗島」雜誌社的創辦，促成黨外人士的大團結，並開始蘊釀組黨的契機。但其主導全島的街頭運動，屢屢激起軍警與民眾的對立，如 9 月 8 日的「中泰賓館事件」、11 月臺中太平國小的「美麗島之夜」幾近衝突邊緣。及至 12 月 10 日的「高雄事件」的爆發，示威遊行

群眾與鎮暴部隊發生衝突，造成軍警數十人受傷。而「美麗島」雜誌社的一些首腦大多身陷囹圄。黨外陣營面臨瓦解的險境。然而，當「美麗島」事件主事的黃信介、施明德、張俊宏、姚嘉文、林義雄、呂秀蓮、陳菊等人被軍法審判定讞時，引起國際輿論尤其是美國和國內的譁然與不滿，使黨外獲得相當多的同情。

1979 年初，台美斷交後，臺灣仍須依賴美國。蔣經國深知從國際政治現實面而言，美國的外交政策勢必會犧牲臺灣而遷就中共。因此，中華民國要爭取美國，乃至其他民主國家的支持，就必須繼續民主開放的政策。

1980 年 6 月，政府宣布將於 12 月恢復增額中央民意代表選舉。此次選舉結果，黨內外的支持民眾並未有太大的結構改變，國民黨得到總選票的 73%，非國民黨籍的參選者仍維持其固有的群眾基礎，且有多位黨外候選人獲得各選區的最高票，雙方對選舉結果尚稱滿意。

1984 年 5 月 11 日，「黨外公職人員公共政策研究會」的成立，是黨外再次整合的重要時機。年初黨外公職人員即有意以「公共政策研究會」為名正式結社，促使黨外勢力組織化。由於已有學者籌組的「中華民國公共政策學會」先向內政部登記在案，政府以「依法」同性質團體只能成立一個為由，無法讓「公政會」合法登記，而成為非法組織。當時政府一再表示要取締，最後，9 月 2 日仍在未合法登記情況下正式掛牌，使黨外組織化更進一步，其時，政府雖然拒絕承認，卻未加以取締。黨外勢力就在外有政府的干預，內部有異議分子的爭鬥的情勢之下，開始向「政黨化」推進。

　　1985 年的地方選舉，黨外候選人由公政會籌組的「後援會」從事提名推薦，是次選舉策略相當成功，成為黨外進一步團結的關鍵。「後援會」推薦的黨外候選人，當選率遠勝於其他黨外獨立參選者。尤其是臺北市，由黨外「後援會」提名的候選人全數當選。此次的競選策略，給予黨外的啟示是，必須發展組織才能與國民黨抗衡。

　　1986 年，隨著黨外運動的迅速發展，9 月 28 日，民主進步黨在台北圓山大飯店正式宣布成立。翌日，蔣經國即召見郝柏村，徵詢其對民進黨成立的看法和意見，當時郝柏村向蔣經國報告時指出：（一）中央對於重要問政治問題的政策決定應採取主動，並明訂目標宣示國人，如中央民意代表問題不能再拖了。（二）推展民主憲政是反共利器，組黨是無法避免的，問題是在什麼前提下組黨。我以為應基於“忠於中華民國”、“忠於中華民國憲法”、“堅決反共”，支持“一個中國”的復國政策、“反對分裂或台獨”。（三）有溫和的反對黨可使本黨警惕上進。（四）現在偏激分子揚言組黨，其主張實際為否定中華民國，或與中共統戰呼應，或為台獨，當然不能容忍。[17]

　　蔣經國同意郝柏村的看法，但對於民進黨問題，當下以避免衝突，冷靜處理為原則。同日下午，蔣經國召集行政院長俞國華及黃少谷、郝柏村、袁守謙、倪文亞、馬樹禮、沈昌煥、注道淵、李煥開會，討論民進黨成立問題。在聽取各方意見後，他指示開放組黨的政策正研擬中，未決定前仍照

17 郝柏村，郝總長日記中的經國先生晚年（台北市：天下文化，民 84 年），頁 313-314。

現行政策，不可因此一事而變更政策。現對民主進步黨採取不承認政策，並照行政院說過的依法處理。

國民黨開放地方選舉及地方自治，目的是藉以發揮政治菁英的整合功能。也就是說，來自大陸的中央執政者與地方政治人物之間，透過選舉而從事交換政治利益。前者提供後者予以政治職位（權力價值），後者提供前者群眾基礎（合法性）。選舉既提供了合法的參與管道，自然疏緩了參與的壓力，也避免非法參與的破壞力。[18]

一般而言，民主國家皆以政治參與的普及與平等化為實行憲政之目標。中華民國行憲以來，領導階層即重視民眾的政治參與，並致力於使人民的參政權立基於平等的基礎上。特別是從蔣經國任行政院副院開始，為確立一個健全的民主憲政基礎，及推展現代民主政治，先後於 1969 年、1972 年、1975 年、1980 和 1986 年分別舉行了中央民意代表增補之選舉。同時全面開放選舉，使臺灣地方政治從一黨專政演變為直接民主選舉。

（四）開放政策

1986 年 3 月，國民黨召開十二屆三中全會。此次會議開啟臺灣政治體制正式實施的契機。蔣經國提出「時代在變，環境在變，潮流也在變」指示全面革新，以因應時代的變遷。在蔣經國的督促下，臺灣加速政治改革的進程，陸續公布實施解除戒嚴令、開放黨禁報禁和開放民眾赴大陸探親等種種

---

18 彭懷恩，認識臺灣：臺灣政治變遷五十年（台北市：風雲論壇，民 89 年），頁 40。

積極的開放措施,使臺灣政治出現新的局面。

1.解除戒嚴

1949 年,為防中共以武力攻擊台灣,台灣省警備總司令部宣布自 5 月 20 日起全省戒嚴。同年的 12 月 25 日,共軍進犯金門,古寧頭之役,國軍大捷,共軍死傷兩萬餘人。從此中共不再輕易軍事犯台,使台灣得以維持安定的局面。但中共企圖併吞台灣的威脅一直存在,因此之故,戒嚴維持了三十八年之久才解除。[19]

從民國三十八年政府宣布臺灣地區戒嚴開始,根據戒嚴法,將戒嚴地域分為二種,一是警戒地域。指戰爭時受戰事影響應警戒之地域。二是接戰地域。指作戰時攻守之地區。[20]1949 年 11 月 2 日,行政院會議將臺灣省劃定為戒嚴接戰地區。並陸續頒布許多相關法令,實行軍法審判,禁止集會遊行,管制言論、出版、結社、通訊等。

早期,社會及輿論對戒嚴的看法,大致認為它比一般刑法較為嚴苛,舉凡人民的自由與權利受到影響,還有非軍人之犯者以軍法審判等之批評聲浪,但少有直接挑戰戒嚴問題的言論。50 年代可能受到「白色恐怖」的政治氛圍的影響,更是有所收斂。及至 60 年代才漸漸出現要求廢止戒嚴令的言論。[21]

陶百川是早期對戒嚴問題較為直接論述者。他在一次鼓

---

19 馬起華,當前政治問題研究 (台北市:黎明,民 80 年),頁 2。
20 薛月順、曾品滄、許瑞浩主編,戰後臺灣民主運動史料彙編(台北縣:國史館,民 89 年),頁 11。
21 同前註,頁 235。

勵僑資外資來臺的座談會中說，有人提到：「臺灣治安雖較好於其他若干地區，可是臺灣還在戰時，處於戰地，『戒嚴』二字，就足使人聽了卻步。現在每年還有若干僑資回來，實屬難能可貴。假使臺灣能夠解嚴，一切正常化，僑資可來得更踴躍。」然而，他認為在當時的環境下，解嚴恐怕不可能。但是在技術上確有改革的必要。如縮小戒嚴的範圍，放鬆總動員的手段。[22]

　　戒嚴對一個國家的未來與民主政治的發展影響很大。因此，臺灣的戒嚴一直是國內外人士非常關注的問題。戒嚴法的實施，一直以來成為國際上攻擊政府的最大把柄。每年美國國務院的人權報告，對臺灣的民主、經濟、教育、社會方面，都相當的推崇，但是對於人權問題，則均有抨擊。我國的人權問題，包括戒嚴法、政黨政治等，經常受到國際各民主國家的挑剔攻擊。其中尤其是戒嚴法最不為外人所理解。

　　1982 年 5 月 21 日，美國華府新聞報導，美國國會若干議員，包括參議員愛德華甘迺迪和派爾、眾議員索拉茲和李奇等，呼籲台灣停止實施戒嚴法。臺灣戒嚴問題聽證會曾引起關心臺灣之中外人士的注目，不僅使臺灣島內對戒嚴與否的辯論更趨激烈，也使得戒嚴與人權成為對美國關係的一項變數。[23]中華民國政府新聞局對美國眾議院亞太小組聲明，中華民國實施戒嚴法旨在對抗共產主義，而不是要鎮壓民主

---

22 陶百川，「貫徹法治壽世慰親」，自由中國第十五卷第九期（民 46 年 3 月 16 日）。

23 亞洲人社論，第三卷第一期，民 71 年 6 月。

或人權。[24]並且說明，戒嚴法獲得立法院的批准，有法源依據。來臺灣訪問或旅遊的國際人士都非常清楚，臺灣並未實施宵禁，人民可自由到各處旅行，中華民國國民也常出國觀光。因此，戒嚴法只是個名詞而已，並不妨礙民主與人權。

1985 年，蔣經國就開始思考解嚴問題[25]，他體認到「時代在變、環境在變、潮流也在變」，兩岸敵對情勢亦應有所改變。蔣經國基於國家資源與國防力量遠較過去豐富與強大，以及一般民眾的意識提升的雙重考量，乃遵循國父民權主義循序漸進發展民主憲政的遺教，從解除戒嚴開始。

蔣經國強調在推動民主政治過程中，必須循序漸進，守法守紀。他還特別指出：政府維護國家安全的決心不變，推動民主憲政的誠心不變，以三民主義統一中國的信心也不變。解除戒嚴，是政府貫徹民主憲政的決策，蔣經國要求實施解嚴的程序，一切務必合法、合理，執行尤須適切、妥當。

1987 年 7 月 14 日，總統蔣經國頒佈總統令，宣告自翌日零時起解除在臺灣本島、澎湖與其它附屬島嶼實施的戒嚴令。在臺灣實施三十八年的戒嚴自此走入歷史。總統令同時還宣布廢止戒嚴期間依據中華民國戒嚴法制定的三十項相關法令。解除戒嚴後，臺灣社會有所改變：首先，軍事管制範圍縮減，行政、司法機關職權普遍擴張。山地管制區由 190 個，大幅減為 61 個。其次，平民犯法不再受軍法審判。第三，出入境及出版物的管理由軍方警備機關移交警察機關及新聞局負責。第四，臺灣地區人民可依法組黨結社、組織參加集

---

24 中國時報，民 71 年 5 月 22 日。
25 中國時報，民 86 年 7 月 14 日，記者李建榮專訪馬樹禮

會遊行及從事政治活動。最後，解嚴後許多事項政府不再實行管制，各主管機關的行政裁量權必須以法律為依據。·

2.開放組黨

　　1988 年 1 月 27 日，政府公布《動員勘亂時期人民團體法》，開放設立政黨之申請，凡全國性政治團體，以推薦候選人參加公職人員選舉為目的依法設立，並報中央主管機關備案者，或已立案之全國性政治團體，以推薦候選人參加公職人員選舉為目的者，均屬政黨。一時之間，政黨如雨後春筍般的申請設立，開啟了臺灣政黨政治的時代。以中國國民黨長期在臺灣實施權威政治體制所形成的政治文化而言，「組黨」具有以反對黨角色「匯集不同政治意見」、「代表不同階級利益」、或者是「提出不同候選人名單」，和「不滿現有體制」的意涵。因此，戒嚴時期，執政黨禁止人民申請設立新的政黨。當時，臺灣的政治團體只有中國國民黨、中國青年黨、中國民主社會黨等少數合法政黨。國民黨掌握國家機器，獨攬政權，形成一黨獨大的權威體制，缺乏有力的反對黨與之從事政治競爭。

　　臺灣民主政治是漸進而成的。當執政黨宣布「解嚴」和「開放組黨」政策後，我國民主政治的發展，已經邁進「全面民主」的階段。最明顯的是民權將更加伸張。尤其是允許新政黨的成立，促使我國的政治競爭進入一嶄新的局面。

　　《動員勘亂時期人民團體法》公布實施之後，臺灣政治團體林立，至 1997 年 1 月止，已登記備案之政黨有 82 個、立案之全國性政治團體有 29 個,其中較具規模者有民主進步黨、民主社會黨、工黨、新黨等，民主進步黨於 1986 年 9

月 28 日成立，其前身為「黨外後援會」；新黨是由「新國民黨連線」團體於 1983 年 8 月 22 日成立。其中民主進步黨及新黨後來還曾發展成為第二、三大政黨，足與當時執政的中國國民黨相抗衡。

3.解除報禁

正式承諾民間可以獨立創辦各類媒體，實現真正的新聞自由，從而結束了國民黨赴台三十八年來對台島一直實行戒嚴的歷史。這是臺灣政治史上劃時代的一步。從此，臺灣的政治流程結束了威權時代，回歸 1946 年中華民國憲法，正式跨入憲政軌道。

戒嚴時期，出版品的審查與管理是由台灣警備總司令部負責，有所謂「三限」－即限證、限張及限印，停止新設報社之申請，報紙張數及印刷數量均受到限制，張數限制是 1955 年時為一張半六頁、1958 年增為三張八頁、1967 年增為二張半十頁、1974 年增為三張十二頁。報紙家數只有三十一家，直到 1988 年 1 月 1 日起將此一業務移由行政院新聞局掌理，始開放受理新報社之登記申請，報紙張數及印刷數量亦不再限制，一時之間報紙家數增加，至 1996 年止計有 369 家（種）、雜誌 5493 家，實際發行的報紙達五十餘家，發行張數亦大幅增加至十餘張。因競爭激烈，很多原具黨政背景的報紙，已發生經營困難的景況，有影響力的報紙，則屈指可數。

4.開放大陸探親政策

1987 年 7 月 15 日，中華民國政府為了使憲政體制正常發展，並落實民主政治，宣布解除在台閩地區已實施長達三

十八年的「戒嚴令」。同年 11 月 2 日，基於倫理親情的人道考量，開放民眾赴大陸探親。這兩項措施，開啟了隔離近四十年的兩岸關係新頁。

1949 年隨政府來台的官兵，至 80 年代，據統計有 40 萬人退伍。由於國際局勢的變遷，政府無法兌現反攻大陸的政治承諾，使得老兵歸鄉無期。1970 年代末期之後，兩岸之政治局勢有所轉變，加上民眾出國人口日增，與大陸通信的百姓也逐漸增加。到 80 年代中期，兩岸已出現探親、通信及學術交流等方面的接觸，顯示出政策與實際情況的矛盾。而 1986 年的華航事件可以說是政府開放大陸探親政策的一個緣起。

（1）華航事件

1986 年 5 月 3 日，一架中華航空公司的波音 747F 貨機，從曼谷飛往香港途中，機長王錫爵將飛機轉航大陸，在廣州白雲機場降落。當時隨機者有副駕駛董興光和機械師邱明志，及貨物 22 萬噸。王錫爵要求定居大陸，副機長和機械師則表明要回台灣。事發當日，中國民用航空局經請示中央有關對台工作部門後，隨即致電給台灣中華航空公司。

蔣經國聽聞此突發事件，曾與郝柏村談論。讓蔣經國不解，王錫爵過去是優秀 U2 飛行員，實在想不透他叛逃的理由。他認為：「中共必然會利用此事件要統戰。」[26]必須謹慎處理此事件，命令注道淵、沈昌煥、王章清三人組成處理事件小組，指示不與中共直接接觸為原則。初步決定委託香

---

26 同註 20，頁 302。

港國泰航空全權處理。並同時委請英國保險公司進行索機，且透過國際紅十字會與大陸洽談組員回台灣事宜。蔣經國指示各大機構向社會說明政府對此事件處理方式，另經由各種媒體宣傳：「政府絕不與中共談判的政策不變。」華航事件需依國際慣例，迅速向大陸索回人、機、貨物。

由於華航等相關單位未有回應，中國民航再次於5月11日致電華航，面對大陸的要求，5月12日中華民國政府由交通部民航局以記者會方式表示：「此一事件是單純的民航事件，不牽涉到任何政治問題，因此，基本上應由華航自行處理。」最初，國民黨中央對該事件的處理意見並不一致，元老派的堅守不與中共談判的立場，少壯派的則主張與政治脫鈎，以人機處置事宜和中共談判。就在記者會同日，蔣經國指定十二名國民黨中常委成立研究規劃小組，進行細節討論並磋商。5月13日，由華航宣布：「基於人道立場，決定由該公司駐港分公司代表在香港與中航洽談。」同時，政府方面，行政院新聞局局長張京育申明：「政府不與中共接觸的立場和政策不變。」

5月17日，中航與華航在香港進行會談。雙方經過四天的商談，於20日達成協議，並簽署會談紀要。5月23日，雙方代表在香港啟德機場完成兩名機員、貨機及貨物交接手續。華航事件終告落幕。

華航事件的圓滿解決，受到國內外的肯定，輿論界亦持正面的看法。美國輿論界，普遍認為兩航談判是國共兩黨的首次正式接觸，首次直接會談。台灣《中華雜誌》6月1日發表「論黨內外溝通與華航員機歸來 —— 國事之轉機與我們

進一步的期望」文章，認為中華民國政府多年來所堅持「三不」政策，被打破。這一突破已創下一個先例，會有深遠的影響。《中國時報》指出，兩航談判顯然是一種重大的突破。沈君山則說：「此一事絕不是孤立事件，亦非純屬民間事件，全世界都把它視為政治問題。」邱宏達則直言：「就中共而言，此次談判已使其成功地突破中華民國所堅持的不接觸原則，並為其步步為營的統戰技術，掃除了初步障礙。」[27]聯合報的社論卻從另一角度點出問題：「由於兩航談判的濃厚特殊性質，很可能加強海內外同胞對 "三不政策" 所謂彈性運用的要求或預期。」

　　華航事件雖落幕，卻開啟了老兵的返鄉運動。1987 年 5 月 2 日，由何文德等人發起的「外省人返鄉探親促進會」正式成立，成員約有六百餘人。他們的訴求獲得社會的同情，亦引起蔣經國的注意。郝柏村在回答記者時說：「總統感覺到兩岸關係不能再長期這樣隔絕下去，同時老兵們的情緒也要照顧到。他對榮民以及榮民的生活一向是最關心的。總覺得榮民跟了他幾十年了，不應該不照顧。經國先生的心思是放在榮民身上的，真心誠意關心榮民的。……而開放探親也與他對榮民的關心有關。」[28]

　　總之，「華航貨機」事件，從某種意義上來看，讓蔣經國重新思考反共國策與「三不」政策，和調整大陸政策，從而為兩岸關係開創了契機。

27　同註 40，頁 761。
28　同註 20，頁 396。

（2）開放大陸探親政策的形成

1987 年初，蔣經國指示國民黨中央委員會秘書長馬樹禮研究開放返鄉探親的政策。當時，不僅是民間要求開放探親的呼聲愈來愈高，民進黨更提出「讓台灣人回台灣，大陸人回大陸」的要求，加上立委的關切，使得社會對政府的兩岸政策有所期待。五月下旬，蔣經國指示總統府第一局副局長馬英九與總統府副秘書長張祖詒聯繫，儘速研擬開放大陸探親的可行性方案。6 月 2 日，馬英九完成《民眾往返大陸探親問題之研析》，定名為《穎考專案》[29]。7 月，李煥接任中央黨部秘書長，旋即訂出原則方案。當方案提交總統府討論時，出現意見分歧。重點在於是否做為大陸政策之考量。有意見主張把開放探親視為調整大陸政策的第一步，隨後開放觀光、貿易、體育交流與文化交流。政府仍堅持「三不」政策，民間則開放接觸。另一種意見，則僅把開放探親當成是一種基於「人道」主義而實行的彈性政策，無關大陸政策之調整。

當時，去大陸探親、觀光以及通商的人數已不在少數。然而，行政院基於中共統戰陰謀，指出，「中共發動大陸同胞設法與在台親屬聯絡通信，以親情、鄉情與貿易利益，誘使前往大陸觀光、探親或通商，以製造兩岸接觸和平假象，

---

29 馬英九受經國先生指示研擬開放大陸探親方案，為顧及這項評估方案的機密作業，將之取名為「穎考專案」。其典故源自《左傳・鄭伯克段於鄢》載：鄭國發生內亂，鄭莊公打敗其弟段於鄢城，並將疼愛其弟的母親姜氏放逐。而鄭國大夫穎考叔以其事親至孝的事弔，感動鄭莊公，並促成鄭莊公與其母姜氏重逢團聚。正是這項「穎考專案」，後來成為台灣當局開放大陸探親的決策文件的原始基礎文件。

以遂其對我國「內部分化，外部孤立」的陰謀。政府有鑑於此，迄同年 7 月，仍不考慮開放國人赴大陸省親。[30]突顯了兩岸政策的矛盾與落差。

8 月政策出現轉折，政府方面非正式的表示將審慎考慮開放大陸探親，並全面調整大陸政策。1987 年 9 月 14 日，蔣經國在召見郝柏村和許歷農徵詢意見後，提出三項裁示：（一）基於人道原則，將開放大陸來台人民回大陸探親，但政府不與中共政權接觸、談判、妥協之政策不變。（二）回大陸探親純為民間私人行為。（三）探親管制責成安全局、警總及境管局派人支援，實際操作者為中華民國紅十字會。[31]

9 月 16 日，蔣經國在國民黨中常會中指出：「最近社會上普遍對國人"返鄉探親"問題表示關切，基於人道立場，行政院針對此事研擬了實施原則，但因此一問題影響深遠，關係重大，為求慎重，行政院從政同志希望向中常會提出報告，並聽取各常委意見。為順應民情，結合民意，政府有必要就人道立場研究這一問題。」[32]提議由李登輝、俞國華、倪文亞、吳伯雄和何宜武五位中常委成立專案小組，就行政院所提國人赴大陸探親的原則等儘速審議並將結論提報中常會討論。

台灣的大陸探親決策過程是循序漸進的，先於 1987 年 7 月解除台灣地區民眾赴香港、澳門觀光申請的限制。10 月 14 日，國民黨中常會通過五人專案小組的研究結論報告。結論

---

30 立法院公報第 76 卷第 52 期，1986 年 7 月 1 日。
31 同註 20，頁 383。
32 同註 15，頁 110。

報告以蔣經國所強調的開放大陸探親政策「反共基本國策不變，光復國土目標不變，確保國家安全的原則不變」三不變原則為前提，[33] 以防制中共統戰，而基於傳統倫理及人道立場的考慮，允許國民赴大陸探親。並規定除現役軍人以及現任公職人員外，凡在大陸有血親、姻親三親等以內之親屬者，得透過中華民國紅十字會登記，申請前往大陸探親。隨後，10 月 15 日，行政院在院會中通過大陸探親辦法，由內政部於當日舉行記者會宣布開放探親策。11 月 2 日正式接受探親申請。首日辦妥登記手續者多達 1334 人。半年後，申請赴大陸探親者更達 14 萬餘人。

1988 年 6 月，行政院根據內政部所做的大陸探親政策檢討報告，決定將三等親放寬為四親等。同年 11 月，行政院通過「大陸同胞來台奔喪、探病實施要點」，使海峽兩岸進入有限雙向交流階段。12 月行政院大陸工作會報通過「滯留大陸前台籍國軍返台定居作業要點」，允許前台籍國軍偕同配偶及未成年子女申請返台定居。由於政府只准大陸民眾來台探病及奔喪、前台籍國軍只准返台定居兩項政策來看，台灣政府欲以限量來達成安全與人道並重的目的。

二、鄧小平的「改革開放」政策[34]

(一)「改革開放」政策措施之沿革

鄧小平改革開放的基調，是「四個現代化」的實踐。「四

---

33 同註 49，頁 25。
34 阮銘，鄧小平，二手策略，頁 284。

個現代化」於「文革」前即已提出，歷經十年文革，無法成
為中共政權的政治主導。直到周恩來總理在 1975 年 1 月 13
日中共第四屆全國人大會發表由鄧小平起草的《政府工作報
答》中再次提出「全面實現四個現代化」的計畫，他說：「我
國國民經濟的發展，可以按兩部來設想：第一步，在 1980
年以前，建成一個獨立的比較完整的工業體系和國民經濟體
系。第二步，在二十世紀內，全面實現農業、工業、國防和
科學技術現代化，使我國國民經濟走在世界的前列。」重申
三屆全國人大把中國建設成為「農業、工業和科學技術等四
個現代化」的社會主義現在化強國的目標和「兩部設想」藍
圖，是鄧小平 1975 年整頓、動員全國各族人民「把經濟搞上
去」的依據和動力，成為後來改革開放的試驗。

　　文化大革命後，大陸經濟情勢已瀕臨崩潰邊緣，中國人
民對社會主義失去信心。為此，中共企圖挽救經濟危機，改
變貧困落後的情況，於 1978 年春，宣布要實現「四個現代
化」，並通過「十年經濟規劃綱要」草案進行經濟改革。於
年底，鄧小平重返權力核心，成為中共的最高領導，所承接
的是一場經濟、社會和政治危機。為盡快提升經濟發展速度，
鄧小平與黨內開明派開始進行體制及政策改革。

　　鄧小平「改革開放」政策的實行，主要可分三個時期。
第一個時期是從 1978 年底至 1984 年，其重點在於農村經濟
體制的改革，主要進行「包產到戶」（家庭聯產承包）責任
制。同時，進行城市經濟體制改革試驗，以擴大地方政權和
企業自主為主。第二時期，是從 1984 年至 1987 年 10 月（中
共十三人大會）。改革重點是城市經濟體制改革，從國營企

業著手，以增進企業經濟活力為主，其關鍵在於價格體系的改革。同時，發展農村商品經濟，以結合農村改革與城市改革。第三時期，是從 1987 年 10 月至 1992 年 10 月（中共十四大會）。以發展社會主義市場經濟為目標，同時制定言經濟發展策略，加速對外開放。

（二）農村經濟改革

七○年代末的農村改革開啟了中國真正現代化的歷程。中共十一屆三中全會在北京召開，決定把工作重點從政治鬥爭運動轉移到社會主義現代化建設。由於農業是國民經濟的基礎，只有全力恢復和加快農業生產，並「以糧為綱，全面發展，因地制宜，適當集中」的方針，逐步實現農業現代化，才能保證整個國民經濟的迅速發展，俾能不斷提高全國人民的生活水準」。

鄧小平對中國的問題看得相當透徹，他深知中國經濟的發展與否，關鍵在於農村的經濟發展。中國大陸實行農村集體化政策，使得農村經濟發展出現種種問題。基於農村經濟與中國經濟發展息息相關，要延續現代化事業和社會主義事業，必須實行改革。1978 年底，鄧小平的農村經濟體制改革，較重要的改革措施有：（一）生產責任制。在土地等主要農業生產資料集體所有制的前提下，實行土地所有權與經營權分離，即原屬於公社的土地承包給以戶為單位的農民經營。（二）取消政經合一的人民公社制度，恢復鄉鎮企業組織。（三）提高農產品收購價格。1979 年，國務院決定從三月份開始，提高糧食、棉花、油料、生豬等十八種主要副產品的

收購價格，平均提高 24.8%。

　　中國大陸農村經濟改革主要在於管理體制，生產結構和經營體制三方面。[35]首先，農村管理體制改革主要是人民公社體制的改變。中共於 1958 年建立「人民公社」，實行「政社合一」的管理制度。「人民公社」是當時政府將負責生產的農業合作社、提供金融服務的信用合作社、及處理農產品流通的供銷合作社三個單位與鄉鎮地方政府合併，而完全由黨指揮的基層經濟組織。這種「吃大鍋飯」的集體經濟制度，嚴重破壞了勞動誘因和生產意願，它造成中國大陸農村經濟長期的萎縮與衰退。中共為解決管理體制的問題，實施「政社分開」政策，就是將人民公社部份的管理權下放地方政府，不同地區允許有不同公社形式。

　　其次，農村生產結構方面的改革，由單一糧食生產轉化為多種經營。即除糧食生產外，同時允許因地制宜發展多種經營，以穀類為主，適當發展經濟作物。並加強發展林、牧、漁等副各業。此外，還興辦農村工業、商業、運輸業和服務業。公社的生產方式則由集體改為「家庭承包制」。

　　第三，關於農村經營體制改革，則是由「人民公社」經營體制改為「家庭經濟」經營體制。農民在「生產責任」[36]（即

---

35 陳雨晨，中共的經濟改革與開放（台北：光復大陸設計研究委員會大陸問題研究中心編印，民 78 年），頁 20-22。

36 所謂「包產到戶」是指生產隊在統一計畫、統一核算、統一分配的前提下，將大部份或全部耕地畫分給農戶。生產隊蒐各農戶實行包產量、包費用、包工分，超產獎勵和減產賠償措施。而「包乾到戶」則是農戶只分包國家的徵購量和完成集體的提留量。有關生產資料，措施及成果，由承包者自行籌辦控制。

「包產到戶」）制度下，可以自主從事各種生產。可以有限度地擁有自留地、自留畜等。也可以從事其他如養蠶、養蜂、養鹿等副業。大體而言，農村經營體制改革，是依循以上三項改革的目標進行並求完善。

農村經濟的改革，是由農民的自發性所促成。1978 年 12 月，安徽省鳳陽縣小崗村生產隊的農民因乾旱嚴重影響農作，隊長嚴宏昌為了應付天災，與小隊的 18 位農戶商討並取得共識，他們集體簽定秘密協議，決定將集體耕地承包到戶，搞大包乾。[37]農民決定私自均分生產小隊轄區的土地與勞動工具，展開自負盈虧的農業生產。安徽省 1979 年實施「包產到戶」的成果，當年收購糧食 80 億斤，較年產量創歷史最高的 1976 年超出 17.7%，糧食的增產解決了農民吃飯問題。由於成果不錯，引起其他生產組的仿傚。若干地區開始進行源自於 1962 年至 1965 年間實施的「三自一包」[38]策略。四川農村在趙紫陽領導下，擴大自留地面積，實施「包產到戶」，規定農民在繳納國家所徵購的數量及生產組留足集體後，剩餘部份歸農民。「包產到戶」不僅讓人民收入增加，不再受飢餓之苦，並且脫離公社軍事化、戰鬥化、集體化生活方式，自主性相對提高，最重要的是激發農民的生產力。由於此政

37　在中國改革初始階段，全國上下，思想尚未完全解放，安徽省鳳陽縣梨園公社小崗生產隊的農民召開社員會議，決定改現行的「包乾到組」為「包乾到戶」將土地分給各家各戶搞單幹。與會的十八戶農民同意「瞞上不瞞下」，將應上繳的國家集體糧食交齊後實行「包乾到戶」，並訂下秘密協議書。小崗村十八戶農民的這次作為，成為全國農業大包乾改革的先鋒。

38　「三自一包」係指自留地，農村自由市場、小型工業自負盈虧及包產到戶。

策簡明易行，至 1984 年底已有 1 億 8000 萬農民採用了各種形式的承包生產責任制，佔全大陸農戶總數的 98%左右。

　　1980 年以後的「包產到戶」，它回歸到 1950 年代農業集體化的小農經濟。它以家庭承包責任制的方式，把原屬公社之土地加以分割，並分包給每一戶耕種與經營，即所謂的「包產到戶」，刺激了農民生產的積極性。這項制度實質上就是恢復過去農村租佃關係，由於土地屬於國有中共政府成為大地主，農戶成為佃農，原集體生產模式改變成以家庭為單位的生產方式，農業集體化的經營趨向瓦解。這一變化曾經受到意識形態上和習慣性勢力（安於吃大鍋飯的群眾）的阻礙。但是當時中國農村的現況十分不樂觀，農業產值和生產率陷於停滯狀況，造成廣大的農民收入低和貧困化，嚴重的農村問題使農業改革成為必然，而小規模的試點卻帶動廣大農村地區的改革，形成改革熱潮。這種由農民自發性的改革，加上政府適當的政策指導和支持因而產生了十分可觀的成果。

　　中國為了在二十世紀達到國民平均所得 1000 美元的小康水準，鄧小平認為必須考慮到經濟發展的速度和農村經濟的發展。而明確的計劃與目標是推行四個現代化的前提。為了化解包產到戶政策的阻力，鄧小平於 1980 年 4 月 2 日，與胡耀邦、萬里、姚依林、鄧力群等人談話時說：「農村地廣人稀、經濟落後、生活窮困的地區，像貴州、雲南、西北的甘肅等省份中的這類地區，我贊成政策要放寬，使他們真正做到因地制宜，發展自己的特點。政策一定要放寬，使每家每戶都自己想辦法，多找門路，增加生產，增加收入。有的

可以包產到組,有的可以包給個人,這個不用怕,這不影響我們制度的社會主義性質。」[39]並要求萬里提出意見交書記處討論。1980 年 5 月 31 日,鄧小平在一次農村問題發展的重要談話中亦肯定小崗「大包乾」的做法,他說:「農村政策放開後,一些適宜搞包產到戶的地方搞了包產到戶,效果很好,變化很快」[40]。由於承包制確實能刺激生產,中共中央正式推行「聯產承包責任制」,成為農村經濟體制改革的政策。

隨著責任制的推廣,農村中形成了農戶的生產網絡,農民的勞動與其自身的利益成正比,相對地降低了地方上計劃的作用,農民自主性提高。政府為落實政社分開政策,1984 年 6 月 1 日,中共中央同意社隊企業改名為鄉鎮企業。於年底,中共恢復鄉鎮政府,讓其行使政權職能,負責民政、司法、社會、文教、公安、衛生等公共事務。中共中央所建立的地方政府,在鄉政府方面有 84340 個,鎮級政府則有 7280 個。1984 年底,已實行「政社分開」的人民公社已達公社總數的 98.38%。[41]

在這種形勢轉變下,人民公社和生產隊喪失其原有的組織生產職能,至 1985 年,人民公社自然解構,由鄉鎮村取而代之,農民的束縛得以解除。而在這些基層的改變上,政府通過政策手段對農村改革作進一步的推動,從 1982 年的中共

---

39 李艷、熊志勇合著,再生中國 —— 中共十一屆三中全會的前前後後,下冊(北京市:中共黨史,1998 年),頁 427。
40 鄧小平,鄧小平文選 1975-1982 年(北京市:人民,1983 年),頁 275。
41 同註 59,頁 20.

中央一號文件肯定承包制開始，歷年的一號文件都與農業有
關，直到 1986 年止，各種優惠政策包括保護農民的生產權
利，開放更多選擇的機會，給予信貸和資助等便利條件，允
許農民進入市場交換產品，特別是提高農產品的收購價格，
如此一來，不僅使農民有自由從事生產的機會，又基本上保
證了完成生產之後純收入的增加。在自由市場與提高收購價
格的促進下，農村改革初期，農民獲得了實際的經濟利益，
收入方面，農村居民家庭人均純收入由 1978 年的 133.6 元人
民幣增加到 1994 年的 1223.6 元和 1995 年的 1578 元。農業
為中國經濟改革奠定了堅實的基礎。[42]

（三）城市體制改革

1984 年農村改革獲得部份成果，城市改革亦取得些許經
驗，中共將重心轉移到工業和外貿方面。1984 年 10 月中共
召開十二屆三中全會，會後公布「關於經濟體制改革的決
定」，選定 23 省的 52 個市作為「經濟體制綜合改革試點城
市」，並授予這些城市擁有與省級相同的管理權限。自 1985
年起，中央以城市為中心，推動經濟體制改革。從此中國經
濟體制改革從農村發展到城市。農村改革讓鄧小平見識到改
革帶來的巨大動力，轉而著手進行中國城市體制改革。中國
傳統經濟體制是扭曲價格的宏觀政策環境，以及以計劃為基
本手段的資源配置制度和沒有自主權的微觀經營制度構成不
可分割的或三位一體的傳統經濟體制。[43]1978 年以前依賴三

---

42 周力農，世紀之交的中國 （香港：文通，1997 年），頁 100。
43 林毅夫、蔡昉、與李周合著，中國的奇蹟：發展稍略與經濟改革（上海

位一體的傳統經濟體制以推行重工業優先發展戰略，其結果是造成產業結構失衡、技術效率低下和勞動激勵不足。使鄧小平體認到要發展經濟，就必須對傳統經濟體制進行改革。當時，中國經濟改革迫切需要解決的問題有二，一是企業（包括集體經濟單位）管理制度的改革，使企業成為有活力的基層經營單位。二是國民經濟管理制度的改革，使它更適於社會化大生產的要求。[44]因此，1978 年以後的經濟改革是從國營企業開始的。

中國大陸企業一直是以國營企業為主。中國在經濟改革以前，實施中央計劃經濟體制，國營企業在國民經濟中佔主導地位。以國營工業企業為例，在 1975 年，即掌握 97%的工業固定資產。雇用 63%的職工，創造出 86%的工業生產毛額。改革以來，其比重雖有下降，仍佔國民經濟 70%左右的比例。[45]然而，國營企業缺乏活力，長期虧損，已成為大陸經濟的重大負擔。

鄧小平的經濟改革政策，最重要的有兩項：第一項是放權讓利。一方面讓國營企業有一些自主權，增加其處理問題的彈性。另一方面將財政下放各省，不再屬行中央集權，允許各省在繳納一定的稅收之後，得以自由運用剩餘的資金與利潤。第二項是承認「資本主義」生產方式所強調的經濟規律和經營方式，肯定其優越性。因此一方面採取臺灣加工出

市：上海人民，2002 年），頁 54-55。
44 同註 81，頁 69。
45 江振昌主編，社會主義市場經濟體制下的中國大陸（台北市：國立政治大學國際關係研究中心，民 83 年），頁 86。

口區的經驗，在廣東設立經濟特區，引進外資及經營理念，另一方面則恢復私營企業，先從小型工商業做起，再擴及大型產業和服務業。

國營工業企業在完成國家任務以後，以剩餘的資金和多餘的利潤自行購料，自行生產，自行銷售，並在一定幅度內自行決定價格。同時也允許國營企業自行處理多餘和閒置的資產，自行決定配備編制人員。允許企業負責人提名高級幹部、任用中級幹部、並對外公開招工或招聘技術和管理人員，以及開除「違法亂紀」的一般幹部和工人，還有職工獎勵權利。[46]1980 年，這項改革模式擴大到全國大部份國有企業。到 1982 年為止，全國有八成左右的國營企業都進行了改革。接著，1984 年 5 月，中國國務院頒發《關於進一步擴大國營工業企業自主權的暫行規定》，1984 年 10 月，中共中央更正式決議實行廠長（經理）負責制，減少黨委書記對非政治事務的干涉。另一方面，恢復獎金制度，及實行計件工作制，以激勵工人的生產效率。此項改革使企業的獨立性增加，但政府與企業之間的關係以及企業的權責並未予以釐清。以致發生政府集中財力過少，企業資金運用過於分散的問題。中共進一步實行利改稅政策，以釐清政企之間的關係。

1983 年由國務院批准財政部制定的《關於國營企業利改稅試行辦法》等一系列的規定，將國家與企業的財務關係，從企業必須上繳大部份利潤，改為按率繳納所得稅和調節稅。至於稅後利潤則歸企業，用於發展和改善職工生活福利。

46 同註 74，頁 912。

由於所實行的調節稅稅率不統一，造成業務愈好稅率愈高，形成懲罰致力創造利潤單位的不合理現象。此外，各部門又紛紛組織大公司，把應放給企業的權力截留在中間層。再加上各地方濫行攤派，成為大中型企業發展的三大障礙。[47]

　　1984 年中共「十二屆三中全會」後，實施第二步改稅政策。依據國務院 1985 年 9 月批准的《關於增強大中型國營工業企業活力若干問題的暫行規定》，對盈利的國營企業繼續徵收所得稅。國營大中型企業按 55%的比例稅率繳納所得稅。國營小型企業按新的八級超額累進稅率納稅，平均稅負減少 3%至 5%。國營小型盈利企業徵收所得稅後，一般由企業自負盈虧，國家不再撥款。國營大中型企業保留調節稅，稅率視企業不同情況分別核定。稅率核定後七年不變。凡此種種變革，旨在於推動企業改善經營管理，使企業在增產增收中合理獲利。

　　經濟改革的另一項重要決定，是在 1985 年 12 月以前，把百萬個企業改變為集體所有，自負盈虧的獨立單元。此項措施的目的，一是糾正過去單一的全民所有制，建立以國營經濟為主導，多種經濟形式配置、多種經營方式並存的經濟結構。二是解除國家對長期虧損企業補貼的沉重負擔。

　　1986 年後，國營企業改革的主要措施，是推行多種形式的企業承包經營責任制。為落實此一政策，1986 年 12 月中共國務院作出《關於深化企業改革增強企業活力的若干規定》，根據企業所有權與經營權分離原則，給經營者充分的

---

47 同註 70，頁 82。

經營自主權。[48]1988 年 3 月國務院發布《全民所有制工業企業承包經營責任制暫行條例》。該年已有 82%的國營大中型工業企業實行承包經營責任制。

　　然而，中共的擴大企業自主權政策，並未產生類似包產到戶的預期成果。在工商業方面，反而是鄧小平的對外開放政策，為中國帶來了明顯的經濟績效。鄧小平在 1979 年批准廣東和福建等省，模仿臺灣加工出口區的辦法，引進外資、僑資、港資和先進技術，更藉由成立和擴大經濟特區的方式，帶動全國經濟發展。

（四）對外開放政策

　　經濟改革帶給中國的一個重大變化，是從高度內向型經濟轉變為外向型經濟。文化大革命結束後，鄧小平總結過去的經驗，深切體認到閉關自守的鎖國政策完全有礙於中國的經濟發展。與此同時，以東亞地區日本、香港、臺灣以及韓國等四國發展外向型經濟、促進國民經濟發展的經驗為鑒，中國決定採取對外開放的發展策略。

1.吸引外資政策

　　中共在 1978 年底十一屆三中全會確立了「對內搞活經濟，對外開放」政策之後，計畫透過對內經濟體制改革，以提升長期受體制僵化影響而停滯的生產力，擴大對外貿易及對外的經濟交流與合作，充分利用國外的市場、資金、資源和技術，以加速推動經濟發展。並且努力改善國內投資環境，

---

48 同註 70，頁 82-83。

特別是在基層建設及法律制度方面，以吸引外商到大陸投資。

　　引進外資，是中共對外開放政策的一項重點工作。中共希望利用外資藉以彌補國內資金之不足，並擴大出口，賺取外匯。同時引進外國先進技術，加速工業化及促進產業升級。最後是改善交通、能源、原物料等經濟發展的瓶頸。為了達到這些目標，中共當局自 1979 年開始採取了一系列的政策措施。

　　中共當局自 1979 年以來實行的主要外資政策措施，大致歷經了三個階段。第一階段，1985 年以前，外資政策的重點主要是在建立基本的法令規章制度。第二階段，由刺激增長政策轉為緊縮和調整。由於城市經濟體制改革全面展開後，基本建設急劇擴充，加速了經濟發展，大陸景氣日趨繁榮。趨勢使然，牽引外商到大陸投資的熱潮。但是，當時大陸整體的投資環境仍然無法滿足外商的要求，尤其是水、電、交通等基礎建設方面的問題。為了克服經濟過熱現象，中共自 1986 年起改變經濟策略，由刺激經濟增長轉為緊縮和調整，並確定以 1986 年和 1987 年做為經濟結構調整期。重新檢討外資政策，同時在國務院內成立外國投資工作領導小組。由國家計劃委員，國家經濟委員、外國經濟貿易部等十三人組成的領導小組，以副總理為首，負責從整體考量加強對外商投資企業管理，協調和解決與引進外資有關的問題，指導監督各部門及各地方政府執行國家的外資政策。沿海各省市和經濟特區也相繼成立類似的領導機構，加強協調與管理。[49]

　　第三階段，1990 年代初期，嚴格執行經濟緊縮政策。中

---

49 同前註，頁 61。

國大陸發生「六四天安門事件」後，美國、日本及西歐各國先後對大陸實施經濟制裁，取消和中止對中共官方貸款以及其他方面的經濟合作。社會的動盪不安，也使得外商的投資意願大幅降低，不只新的投資項目減少，甚至已投資之外商，也有許多宣布撤退。加上，中共當局自 1989 年下半年開始嚴格執行的經濟緊縮政策，造成大陸經濟嚴重衰退，同時也對外商在大陸的投資之信心造成相當程度的衝擊。

　　中共為了提高大陸對外商投資的吸引力，除了不斷強調改革開放政策不變和既定的外資政策不變外，更積極採取一些作為。其中較重要的部份有五項：（一）進一步擴大外國投資者在大陸投資企業的經營自主權。中共在 1990 年 4 月修改「合資法」，除放寬合資期限規定外，合資企業的董事長也不再規定必要由中方擔任。同時，在新的合資法中，還明確表示不對外商投資企業實行國有化。（二）為了協助外商投資企業解決因緊縮政策而陷入困境，中共當局採取一系列的特別措施。其中主要有：專案撥款 4 億人民幣貸給外商投資企業從事固定資產投資，放寬對外商投資企業流動資金貸款，物資部門優先供應外商投資企業所需的鋼鐵、木材、塑膠原料等生產資料等等。（三）在投資形式上，以更靈活的方式允許外商在各地從事土地連片開發。此種形式自 1987 年起在深圳、廣州、上海、天津、大連等地試行，外國投資者經由競標程序取得土地，在承租有效期間內，可享有開發使用的自主權。（四）1991 年中共正式宣布開發上海浦東新區。由於上海是大陸傳統的工商業中心，具有優越的經濟技術條件，浦東新區的開發又象徵中共在 90 年代對外開放的重

點，因此，中共的這項作為對於促進外商赴大陸投資有非常
顯著的作用。（五）外商投資項目的審批權限進一步放寬。
除了北京、上海、天津及廣東、福建兩省外，南海、遼寧、
河北、山東、江蘇、浙江、廣西等沿海省市，以及深圳、殊
海、汕頭、廈門四個經濟特區和大連、廣州、寧波、南京、
青島等計劃單列市的審批權限均為投資總額 3000 萬美元以
下的項目。內地省、自治區和其他計劃單列市等的審批權限
為 1000 萬美元以下。

2.開放經濟特區

　　1979 年以前，中共當局實行的經濟發展政策，基本上係
採取「閉關鎖國，自力更生」的原則，對外貿易只是國內經
濟拾遺補缺的一部份，在爭取外資方面也不積極。既不運用
外資來發展經濟，亦不與外國資本家合作經營，更不允許外
國資本家在中國大陸擁有任何資產。由於中國經濟自成封閉
體系，以致無法正確了解外界的經濟發展情況，加上管理制
度的落伍與僵化，結果造成經濟發展與人民生活落於後西方
先進國家且有極大的差距。

　　1978 年中共跳脫閉關自守政策而對外開放門戶，主要是
透過經濟特區，開放城市，以及經濟開放區，多面向的對外
開放。經濟特區是以市場調節為主的區域性外向型經濟形
式。從南到北逐步開放發展，南起海南島北至遼寧大連。其
策略是由經濟特區的「點」推展到由十四個沿海城市構成的
「線」，進而擴大到經濟開放區的「面」。開放範圍遍及中
國大陸沿海的東北、華北、華東及東南沿海以至海南島，分
別依據不同條件，採取不同開放模式，使 1800 多公里的沿海

地區成為中國大陸對外貿易窗口和進出口基地，以及與世界經濟交匯處。隨著經濟建設，開放的幅度也越來越大。其中，廣東、福建兩省是最先開放的地區。

3.1980 年代的對外開放政策

1980 年 5 月，五屆全國人大常委會第十五次會議決定在廣東和福建兩省實行對外開放政策及措施，八月中共中央批准《廣東省經濟特區條例》在廣東省深圳、珠海、汕頭和福建省廈門設四個經濟特區。條例中有多項優惠措施，包括對特區的關稅、勞動工資制度、市場和金融體制、法制、交通電訊建設、管理機構、人員出入境手續等，均採取更開放的特殊政策。包括特區企業職工一律實行合同制，企業有權自行招聘、試用、解雇，打破當時所謂的「鐵飯碗」制度。到 1983 年底為止，四個特區所吸引的外資總額約為 7 億 1500 萬美元。其中大部份投資於使用廉價勞工的輕工業、電子業和其他加工業，而其出口總值可達 45 億美元，約佔中共 1983 年出口總額 223 億元的 20%左右。四個特區中，又以深圳發展最快。各經濟特區相繼進入大規模的建設階段。

中共有鑑於四個經濟特區的發展成效頗佳，1984 年 2 月，鄧小平在巡視閩粵經濟特區後，肯定經濟特區的績效及對外開放政策正確。四月，續宣布對外開放天津、上海、大連、秦皇島、煙台、青島、連雲港、南通、寧波、溫州、福州、廣州、湛江、北海十四個港口城市，給予外資和經濟特區相類似的部份優惠待遇。[50]加設十四個開放港口的目的是

---

50 同註 81，頁 345。

要它們與其他經濟特區連成一線，形成對外開放的前沿地帶，從而可以在吸收先進技術、推廣先進管理經驗、傳遞經濟信息、培養和輸送人才等方面，支援和帶動內地，進而加速全國社會主義現代化建設。

然而，從 1979 年到 1984 年，沿海開放城市因為基礎設施不足，加上資金和經驗又無法配合，除上海、廣州、天津、大連具有績效外，其他城市的開放成果非常有限，進展亦相當緩慢。中共中央為此採取進一步開放措施：（一）放寬十四個沿海城市利用外資的權限，擴大對外經濟合作權力，以增加沿海開放城市和企業的活力。（二）對外商投資沿海開放城市給予較多優惠待遇，以增加吸引力。（三）在沿海各開放城市，興辦「經濟技術開發區」，明確劃分地域界限，加速引進該區域所需的先進技術，尤其是技術和知識密集的新興工業項目。

1983 年 10 月，中共將閩南廈門、漳、泉三角地區開放為經濟開放區。閩南經濟開放區是由廈門、漳州、泉州三市所連結而成的，包括以泉州為中心的晉江地區的六縣和以漳州為中心龍溪地區的九個縣。總面積約 2 萬平方公里。中共對放區的發展策略是，一則作為對台貿易主要對口基地，另外目標為逐步開放廈門島為自由港，期能與香港、高雄成為閩南地區三角國際貿易轉運港口。

1985 年 2 月，中共又選擇長江、珠江、黃河、九龍江沿海的三角洲開闢為「沿海經濟開發區」，並擬結合「經濟特區」、「沿海開放城市」以「外向型發展」為主，帶動整個沿海經濟的建設與繁榮。

　　中共的開發策略分三個階段：第一階段，以廣州為中心的 31 個縣市，開發成綜合性的經濟開放區。第二階段，以珠江流域為目標，擴大與雲南、貴州、廣西、湖南、江西五省合作。第三階段，將珠江三角洲開放區擴大至香港、澳門，成為國際貿易中心。

　　1985 年，陸續開放遼東半島、膠東半島兩經濟開放區。中共開放遼東半島與膠東半島的主要目的是在加速並擴大韓國直接貿易，同時爭取日韓資金、技術的投入以利開發建設。經過數年的發展，中共的改革開放政策基本上已使大陸地區形成經濟特區、沿海開放城市、沿海經濟技術開發區及內地等四種格局，由技術水準及發展程度較高的沿海主要城市向內地延伸，因地制宜實行不同程度的對外開放政策。

4.1990 年代的對外開放政策

　　中國大陸各地區的對外開放政策，是依循兩個方向進行。其一是以上海浦東為首，進一步開放長江沿岸城市，逐步把長江兩岸建成另一條開放地帶。其二是加速內陸省區的開放步伐，進一步開放內地沿邊城市，推動內陸省區經濟的發展。

　　在 1991 年 1 月公布的「國民經濟和社會發展十年規劃和八五計劃」中，中共再度強調利用外資發展經濟的政策，目標為利用政府間和國際金融組織的貸款，加強交通、通訊、能源、原材料等社會基礎設施和基礎產業之發展，而外商直接投資方面，強調要發展出口創匯型和技術先進型項目，特別希望外商直接投資能引進先進技術，加速帶動產業技術升級。

　　1992 年初，鄧小平南巡倡導「加速改革、擴大對外開

放」，大陸各地熱烈響應，再度掀起外商到大陸投資熱潮。擴大對外開放，主要有兩項：一是擴大開放的領域，即指外商到大陸投資的行業，除製造業外，百貨商場等第三產業也准許外商投入，同時外商投資企業產品內銷，基本上也不再予限制。二是擴大開放地域的範圍。中共當局提出「三沿」戰略，把對外開放的地域由過去的沿海地帶，擴大包含沿（長）江和沿邊（境）地帶。

1992 年上半，中共中央確立「四沿」發展戰略，除了沿海地區，更進一步推動「沿江」、「沿邊」和「沿路」地帶的對外開放。其中「沿海」，是指側重發展從渤海灣到北部灣的整個沿海地區。「沿邊」則是以發展新疆、內蒙古和黑龍江邊境地區為重點，以加強與邊境獨聯體各國的經貿交流。此外，還發展雲南和廣西的邊境地區，打開通往南亞和東南亞的商路。至於「沿江」策略，是以開發與開放浦東為首，並著重推動重慶以下長江流域的全面開發與開放，以此貫通東西及南北。最後「沿路」，是作為連接歐亞「大陸橋」的一部份，在中國境內從東部連雲港及其他港口至新疆阿爾泰山口的鐵路沿線地區。[51]如此一來，中國大陸在 90 年代即形成全方位、多元化、高層次的對外開放的新格局。

總而言之，在鄧小平時代，改革與開放是相提並論的。改革是制度的創新，是建立市場經濟體制。開放是把國內市場和國際市場融為一體，建立開放型經濟。開放政策所引進的市場經濟的種種規範、制度、行為準則和思維方式。開放

---

51 同註 81，頁 347。

是改革的催化劑，為改革創造出更好的環境。如沿海經濟特
區的建立，使得中國沿海地區市場經濟體制的基本架構，在
八○年代中期即已形成。廣東、福建、海南、江蘇、浙江等
地區，在九○年代即在中國大陸經濟發展中起主導作受。

　　鄧小平認為，發展是硬道理。他設定，從八○年代初開
始，分兩步走，二十世紀末中國國民生產總值可以翻兩倍，
國民平均所得可達 800 美元，達到小康生活水準。以此為基
礎，再以 30 至 50 年的發展進程，中國將可接近發達國家的
水準，而成為一個中等發達國家。而要使一個十幾億人口的
大國成為中等開發國家，就全世界而言，是件值得重視之事。
鄧小平實現此目標的途徑就是改革開放。而此一政策的確推
動了經濟發展。開放是改革的一個重要關鍵。必須一提的是
沒有政治上的初步改革，就無法跳脫意識形態的桎梏。更難
以保持改革中的政治穩定。鄧小平說過改革是「第二次革
命」，嚴格而言，是指他對改革的決心和改革的艱巨性，而
不是毛澤東所謂的「革命就是暴力」的那種革命。

（五）政治體制改革

　　1987 年 10 月，中共召開「十三大」前夕，中共「對外
開放，對內改革」，雖然有所進展，但基本上仍在摸索中求
發展，尚且談不上制度化。鄧小平實際掌握中共的領導權以
來，中共權力結構是以鄧小平為中心。中共政體制改革的提
出，始於 1980 年 8 月 18 日鄧小平政治局況大會議上的講話。
在「黨和國家領導制度的改革」報告中，鄧小平批評黨和國
家的領導制度，並指出政治體制的弊端。鄧小平改革開放所

欲達成中國現代化目標為「翻兩番、奔小康、及中等發達國家水準等」。政治方面劃定政治安定的兩條界線：一條是不允許向中共的政治統治權力挑戰。另一條則是不搞整人的大規模政治運動。鄧小平認為統治的合法性基礎是建立在經濟持續高速增長、給民眾實惠和好處、社會基本秩序穩定之上。因此，為落實改開放政策，必須進行政治體制改革。

1986 年經濟改革遭遇巨大困難，鄧小平於 6 月 10 日聽取彙報時，針對政治體制改革問題指出：「現在看，不搞政治體制改革不能適應形勢。」「1982 年就提出政治體制改革，但沒有具體化，現在應該提到日程上來。不然的話，必然會阻礙經濟體制改革。」接著，鄧小平又於 9 月 11 月，四次談話提及政治體制改革。年底爆發全國性學潮。

學潮結果，導致胡耀邦於 1987 年 1 月 16 日被罷黜總書記職務，中共開始「反對資產階級自由化」運動，民主化言論遭到批評，祇進行半年的政治改革公開討論戛然而止。7 月 1 日，中共重新發表鄧小平在 1980 年的 818 講話。

1987 年十三大前後，鄧小平不斷全力推動集體領導之工作。曾先後推動集體領導之工作。曾先後推胡耀邦、趙紫陽擔任總書記為執行其政治改革的左右手，培養他們成為中共最高領導階層之接班人。然而，1986 年底的學潮，胡耀邦於 1987 年 1 月，被黨中央認為「在重大的政治原則上的失誤」，迫其辭去中共中央總書記職務，打亂了鄧小平培養接班人的布局。為了延續其改革政策，以及維持政治的穩定性。鄧小平率先在中共「十三大」退出中共中央，迫使黨政軍中保守派的元老亦紛紛跟進，退出中共中央政治局常委會。

　　鄧小平鑒於中國大陸數十年來因進行馬列主義理論的實驗，造成中國大陸極其落後的現象，深刻體認到改革的迫切性與必要性，致力提出改革政策。在漸進式摸索進行改革開放的經濟改革過程中，他發現「經濟體制改革」不但需要漫長的路程，而且前途艱困，他更清楚，時間對他所造成的壓力。因此，他儘可能掌握實權，支持趙紫陽大力執行政經體制改革。

　　1989 年 6 月 16 日，鄧小平召見楊尚昆、萬里及六四以後新組成的政治局常委江澤民、李鵬、喬石、姚依林、宋平、李瑞環，宣告第三代的領導集團已成軍，其核心是江澤民。鄧小平特別說明：「現在看來，我的份量太重，對國家和黨不利。國際上好多國家都把對華政策下注在我的生命上。我多年來就意識到這個問題。一個國家的命運建立在一兩個人的聲望上面，是很不健康的，是危險的。不出事就沒問題，一出事就不可收拾。新的領導一建立，要一切負起責任。錯了也好，對了也好，功勞也好，都是你們的事。」

　　1989 年 11 月 9 日，鄧小平辭去其最後所擔任的一個職務，即中共中央軍委主席。但是他並沒有真正退出政治舞台。1992 年，他的南巡講話，再次掀起政治旋風，確定了中國共產黨十四大的路線。

　　以江澤民為首的領導集團在 1994 年即已完全挑起領導中國的重責大任。新的領導集團沒有辜負鄧小平的期望。在平穩地完成權力交接後，新的領導集團牢牢地掌握了權力，奉行「掌好權，治好國」的使命。

三、蔣經國與鄧小平「改革開放」政策之比較[52]

（一）蔣經國的發展策略

蔣經國在合理的經濟制度之下，採取一系列的經濟政策做為發展策略。其特色是建立一開放型經濟，以對外貿易為主導，利用外資及技術來帶動經濟的發展。臺灣的發展策略主要有：（一）在投資優先程序方面，臺灣係採取漸進策略。先由發展農業開端，再發展以勞力密集為主的輕工業。1960年後開始在既有的基礎上，於 1973 年開始推動十大建設，進入發展重工業階段。1981 年起發展技術密集的高科技工業。續再推行十四項建設進一步改善基本設施。（二）進行產業升級策略。臺灣的經濟轉型是以產業結構為主。由前四十年勞力密集的傳統產業，轉入高科技、高附加值的新產業，進一步邁向先進工業國家行列。初步選擇機械與資訊、電子工業為策略性工業，政府全力輔導其發展。選擇具關聯性及市場潛力大的產品為優先發展項目。從技術、管理、市場、融資等方面，由政府提供協助，促進其全面升級。（三）實施自由化、國際化、制度化政策。臺灣中小企業經過三十年的發展，已成為一個具有活力的企業集團。政府不再保護與干預，讓其發揮潛力。故推行自由化、國際化與制度化，廢除及修改政府干預性措施，以開創一個自由開放的經濟社會。

---

52 同註 98，頁 82。

（二）蔣經國「改革開放」政策及實績

1.經濟、社會建設政策及實績

（1）加速工業發展

政府為加速工業發展，從 1953 年起實施第一期四年經濟建設計劃，至 1975 年共推行五期。前三期目標在於鞏固工業基礎，充裕能源供應，建立基本工業，減少進口依賴，開拓出口工業，以加速工業發展和經濟成長，使經濟結構轉型以工業為主。

後兩期的四年經濟計劃為積極發展重機械工業、石油化學工業、精密工業與多層次之加工外銷工業。從 1976 年修訂為「六年經濟計劃」，前四年致力於十大建設之如期完成，後二年則規劃於十大建設完成後之國家建設。1979 年十大建設逐漸完成，使我國邁入「已開發國家」之列。政府又繼續推動十二項建設，包括完成臺灣環島鐵路網，新建東西橫貫公路三條，改善高屏地區交通計劃，中鋼公司第一期第二階段擴建工程，繼續興建核能發電二、三兩廠，完成臺中港二、三期工程，開發新市鎮與廣建國民住宅，加速改善重要農用排水系統，修建臺灣西岸海堤工程及全島重要河堤工程，拓建由屏東至鵝鑾鼻道路為四線高級公路，設置農業機械化基金，以促進農業全面機械化，建立每一縣市文化中心（包括圖書館、博物館、音樂廳）。顯而易見，此十二項建設是物質建設與精神建設並重，城市與鄉村平衡發展，農業與工業齊頭並進。此十二項建設完成後，於 1984 年提出「經濟自由化、國際化、制度化」工作，而且再推動「十四項建設」，

使臺灣經濟發展中的社會共同資本，益趨完備。[53]

（2）工業升級與科技發展

政府推動科技研究與發展為主要目標，在整體提高我國科技水準，拓展國人科技知識領域，促進經建發展，而在技術發展方向，使其配合企業界之需求，加強與企業合作，共同開發所需技術，以帶動工業升級，並以各重點科技為核心。經國先生在這方面有高瞻遠矚，在行政院長任內，先後成立中山科學院與工業技術研究院，使國防科學技術與工業科技交流並在國內生根，日後皆有不凡的表現，成果豐碩。1980年，又成立新竹科學工業園區，引進高科技工業在園區設廠生產，以發展高科技工業，因此，政府全面推動能源、材料資訊、自動化、及資訊工業等「四項重點科技」，其中以資訊工業為策略工業。對技術密集工業提供良好的發展環境，並號召旅居海外科技專家回國，協助他們創業，例如：「全友」當年是全世界最大的電視影像掃瞄機公司，工研院與智華合作開發成功 256K 記憶超大型積體電路，是工業技術研究院與民間企業合作典例之一。至 1987 年止，新竹科技工業園區共引進高級工業 77 家。1990 年代以來，我國電子、電機躍升為出口第一位，產品行銷世界。成就非凡。[54]

（3）加速農村建設

政府的農業發展是以民生主義為基礎，以「均富」及「地盡其利」為政策制定的基本原則，農業政策目標是：（1）維持重要農產品之自給自足，以確保糧食的供應無缺。（2）提

53　參閱：研考會，中華民國行政概要，民 77 年出版。
54　同註 134，頁 87。

高農民所得，減少農民與非農民間所得差距。（3）改善農村環境，增進農民福利。

　　為達成前述目標，經國先生在 1972 年 9 月 27 日，在中興新村宣布「加速農村建設重要措施」，其要點如下：（1）廢除肥料換穀制度（2）取消田賦附徵教育費，減輕農民負擔（3）放寬農貸條件，便利農村資金融通（4）改革農產運銷制度（5）加強農村公共投資（6）加速推廣綜合技術栽培（7）倡導設置農業生產專業區（8）加強農業試驗研究與推廣工作（9）鼓勵農村地區設立工專。後來為進一步照顧農民生活與切實掌握糧源，自 1974 年起設立糧食平準基金，以保證價格收購稻穀，保障農民權益。繼自 1978 年起，實施《提高農民所得加強農村建設方案》，以三年期間共動用經費 211 億 2000 萬元，執行 800 多項生產及投資計劃。1982 年 7 月政府將基層建設及農業發展方案合併為《加強基層建設提高農民所得方案》，以便集中力量，提高投資效率，在 1983、1984 年政府編列 520 餘億之經費，來支持農村及農業發展的整體方案。

　　（4）實施社會安全及社會福利政策

　　我國先後實施之社會保險計有：勞工保險、軍人保險、公務人員保險、退休公務人員疾病保險、公務人員眷屬疾病保險、退休公務人員配偶疾病保險、私立學校教職員保險、私立學校教職員疾病保險、私立學校退休教職員配偶疾病保險、農民健康保險。

　　截至 1987 年底止，臺閩地區參加上述社會保險人數（不包括軍人保險人數）共計 560 萬 3400 人，1987 年仍以勞工保險約佔 84%居首。臺灣省並於 1988 年 10 月 25 日起全省

農民參加保險，顯見勞工、農民保險範圍最為普遍，影響亦最大。1990 年將未參加保險者全部納入健康保險範圍，開始進入全民保險，讓全體國民以相同的權利享受平等的醫療照顧，而增進全民福利，締造一個均富、安和樂利的社會。[55]

（5）經濟成長與國際貿易

1987 年由於國際油價滑落，美元對歐、日等主要國家通貨大幅貶值與國際利率繼續下降等有利因素的出現，新臺幣於 1986 年 8 月起逐漸升值，但與大幅升值之日圓、歐幣相較，尚處於相對利率優勢地位，使我國產品能維持競爭能力，因而亦擴大對歐洲共同市場與日本輸出，促成我國出口之高成長。

1987 年我國出口競爭力相對提高，對外貿易快速擴張，帶動國內工商業蓬勃發展，全年對外貿易總值為 880 億 36 萬美元，其中出口總值為 535 億 3400 萬美元。進口總值為 345 億 200 萬美元，出超為 190 億。創歷年最高新記錄，僅次於日本、西德為世界第三位順差最多國家。就貿易總值而言，我國為自由世界第十四大貿易國。若僅以出口總值而言，則名列第十大出口國，在開發中國家，我國出口名列第一。[56]

我國對外貿易快速成長的結果，成就驚人，在國際上甚受矚目，對我國國際地位的提高與整體經濟的發展，貢獻卓著。1987 年，我國經濟成長為 11.18%，在世界各主要工業先進國家與開發中國家，除韓國 12.2% 外，仍為最高，中華民國政府來臺三十年來經濟上的成就，生活水準提高已為世界讚揚，因而與亞洲的韓國、新加報、香港三國和地區共同

---

55 參閱：社會指標統計，行政院主計處印，民 76 年。
56 同註 134，頁 95。

被譽為開發中國家經濟發展的典範。

（6）金融與國民所得

在金融措施上，政府自 1979 年 2 月 1 日宣布，我國正式成立外匯市場，實施機動匯率，新臺幣匯率不再釘住美元，逐漸由市場供需情況，隨時調整新臺幣對外匯率，這是我國金融上重要措施。實施機動匯率，使我國外匯買賣擺脫了多年來固定匯率下的範疇，進而邁向新的領域。由於經濟快速成長，輸出擴張迅速，貿易順差逐年擴大，臺幣不斷升值，截至 1988 年 2 月底，美元對新臺幣匯率降為 28.6：1 左右，外匯存底總計 767 億美元，已成為世界第二個有外匯儲備金的國家。新臺幣成為國際強勢貨幣。有鑒於此，政府在 1987 年宣布放寬外匯管制，實施金融自由化。

此外，在 1987 年平均每人國民生產毛額為 4991 美元，貧富差距 4.7 倍，經濟成長為全民分享，這是中國有史以來最輝煌時期。

蔣經國的政治建設目標，就是確立廉能政治，弘揚民主憲政，鼓勵人民參與政治。其民主化實績如下：

2.政治民主化實績

（1）實行地方自治

臺灣省實施地方自治以來，迄 1986 年 12 月，先後辦理之選舉計有：省議員 8 次，縣（市）議員 11 次，縣（市）長 10 次，鄉、鎮（市）長 10 次，鄉、鎮（市）民代表及村（里）長各 13 次。

臺北市與高雄市於 1967 年 7 月 1 日及 1979 年 7 月 1 日先後改制為院轄市。迄 1986 年 12 月，臺北市已選舉市議員

5 次，高雄市已選舉市議員 2 次。[57]

（2）辦理中央民意代表增補選

該項選舉旨在充實民意機構，鞏固憲政基礎。於 1969 年依照動員戡亂時期臨時條款之規定，訂定《動員戡亂時期自由地區中央公職人員增選補選辦法》由總統核定公布實施，並於同年開始舉辦中央民意代表增補選。原訂於 1978 年 12 月 23 日投票改選，因適逢中美斷交，國家面臨非常情況，於 12 月 16 日，奉總統緊急處分令，延期舉辦。

至 1980 年恢復選舉，大幅增加名額，加強中央民意代表機構的功能，同時在 5 月 14 日公布《動員戡亂時期公職人員選舉罷免法》為選舉運作建立法治基礎，為政治參與提供共同的公平競爭原則。為了端正選舉風氣，加強防範金錢暴力介入選舉，於 1983 年 7 月 8 日，公布實施《動員戡亂時期公職人員選舉罷免法》修正法。1980 年實行選舉，分別選出國大代表，立法委員，監察委員三項增額中央民意代表共為 205 人。1983 年辦理增額立委改選，選出 98 人。1986 年的選舉，三項增額中央民意代表，共選出 216 人。[58]這次選舉無論是候選人或選民的素質以及選舉的紀律，較以前有著長足的進步。

（3）加速推進民主憲政

臺灣經濟突飛猛進，社會穩定，自 1986 年起加速推進民主憲政邁向民主化，在國力日漸雄厚之際，國家安全實力增加，而人民的教育水準日益升高，人民參與政治意願相對增加，為順應國內外情勢及潮流，經國先生毅然決定解除戒嚴，

---

57 同註 134，頁 98。
58 同註 13，頁 22。

並制定《國家安全法》，特別是開放黨禁，使不同的政治勢力藉自由組黨及競選而有公平參政及競爭政權的機會。另外，還有一項重要的開放措施，即准許中華民國國民赴大陸探親，開啟了兩岸各項民間交流，進而帶動兩岸的經濟往來與發展。另外，自 1988 年 1 月 1 日起出版及發行新報紙禁令正式解除，以擴大新聞自由。

　　蔣經國在 1987 年開始極力推動一連串的政經改革，他在生前最後一次接受臺灣新聞界訪問時說：「貫徹改革，絕不能盲目亂動，更不能輕舉妄動，一定要在安定中求進步，這是我們必須守住的原則，依據有關法令去貫徹，去執行。而最重要的一點，改革的步子一定要不斷地前進。但為了確保改革成果一定要走穩。」「推行民主憲政，全體國民至少有兩點應有共同的認知：第一、我們現行的憲政體制不可變，遵守受全體國民的付託所制定的憲政體制，是政府與全體國民不可辭卸的莊嚴責任。第二、推行民主憲政與維護國家安全必須受到同等的重視，並且以屬行法治為基礎，唯有尊重制度及法律，民主憲政才能歷久不渝，這也是政府制定國家安全法的精神所在。」「大陸政策，政府同意國人前往大陸探親，完全是基於倫理親情的人道立場，並無其他考慮，政府一貫的政策，是堅持反共立場，不與中共接觸、談判、決不妥協，事實上正因為我們的堅持其立場不變，才逼使中共不斷改變其態度。」「我們希望達到的目標是：以我們三十多年來積極建設的成果，爭取大陸民心，使全體中國同胞最終能

在三民主義的制度下共享自由、民主、均富幸福的生活。」[59]

（三）鄧小平的發展策略

　　中國大陸自 1978 年以鄧小平改革開放為起點，無論在經濟制度及發展策略上，皆發生空前劇變。鄧小平的施政目標，是以發展為主，改革開放政策的確推動了中國的經濟發展。由於「六四天安門」事件及蘇聯、東歐政權的瓦解，曾使鄧小平的經濟改革遭受頓挫。1991 年，鄧小平力圖挽救其經改計劃，在 1992 年初南巡講話後再掀發展旋風。

　　1978 年 12 月，中共十一屆三中全會，由鄧小平主導的改革派，決定調整經濟結構，變更發展策略。其重要措施如下：第一項，改變優先發展順序。由過去全面發展重工業，改變為以發展農業及輕工業為優先。1990 年大陸輕工業產值為 11,799 億元，重工業產值為 12,052 億元，二者產值相近。[60]工業結構已呈平衡狀態，明顯有所改善。

　　第二項，對外開放政策。鄧小平重返領導中心後，在多次公開談話中，把中國的積弱落後，歸咎於閉關自守，強調「不搞開放，四化就沒有希望」。自 1979 年後，中共先後推行一系列開放措施，諸如：其一，訂制各種涉外法規，建立法律架構。其二，創立各種投資及貿易方式，經由不同途徑吸收外資。其三，在深圳、珠海、汕頭、廈門設立四經濟特區，給予外商種種優待（後來加上海南特區）。其四，逐步將沿海地帶，全面對外開放。

---

59 天下雜誌第 81 期「走過從前，回到未來」，頁 20。
60 同註 82，頁 125-126。

　　第三項，擴大對外貿易。1988 年初，趙紫陽提出「國際大循環」策略，藉由大陸勞動力資源優勢，生產勞力密集型產品出口，參與國際分工和交換。在新策略的推動下，各省大舉提出「貿易興省」的願景，經十年的努力，大陸對外貿易有顯著增加，1990 年進出口貿易總額，達到 1,154 億美元，是 1980 年的三倍。對外貿易已佔大陸國民生產毛額 30%，成為舉足輕重的一環。

　　第四項，發展第三產業。1980 年後，中共為解決日益惡化的失業問題，提出「辦好集體經濟，盡量發揮個體經濟」的新方針，重新肯定個體經濟的重要性。1981 年 7 月，中共「國務院」發布兩項文件，鼓勵和支持失業青年經營手工業、零售、飲食、修理、運輸等行業。由於新政策的實施，大陸個體經濟迅速恢復，到 1985 年底已達 1,160 萬戶，從業人口 1,700 百萬人。這些個體戶大多經營服務行業，故大陸第三產業已有復甦現象。而第三產業佔國民生產總值比重，已由 1978 年的 23%，上升至 1989 年的 26.5%，從業人員計 9,930 萬人。

（四）鄧小平「改革開放」政策及實績

1.農村改革政策及實績

　　中國大陸 80 年代所推行的經濟改革是採取「摸石過河」的漸進政策，在摸索過程中，採取分區推進策略。也就是在每一重大改革推行之前，先選擇一個地區進行試驗，然後再將試點逐步擴散。大陸經改是由農村開始。而農業改革，係由農民自發性的求變進而帶動政府改革。1978 年大陸部份農

村開始實行的「包產到戶」，並非首創，早在 1950 年代就存在於大陸少數地區，特別是邊遠貧困地區。當時採用「包產到戶」的農民，被嚴厲批判具「自發資本主義傾向」。60 年代初期，大躍進造成許多農田荒廢。為鼓勵農民耕田，乃恢復未公開的「包產到戶」。在安徽一些地區以「責任田」形式，實行「包產到戶」。但 1962 年中共八屆十中全會強調階級鬥爭，「包產到戶」被指為「復辟資本主義」而遭到全面禁止。直至 1978 年安徽發生大旱災，民不聊生。當時安徽省委趙紫陽決定，將耕地借給農民種「保命田」，實行自種自收。結果實行「包產到戶」地區，產量創新高。「包產到戶」開始受到肯定。除安徽外，四川、貴州、雲南、甘肅、廣東、河南等省一些隊社亦相繼效行。1980 年 5 月，鄧小平公開讚揚安徽實行包產到戶後農村的重大變化，包產到戶正式成為中共的基本政策。

農村經濟的改革，雖源自於十一屆三中全會，但會中所通過關於農業問題的兩項文件，並未觸及農村經濟體制的基本改革，亦未涉及廢止「人民公社」問題。但當時已有四川等若干地區，自行實施 1962 年至 1965 年間曾試辦的「三自一包」，將公社田地分給農戶承包。中共中央當初只允許作為應付災荒地區的權宜措施，禁止全面推行。然而，自行實施承包制地區的生產量的增加，促使各地紛紛跟進，已成趨勢，中共始公開予以肯定，並改變政策實施「聯產承包責任制」（即包產到戶，俗稱大包幹），是中共自推行公社制以來，農業經營體制上重大的變革。包產到戶的推行，代表大陸由集體經營轉變為個體經營。

　　包產到戶把過去所實行的統一管理、集體耕作，改變為個別經營、自負盈虧。對大陸經濟發展具有正面效果。第一，由於實行生產責任制，農民對剩餘農產品有若干支配權，多產即可多收。再加上 1979 年大幅提高農產品收購價，增產有利可圖，農民生產意願大為增加。糧食、棉花、油籽產量等均大幅增長，使大陸農村呈現一片生機。第二，包產到戶造就出一批專業農戶。這些農戶大都具有較高生產技術及經營能力，其經營規模與效益相當程度地提升農業商品率，由 1978 年的 35.6%，提高到 1983 年的 40.5%。第三，農民能自由支配其勞動力，有利於農村副業及小型企業的發展。1979 年以後，農民自營小型企業快速增長。主要從事於食品、建築、建材、小五金、服裝及原料採購等簡易加工，勞力密集業。農業經營由毛澤東時代「以糧為綱」的單一耕作，逐漸轉變為多元化，不但解決部份過剩勞力的就業問題，也提高了農民的收入。第四，由於農產品收購價大幅提高及農村副業的發展，農民收入明顯增加。在消費方面，每年平均增長 8.2%，農民生活獲得相當大的改善。[61]

　　農業的發展，也改變了農村的經濟結構。促使農村工業、建築業、運輸業和農村商業迅速發展。1981 年，農村專業戶極少，1982 年快速增至 1,561 萬戶，1983 年達到 2,484 萬戶，1984 年已有 2,560 萬戶。[62]

　　中國農業產業結構日趨合理化。除了農作物生產量大增，其他如林業、畜牧業、副業、漁業等也大幅提高。農業

---

61 同註 82，頁 109-110
62 同註 81，頁 122。

總產佔農村社會總產值的比重由 1978 年的 68.6%，下降到 1988 年的 46.8%，農村工業總產值的比重由 19.4%提高到 38.1%，農村建築業的總產值由 6.6%提高到 7.1%，農村運輸業總產值由 1.7%提高到 3.5%，農村商業總產值由 3.7%提高 4.5%。[63]在推動承包制之下，大陸農村工業採取多元化經營形式，如鄉村企業、村辦企業、聯戶辦企業和個人企業等四種經濟類型，1988 年從事工業、建築業、運輸業、商業、飲食業、服務業和其他行業的聯合體已有 38 萬 6,900 個，從業人員有 385 萬 900 人，固定資產原值 71.54 億元，純收入為 7.8 億元。[64]

90 年代中國農業各方面的生產更有長足的發展，農民收入更上一層樓。（見表 1-1）

表 1-1　農村居民家庭平均每人總收入和純收入

	1978	1980	1985	1990	1995	'1996	1997
總收入	152	216	547	990	2807	2807	2999
純收入	134	191	398	686	1578	1926	2090

資料來源：《中國統計年鑑》（1998）
轉引自吳敬璉，《當代中國經濟改革：戰略與實施》頁 123。

但是，從 1985 年開始，包產到戶與提高收購價的刺激作用逐漸失效，隨著包產到戶所產生的問題逐一顯現，構成大陸農業生產的新阻力。

2.城市改革政策及實績

1984 年 10 月中共召開十二屆三中全會，通過「關於經

---

63 同前註，頁 366。
64 同註 81，頁 122-123。

濟體制改革的決定」，將改革重點轉移至城市。

農村經濟的變革，可以說是農民自動自發。但是城市體制的改革，則開始即是由中共策動，並選擇試點實驗。從 1979 年開始，先後施行的政策如下：

1.財權下放。從 1980 年起，改變統收統支的財政體制，下放部份財權予地方，即部份財源畫歸地方，由地區統籌運用。其目的在促進各省自行開闢財源，減輕對中共政府的依賴，及減少國家的負擔。

2.擴大企業自主權。即施行經濟責任制，允許企業在完成生產任務及利潤上繳後，提存一定比率之利潤，作為技術改造、擴大生產及發放獎金之用，使企業利潤與職工收入存在相互依存關係。

3.基本建設投資改為貸款制。1981 年起，有關基本建設之投資不再由國家無償撥付。中央試行改為由「中國建設銀行」貸款，借款單位，必須按期償還本息，以加強資金的合理運用。從 1985 年開始，所有國家基本建設一律改為建設銀行貸款，實行差別利率和浮動利率。

4.逐步建立資本財市場。原來有關生產資料，全部由國家掌控，採取直接調撥方式，1981 年後，部份工業生產資料開始商品化，可在市場買賣，在 256 種統配物資中，除 34 種重要的燃料、原材料和機電產品外，其餘均已開放。允許工業部門自設門市部推銷，使集體及私營企業，也能在市場上購得所需設備及原物料，突破國營企業長期壟斷資本財局面。

5.改革價格體制。1984 年有關價格改革的原則有：（1）逐步縮小國家統一定價的範圍，有限擴大浮動價格和自由價

格的範圍。（2）按照等價交換要求和供求關係，調整不合理的比價。（3）提高部份礦產和原材料價格。（4）價格全面改革後，市場出現三種價格：重要物資約 160 種，由國家制定統一價格。次要物價格由國家定上下限，市場可自由調節。其餘價格由市場供需自由決定。

6.在稅收方面，自 1984 年起，實施「以稅代利」辦法，即企業按利得交稅，交稅後之利得不再上繳，由企業自行支配。由於各企業生產條件不同，產品價格各異，故稅率有別。大企業稅率最高可達 55%，小企業則按八級定稅。並增設產品稅、資源稅、調節稅、增值稅等，藉稅率調整來紓解價格不合理的種種矛盾。

7.實施勞動合同制。為打破行之已久的「鐵飯碗」雇工制，自 1981 年起對新雇職工，不再保障其職位，完全以需求及個人表現為去留之依據。國家對退伍軍人及高中畢業生，也不再提供工作，由各人自行解決。企業對職工有權解雇，職工也有選擇職業的自由。新制不追溯既往，故 1981 年以前之雇工，不受影響。

8.改革銀行制度。增設「中國工商銀行」，加強農業、工商、建設、外匯等專業銀行業務。將「中國人民銀行」改為專門執行中央銀行職能的銀行，發揮領導和管理整個金融事業的作用。

9.推行建築業投資包乾責任制。自 1984 年起，仿照深圳特區辦法，凡新開工建設項目，一律實行招標投標，擇優選定設計及施工單位，實行總承包。鼓勵各地區各部門組織工程承包公司，參加各項工程投標，獨立經營，自負盈虧。

　　10.交通事業方面，積極扶植個體運輸業和運輸專業戶。打破部門和行政區域界限，允許所有車船跨區域，跨航區經營。並改變對內航線獨家壟斷，鼓勵地方政府成立獨立經營的地方航空公司，加速民航事業的發展。

　　11.試行科研基金。即在基礎科學研究部門，設立各種研究基金。一般科學研究部門對外採取「有償合同制」，對內採取「課題承包制」，逐步達到科研單位的經濟自立。

　　12.進行企業改組和經濟聯合。在一些地區和部門，按專業化協作原則，組建一批專業公司或總廠，推動企業整合。此外，城鄉之間、地區之間、部門之間、地區與部門之間，亦進行各種形式的經濟聯合，以達整合作用。

　　有關上述城市經濟體制改革，由原來高度集中全面統制的體制，改制為地方分權、企業自主、計畫結合市場的混合制度。在大方向上無可非議。但舊體制實施二十餘年，積重難返，加以政治體制未變，官僚系統依舊，故城市之經濟改革推行十年，效果不彰。

　　但是，城市經濟改革對中國經濟有其影響，那就是非國有企業，包括個體、私營、鄉鎮、和三資企業的蓬勃發展，基本上改變了大陸的經濟結構。改革開放以來，私營經濟成為大陸上最有活力的部門。尤其是沿海地區如廣東、福建、浙江等省，個體與私營經濟成長更為迅速。除個體與私營企業的蓬勃發展外，鄉鎮企業的崛起，已有取代國有企業為主導部門的趨勢。鄉鎮企業將成為中國大陸最重要的經濟部

門。[65]

與私營企業及鄉鎮企業同時崛起，是「三資」企業的勃興。自 1980 年第一家中外合資企業在北京設立以來，到 1994 年 6 月，大陸累計批准的中外合資、中外合作及外商獨資的「三資」企業已達 20 萬家。協議外資總額 2,660 億美元，年底「三資」企業進出口總額達 876 億 5000 萬美元，佔大陸進出口 37%。[66]城市體制改革，促進中小企業的大發展。中小企業是市場經濟中最活躍的一群，是維持經濟和社會穩定的基礎性力量，也是技術創新的最重要的泉源。在改革開放的二十年中，中國已建立一大批非國有制的中小企業。

但中國大陸的經改，在 1989 年天安門事件以前，即有顯著退潮跡象。1988 年 10 月中共十三屆三中全會，提出「治理經濟環境和整頓經濟秩序」的方針，經濟改革被迫後退。三中全會重要決議有停止價格改革，以穩定物價為主。收回下放財權，以強化計畫經濟。自 1984 年以來，進行的城市經濟改革，至此已進入半停頓狀態。直至 1992 年，鄧小平發表南巡講話，鼓勵加速改革，中國大陸重新啟動經濟發展措施。

3.「對外開放」政策及實績

大陸經濟改革與全面開放政策同時進行，使大陸經改能較穩定前進。中國推行全面開放政策，顯然是受到東亞「四小龍」的啟示。1970 年代，由於遠東地區發達國家工資與地價大幅攀升，導致產品成本不斷上揚。日本、新加坡、香港、臺灣及南韓等國家紛紛將勞力密集產業轉向低工資和低地價

---

65 同註 70，頁 104。
66 同註 152，頁 30。

地區。中國大陸特別是沿海地區，遂成為日本及亞洲「四小龍」產業轉移首選標的。適逢中共於此時機適時地實行對外開放政策，為中國的發展策略開創了最佳時機。鄧小平認為臺灣、香港的經濟奇蹟，主要是對外開放，大量引進外資，積極發展出口。

1979 年以來，中共開放以廣東為主的深圳、珠海、汕頭等經濟特區，不但發揮鄧小平所提經濟對外「窗口」的作用，成為吸引外資及技術的中心，而且因其較靈活的政策，帶動全省其他地區的改革。從 1979 年到 1994 年底，大陸實際吸收外資達 955 億美元。外商投資企業的進出口額，已達 876 億美元，佔大陸進出口總額 37%。任職外資企業的員工已有 1,400 萬人。開放也促進大陸技術的發展。十數年間引進 2 萬多項技術。其中由國家重點支持引進技術進行國產化項目計 150 餘項。在引進技術中，有七成以上主要是成套設備和關鍵設備，大大提升大陸工業的生產力。如果說「包產到戶」及鄉鎮企業穩住農村經濟，沿海地區的全面開放，則是大陸經濟持續上揚的主要因素。

開放政策使中國大陸對外貿易大幅上升，廣泛參與國際市場。1978 年大陸進出口貿易只有 206 億美元，占國民收入 10%。1992 年已達 1,656 億美元，占 GNP 的 30%，1994 年達到 2,300 億，占 GNP 高達 45%。已躍升世界第十一位貿易大國。評論鄧小平發展路線的實踐成果，廣東經濟的突飛猛進是最佳典範。廣東經濟的起飛，是 1987 年中共十三次黨大會後才展開。在趙紫陽主導下，要求沿海地區走向國際市場。

在發展加工工業時，堅持「兩頭在外」[67]所謂「兩頭在外」，是指生產經營過程中的原材料供應與產品銷售，以國際市場為主，避免與內地各省爭原料。「大進大出」方針，鼓勵沿海地區極力發展來料、進料加工業。至於吸收外資點應著重於外商直接投資方面，以發展「三資」企業為要。

廣東的經濟發展，在鄧小平和趙紫陽的支持下，除了國際局勢之利，也有地利和人和之有利條件。廣東毗鄰港澳，且深圳與香港僅一橋之隔。八〇年代的香港經濟，已進入多元化與國際化之發展時期，產業結構的升級與轉型，急需擴展。深圳、珠海兩經濟特區的建立，成為香港工業轉移最佳基地。香港廠商將其製造業中勞力密集，需要大量低價勞工代為加工的部份工序，轉移到深圳及珠江三角洲，深圳與珠海形同香港的工廠。導致港資大量輸入，帶動了深圳及珠海的發展。1980 年至 1989 年，深圳實際利用外資 27.9 億美元，其中七成即來自於港澳。[68]

據中共「國家統計局」的城市調查：1991 年大陸有 31 個城市，每人平均年收入超過 2,000 人民幣，每戶平均收入逾 7,000 元人民幣，其中 11 個城市在廣東。尤其深圳、珠海、佛山、東莞和廣州，每戶平均年收入超過萬元人民幣。[69]可以說已實現鄧小平所提的讓部份人先富的政策目標。

1992 年 1 月，鄧小平南巡，在珠海及深圳發表談話，肯定特區成就，並提出深圳二十年內可以追上「四小龍」。由

67 同註 82，頁 230。
68 同註 82，頁 246。
69 臺北，工商時報，1992 年 8 月 18 日。

於鄧小平的鼓勵，使三特區紛紛修改發展計畫，進入一躍進階段。廣東經濟特區開放政策，促使廣東經濟發展的突飛猛進，對中國大陸的領導階層有相當大的啟示，即對外開放的重要性。不但沿海各省如山東、江蘇、浙江、福建、廣西等省份，提出全面開放計畫，即西南；西北、東北沿邊地區，也決定對外開放。最具代表性的是 1990 年上海浦東開發區的建立，如今的發展，令人刮目相看。

4.政治改革及影響

1982 年鄧小平在中共中央政治局發表「精簡機構」的講話，指示要由上而下的進行精簡機構，先從「國務院」找一兩個部門著手，並結合幹部的新老交替進行，但對機構設置的原則並未深入研討，導致當經濟發展需要加強綜合規劃與管理時，不得不增設新的機構和增加人員，機構與人員再度膨脹。

1986 年鄧小平在進一步推動經濟改革時遭到阻礙，提出政治體制改革與經濟體制改革相互配合的構想，以保障經濟體制改革的成果，並推進經濟改革繼續前進。鄧小平提出黨政分開、權力下放、精簡機構、提高效率等原則。趙紫陽依照鄧小平指示在「十三大」的報告中，指出「轉變職能」為政治體制改革的關鍵，提出劃分黨政職能，劃清中央與地方職能，以及轉變政府職能的改革方案，由上而下進行機構改革。由於此政治體制改革觸動了一批中共領導人的權力和利益，提案並未通過。

從 1980 年開始，中央向地方下放財政權開始，隨著改革的深入，市場化的進展，地方權力不斷擴大。形成「諸侯經

濟」，對改革有許多積極意義。在地方自主權強化的形勢下，地方因地制宜，利用各自的優勢，設計獨特的改革模式，從而取得最佳效果。進而發展出地方性私人企業的「溫州模式」，由上海南京大城市經濟輻射作用的長江三角洲所發展出鄉鎮集體企業的「蘇南模式」，以及廣東所發展出外資合資企業的「珠江三角洲模式」。可以說，1978 年以來，中共權力下放政策下所形成的區域競爭和區域爭取主權的過程，是改革成功和經濟快速發展一個主要因素。

　　從政治層面而言，鄧小平的政治體制改革，主要是為了配合經濟發展而將財政權下放予地方政府，其目的在於強化地方政府，希望他們能有效地對地方社會的需求作出反應，並且根據地方發展需要作出經濟決策。中共政府間分權對大陸的政治穩定有相當重大的意義。由於地方政府有較大的權力，他們才有可能致力於為發展地方經濟創造良好的環境，並在某種程度上對地方民眾需要作出反應。這在相當程度上緩和了國家與社會關係間的矛盾。但是，並沒有為言論自由，社會團體創造出更大的政治空間，政治參與程度仍極為有限。

5.小　結

　　中國大陸的改革開放與臺灣的經濟成就有密切的關係。1952 年當兩岸展開工業化運動時，臺灣與大陸經濟情況不相上下，國民平均所得相差不多。但在其後三十餘年間，由於兩岸經濟體制與發展策略的不同，其經濟成果也相去懸殊。臺灣是個小島，面積只有大陸的 264 分之一，在不到四十年期間，其國際貿易從不到 3 億美元，發展到 1987 年的 1000 億美元，其成就遠遠凌駕於中國大陸之上。就在這一年，臺

灣的出口貿易已躍居世界第十一位，外匯存底達 760 億美元。臺灣經過四十年的發展，國民人均所得已高出大陸二十倍。1978 年後，臺灣經濟的成就已逐漸引起中共領導階層的矚目。

臺灣工業化與民主化的成就，讓臺灣民眾享受到中國近代史上罕有的經濟繁榮與開放，更重要的意義是臺灣的發展經驗，讓中國大陸的領導階層興起「經濟學臺灣」之念頭，以期藉由臺灣模式，提振大陸的經濟和國力，並早日脫離貧困落後的現實與國際形象。甚至，中共領導集團已不諱言在兩岸長期的和平競賽中，大陸遠落後於臺灣，且公開承認「臺灣經濟迅速發展，一般人民生活，都比大陸各省人民生活高幾倍。」[70]在經過一番檢討與研究之後，開始採取一系列措施，有系統地吸收臺灣經驗。包括：

一、仿效高雄及楠梓加工出口區，在廣東深圳、珠海、汕頭以及福建廈門，設置四個「經濟特區」，作為吸引外資及技術的窗口，此乃「經濟學臺灣」的最主要措施。陸續又宣布開放沿海十四個城市及長江三角洲、珠江三角洲及廈門、漳州、泉州三角地帶。之後，更決定海南島建省，並期許以臺灣經驗予以開發。

二、進行農村改革政策。取消「人民公社」，推行「包產到戶」政策。此制度與臺灣「耕者有其田」政策，差距甚遠，但至少是對以前所實行的「統一管理，集體耕作」，改變為「個別經營，自負盈虧」。代表中共在農業經營上，由

---

70 同註 82，頁 492。

共產制度回歸個體經濟，將耕地交由農民自主以刺激生產，
表示在土地使用方面，進一步向臺灣學習。

　　三、恢復個體經濟。大陸個體經濟，以往被中共視為「資
本主義的尾巴」，不符合社會主義共產制度所強調的集體經
濟，故大肆抵制，到 1978 年只剩 14 萬戶的個體戶。為解決
日益嚴重的失業問題，中共乃重新肯定個體經濟的重要性。
至 1978 年大陸個體工商戶已達 2000 萬戶。中共政策的轉變，
正足以證明中共領導階層已認識到必須動員民間力量，大陸
經濟復甦才有希望。

　　四、開始注重輕工業。毛澤東時代，傾全力發展重工業，
而棄農業與輕工業，造成大陸經濟的衰竭。自 1979 年開始，
吸收臺灣經驗，加強輕工業發展。在投資優先及原料及能源
供應上，由重工業獨攬轉變為輕重工業均分，初步矯正了輕
重工業發展不均的局面。

　　五、貿易方面，實施出口導向政策。長期以來中共的發
展策略，皆強調「自力更生」，以致偏廢對外貿易。改革開
放後，學習臺灣模式，由「輸入代替」轉向「輸出擴張」。
1985 年起，宣布沿海開放區，要將對外輸出，列為第一優先。
之後，更宣布要利用外國資金、技術及原材料和管理方式，
發揮沿海各省勞力資源優勢，大規模出口勞力密集產品。全
面吸收臺灣及香港經驗，以與臺灣進行競爭。

　　中共上述種種發展措施，無不以臺灣經驗為仿效與學習
的模式並加以發揮。在所有開放措施中，四個經濟特區與十
四城市的開放，引起國內外相當地注目。特區的基本構想，
乃抄襲臺灣高雄、楠梓加工出口區而來。但其範圍較廣，不

只限於加工出口，也包括房地產、農、牧、漁、和旅遊業。根據大陸經濟學家分析，特區的功能包括：（1）成為引進外資及技術的橋樑，並作為培訓掌握新技術幹部的場所。（2）促進地區及行業間的競爭，以改善產品質量、發展新產品。（3）作為經濟改革的實驗區。（4）創造就業機會。

　　中國經濟在 1979 年經濟改革之前，危機四伏，停滯不前，國民經濟幾乎到了瀕臨崩潰邊緣。自 1979 年鄧小平進行「改革開放」開始，中共政府採取一系列的經濟改革政策，給大陸整個社會帶來了全方位的經濟、政治、社會的深遠影響。以下僅列舉經濟發展的成效：（一）國民經濟迅速發展，國民經濟結構逐漸調整到一個較合理的水準，即輕、重工業發展漸趨於平衡。大陸國內生產總值（GDP）以遠高於世界平均水準的發展，迅速增長。從 1980 年到 1989 年，名義上國內生產總值的年增長率為 15.2%。從 1989 年到 1993 年，增長率達到 18.4%。根據 1995 年的中國國家統計局公布的實際 GDP 增長率為 9.8%。在 15 年內以兩位數的速度持續增長，是世界經濟發展史上少有的。同時也初步奠定了中國成為世界經濟大國的基礎。（二）人民生活逐步改善。改革後，人民分享到改革和生產力提高的利益。大陸城鎮失業率在 1978 年為 5.3%，1993 年降到 2.6%。根據中國統計年鑑數據顯示，職工平均工資 1978 年為 615 元，1993 年提高至 3371 元。（三）國際貿易發展速度極快，以人民幣計算，1980 年至 1989 年的國際貿易年增長率為 24.7%，1989 到 1993 年則提增加為 28.3%。同時期大陸國際貿易若與國際水準比較，其比率則分別為 12.7%與 15%，遠超過同期世界貿易的 5%

與 6.2%的水準，亦超過發展中國家國際貿易年增長率 3.3%
與 11.4%的水準，而與亞洲國際貿易年增長率分別為 13.1%
和 12.7%相較，大陸表現豪不遜色。隨著國際貿易的極大發
展，大陸在世界貿易中的名次，由 1980 年的第 26 位，晉升
到 1989 年的第 16 位，1993 年則晉級到第 11 名。[71]種種經濟
發展指標顯示，中國經濟發展前景頗為看好。

　　臺灣之所以能在動盪的國際局勢中確保政治安定，應歸
功於執政的中國國民黨創造出許多有利於政治安定的有利條
件。如整合社會的分歧、擴大政治參與、平衡經濟發展和所
得分配，及政黨制度化等多方面的成就。蔣經國的改革開放，
其成就在於整合社會的分歧、擴大政治參與、平衡經濟發展
和所得分配，及政黨制度化等。由於三十年高度現代化，促
使臺灣的社會結構，日趨多元，在良性發展的過程中，省籍
的歧見隨之淡薄。

　　臺灣經過三十餘年的政治建設，成為開發中國家政治發
展的楷模。並非僥倖亦非偶然，是領導者能有效克服內外環
境政治危機，適時實施合宜的政策，使政治體系的壓力降低。
臺灣才能擁有數十年的政治安定。比較政治學者奧蒙和包威
爾在著作《比較政治》一書中曾討論「第三世界的發展策略」，
特別以臺灣為範例。他們認為在國民黨執政下，在能力、成
長和分配方面有相當傑出表現，但在政治參與方面則宜予加
強。關於這一點，在蔣經國極力推動政政治民主化之下，臺
灣的政治參與已符合民主政治的要求。因此，從比較政治和

---

71 陳一諮編，中國前途與兩岸關係 （台北市：風雲論壇，民 86 年），頁
138-144。

政治發展的觀點來討論兩岸的政治安定和民主發展，我們將發現蔣經國在維持臺灣政治安定方面和政治民主化的推動有其成就。

　　鄧小平方面，和改革進程的要求相比，中國政治體制改革進展甚微。十六年以來，經濟基礎產生極大的變化，而政治方面變革甚少。鄧小平留下的是市場經濟基礎上的高度集中的政治體制，因而出現了一系列待解決的難題：其一，政治高度集中和經濟多元化、利益多元代的矛盾。經濟主體多元化、利益格局多元化，客觀上要求用民主政治取代高度集中的政治。鄧小平也曾多次強調要加快民主化進程，但在實踐中進展不大。其二，日益惡化的中央控制力量再也不能實行過去那種高度集中的政治體制。其三，日益膨脹的行政機構和日益增多的冗員使社會無法承受。不僅造成國家財政不堪重負，為彌補財政不足，各級政府以徵收各種費用因應，不但增加了農民的負擔，更惹民怨。其四、是權力的腐敗現象日益惡化，社會不滿情緒日增。其五，是開放的經濟、信息全球化和封閉政治體制之間的矛盾。最後，是經濟改革繼續深入和現行政治體制的矛盾。經濟體制進行十六年以後，所面臨的種種困難，幾乎都和政治改革滯後有關。

　　總之，鄧小平的改革開放政策，對中國大陸亦有極大的貢獻，即維持政治穩定，和平創造出一個經濟繁榮，物質豐富的社會。但為了經濟發展，需要穩定的政治，鄧小平衡量得失，以持續快速經濟發展為主，政治體制的改革只有留待後繼者去解決。雖然如此，中國大陸的有限民主選舉正處於萌芽階段。

第二節 蔣經國與鄧小平之
政治及經濟制度[72]

一、蔣經國所奉行的經濟制度

　　蔣經國奉行三民主義，民主與「均富」是其治國的最高指導原則。而在國父的思想體系中，民生主義乃其理論核心。故台灣的經濟制度是民生主義為主。國父認為民生問題，是社會進化和歷史發展的原動力，是政治經濟的主軸。國父的民生主義其定義是：「民生就是人民的生活，社會的生存，國民的生計，群眾的生命。」就其目的而言，簡而言之就是「求均與富」。國父孫逸仙先生認為「民生主義以養民為目的」其真諦則為「均」與「富」。並說：「民生主義，目的就是把社會上的財源平均化。」這就市在經濟發展過程中，要同時兼顧「富中求均」與「均中求富」，即要同時成經濟成長與會正義兩大目標。

　　臺灣的經濟制度，從生產資料所有權的歸屬及社會資源分配的方式而言，可以說是一種混合經濟。即公營和民營經濟並存的混合經濟。此制度是以國父的民生主義為藍本。其運作是依據尹仲容提出的「計畫性自由經濟」。其所謂計畫性自由經濟，是以市場機能為基礎，政府另作必要而合理的

---

72 同註 98，頁 110。

干預。在推動經濟發展初期，工業基礎極為薄弱，國民生活水準落後，為要加速工業發展，改善國民生活，故有賴政府的策劃與輔導。

混合經濟制度具有幾項特徵：1、允許擁有私人財產，且鼓勵人人有產，故主張「耕者有其田」。但民生主義反對財產所有權過度集中，與獨占資本的形成，故強調「平均地權」，與「節制資本」。2、在支配社會資源的方式上，民生主義兼具市場機能與政府規劃。社會的經濟活動，主要以市場做為調節的手段。但政府對總體經濟發展，擬訂中長期計畫以指導發展方向。3、政府所實施的計畫經濟，只規定國民經濟發展的主要目標極重要比例關係等大原則，不列舉具體細節。故經濟計劃屬於提示性，而非強制性。計畫的實現，係透過財政政策，運用利率、稅率、匯率等來調節總供給與總需求。4、容許發展民間企業。即在公司權限的劃分上，凡能由民間經營的事業，鼓勵其自由發展。政府不加以干涉，且給予必要的保護與獎勵。5、私有財產與個人貢獻，仍為所得分配之基準。但為達均富理想，不但要實現「平均地權」、「節制資本」而且極力創造中產階級。以實現均富社會。

二、鄧小平所依循的政經制度

鄧小平奉馬克思主義為圭臬，並指出共產黨現階段所實行的制度是社會主義初級階段。共產主義的高級階段要實行各盡所能、按需分配，必須要求社會生產力高度發展，社會物質財富極大豐富。所以社會主義階段，最根本任務就是發

展生產力。為了即早完成社會主義初級階段，實現共產社會主義。生產力必須發展更快一些，更高一些，並且在發展生產力的基礎上，不斷改善人民的物質文化生活。

　.中國大陸的中共政權在馬列思想意識形態指導下，早期是實施史達林模式經濟制度。即高度集中的計畫經濟。所謂計劃經濟，是指生產資料所有權歸於國家，而生產資料不是商品，因而不能流通。故其分配主要是通過國家計畫機構進行調整。史達林模式具有三項特點：（一）實行公有制。所有生產資料一律收歸國有，建立全民所有制級集體所有制。（二）實行中央集權制式計劃經濟，以指令性計畫分配社會資源。（三）在計劃經濟下，企業產權無法自主，成為部門和地區經濟機關的附屬物。此外，社會主義計畫經濟下，沒有消費主權。因為，大陸上的經濟活動是由政府計畫，由政府決定生產項目，不考慮人民之喜好與實際需求。

　　由於實行公有財產制，整個大陸的經濟活動皆由「國家」計畫，亦即由政府計畫生產資源的配置。因此，「個人」淪為「國家」的生產工具，為了服從國家計畫，個人沒有職業選擇的自由。這樣一個經濟體制，其目的是按預定計畫，用行政命令，配置社會資源。在國家處於緊急狀態或經濟恢復時期，此套宏觀控制系統，有動員資源達成某種特定目標的功能。但是，由於現代生產技術的推陳出新，高度集中的計畫經濟，既無法及時掌握信息，以擬訂有效率的經濟計劃，又缺乏激勵機制，遂使經濟的運行陷入僵化。

　　改革派，粉碎四人幫後，面對過去長期違反經濟規律所造成的惡果，各方面都要求按經濟規律辦事，用經濟辦法管

理經濟。1979 年 11 月，鄧小平會見美國不列顛百科全書出版公司編委會副主席吉布尼等人時，曾明確指出：「社會主義也可以搞市場經濟，中共的社會主義是計畫經濟為主，並結合市場經濟。」可以說是鄧小平經濟政策的初階概念。

1982 年 9 月 1 日的中共第十二全國代表大會的政治報告中，強調「計劃經濟為主，市場調解為輔」的原則，並指出：「中國在公有制基礎上實行計劃經濟。有計畫的生產和流通，是中國國民經濟的主體。」

1986 年 9 月通過的《關於社會精神文明建設指導方針的決議》文，指出：「中國現階段的政經制度，處於社會主義階級階段，其生產力方面的特徵是「物質文明不發達」，因而在生產關係上，必須實行按勞力分配，發展社會主義的商品生產和競爭，而且在相當的歷史時期內，還要在公有制為主體的前提下，發展各種經濟成分。在共同富裕的目標前提下，鼓勵一部分先富起來。

1987 年 10 月，共產黨第十三次全國代表大會對計劃和市場的關係詮釋：「計畫和市場都是覆蓋全社會的。新的運行機制總體而言，應當是『國家調節市場，市場引導企業』的機制。」但是，中共在 1992 年以前，一直維持計畫經濟為主的局面。

1992 年 1 月到 2 月南巡期間，鄧小平在沿途談話中正式公開發表對計劃和市場問題的看法。鄧小平再次提出「社會主義也可以搞市場經濟」，由江澤民為「社會主義市場經濟」定調。1992 年 12 月，共黨第十四次全國代表大會確立建立「社會主義市場經濟體制」的改革目標模式。

三、兩種政經制度之比較

　　台灣所實行的理想社會主義制度是兼顧「經濟計劃」與「經濟自由」的「計畫性自由經濟制度」，承認經濟自由，但必須以計畫為規範。與中國大陸所實行的共產主義「集權式統制經濟」的經濟制度，基本上的差異在於台灣的經濟制度著重立足式的平等，中共則是齊頭式的平等。[73]

　　臺灣經濟制度在運行上頗能適合三項原則：（一）凡經濟活動中具有外延效果或不可分性者畫歸公營。凡不具備此二特性者歸私營。（二）決策權集中程度不能過高也不能過低。殆能使經濟政策各種工具在執行時不致有外延效果為原則。因此凡有關社會總需求與總投資的決定權應歸諸公共部門，凡屬於次要事務應由個人決定。（三）所得再分配應由公共部門執行，透過租稅制度及福利政策來體現。臺灣實行的制度，凡關鍵性企業歸國營，其餘歸私營。政府制定宏觀計劃，但經濟活動仍受市場決定。政府的主要功能在保障社會安定，創造優良投資環境，讓私營企業各自努力創佳績。由於新企業的大量湧現，不斷發展出新的出口商品與開拓新的出口市場，才能使臺灣的對外輸出，在外國層層設限與臺幣不斷升值的雙重打擊下仍能繼續攀升。[74]

　　在中共正統意識形態與經濟理論中，市場經濟乃計劃經濟的對立。計劃與市場乃截然不同的兩種資源配置方式。非

---

73 魏萼，中共經濟論述（台北市：中央文物供應社，民 73 年），頁 498-500。
74 同註 82，頁 29-30。

此即彼，不可並兼。因此，有關生產問題，在馬列主義計劃經濟之下，係用行政命令來決定。在資本主義經濟制度之下，係透過市場機制來決定。

中共目前所推行的「社會主義市場經濟」有一些難以解決的矛盾。其一，中共的社會主義市場經濟，係以公有制為基礎。全民所有制企業仍是市場活動的主體。國營企業是大陸社會主義經濟的基礎。由於長期以來政企不分，產權不明，體制僵化普遍陷於虧損。致國營企業需靠國家撥出巨額補助方得據以延續。如此情況週而復始，構成國家財政沈重負擔。其二，企業普遍虧損，長期靠銀行貸款支助。其三，國有企業資產大量流失。其四，企業資金掛帳數額龐大。部份企業實際上已成為「空殼」。總而言之，經濟改革十五年，國營企業不但不能起死回生，且普遍陷入破產邊緣。

但是，鄧小平在實施經改後，實行以「計劃經濟為主，市場經濟為輔」的經濟制度，讓非國有企業、包括個體、私營、鄉鎮和三資企業蓬勃發展，基本上改變了大陸的經濟結構。鄉鎮企業的崛起，已有取代國營企業為主導部門的趨勢。此外，與私營企業及鄉鎮企業同時崛起的是「三資」企業的勃興。「三資」企業不僅輸入大陸急需的資金和技術，且由於靈活的經營機制，嚴格的管理，及平等競爭的模式，為大陸國有企業提供了轉換的機制模式。同時也為大陸培訓一支管理人才和現代化工人。其所展示的工作效率，對大陸僵化的官僚主義與衙門作風，起衝擊作用。並逐漸形成國有企業，鄉鎮企業和私營企業三足鼎立的局面。愈來愈脫離社會主義的範疇。

　　大陸經濟制度的變更，使兩岸在制度上的差距逐漸縮小，為經濟的交流創造有利的條件。

第三節　李光耀之治國績效[75]

一、住者有其屋

（一）動用公基金　按月付房貸

　　為了確保人們買的起房屋，新加坡政府採取一系列措施，包括允許居民動用公積金購屋。李光耀說："我跟吳慶瑞決定擴大公積金這一強制性儲蓄計畫，把它發展成一個基金，使每個工人都能擁有自己的住房。1968 年修改了中央公積金法令，把繳交率提高，建屋局也推動了經過修訂的購屋計畫，供人可以利用累積的公積金儲蓄繳付 20% 的首期購屋款額，也可利用正在繳納的公積金，在 20 年內按月分期，繳付購屋貸款。"

（二）修改土地法　加速建組屋

　　修訂法令，授權政府為公共用途徵用土地，並根據年份不斷更改損害標準，使它更接近市價。到了上世紀七〇年代大體已解決了嚴峻的住屋問題。八〇至九〇年代建屋計畫如

---

75 新加坡選擇了李光耀 —— 政策篇，頁 4。

火如荼的進行，一個個新的市鎮建立了。除了讓組屋變得多
樣化外，為了避免在跟新市鎮比較下，老租屋區看起來就像
貧民窟，組屋翻新計畫於 1992 年展開，目的是與新加坡人分
享國家的財富，建屋政策也從協助人民擁有資產，轉為協助
他們提升資產的價值。新加坡了解到，使每一個公民的家庭
都擁有自己的家，這是為了經濟、社會、政治和安全的理由，
只要新加坡保持穩定，行政管理好，同時繼續發展，一個公
民在一間組屋方面的投資，經過幾年，價值必然增加，並且
增加的比任何財產都多。

（三）人民安居樂業　政治就能穩定

　　公積金和住者有其屋計畫確保了政治穩定，使新加坡持
續不斷發展了 30 多年，沒有這些計畫，新加坡人將像香港、
台北、首爾或東京的人們一樣，在這些城市，工人工資高卻
需花大錢租小房子，而這些小房子永遠不會歸他們所有。

（四）國家有發展　人民能分享

　　李光耀指出：國人知道他們的組屋很值錢，隨者國家經
濟的繁榮，組屋的價值也會跟著上升。因此，無論是翻新組
屋和住宅區增添新的設施，都會提升房地產的價值，大部分
的國人都住在組屋，政府要使其價值提升。而"居者有其屋"
計畫，鼓勵國人勤奮工作，購買較大的房子，為家人爭取更
好的生活。

二、開發新生水

（一）打造國際水務樞紐

為了減低對外來水源的依賴，新加坡在 2005 年開設了海水淡化廠，也在 2002 年成功研製出新生水。新加坡環境及水務業發展理事會決定在 2015 年前，將水務業的增值貢獻增加到 1.7 億元，水務業所製造的就業機會增至 1 萬 1000 份。同時，在全球水務市場的佔有率將達 5%。公用事業局做為國家水務管理機構，經過多年了努力，終於開發了 "四大水喉" 的長期策略；一是蓄水區、二是外來供水、三是海水淡化、四世新生水。 "四大水喉" 有三個掌握在自己手中，可以說新加坡已逐漸擺脫了對馬來西亞購買水資源的高度依賴。

（二）回收每一滴污水

新加坡收集並使用每一滴落在新加坡的雨水，為了守護每一滴雨水，除了有一個完善的雨水收集系統，將雨水匯集到目前的 17 個蓄水池，另外還建立一個深邃道陰溝系統，回收每一滴污水，在經過 2 年的不斷測試和改進，各項技術日趨成熟，到了 2010 年，以建立五座新生水廠，可供 30%的用水需求。

（三）新生水注入蓄水池

由於新加坡大概有一半的自來水，是供給工商企業作為

非飲用水使用的，因此，出於經濟效益的考量，新生水開發後並不直接做為飲用水，而是主要作工業用水。目前的作法是將一小部份新生水注入蓄水池跟雨水混合，然後再經過自來水廠淨化，才作為自來水供應。

（四）海水淡化廠本區域最大

新加坡重點開發得另一個 "水喉" 是海水淡化。長期以來新加坡不斷擴大集水區，增辟蓄水池，接下來 10 到 15 年之間，將大量投資本地水源基礎設施，包括擴大新生水和海水淡化廠的產量。新生水和淡化海水的產量，最新預計到了 2060 年將分別提高至 55% 和 25% 的用水，占全國總需求量的 80%。

三、創造經濟奇蹟

（一）雙翼騰飛先機早洞悉

"新加坡沒有腹地，這個世界就是我們的腹地"，李光耀指出，全球化和跨國公司使整個世界成為新加坡的腹地，讓新加坡成為各個領域的樞紐，不論是物流、金融、船務或通訊等等。全球化的市場經濟意味著積極尋找國際商機的重要性，新加坡不只努力吸引外商來投資，也同時鼓勵本地廠商出走，到國外投資。早在 20 世紀至九〇年代，李光耀已看到這 "雙翼騰飛的新格局"。他認為，新加坡人必需選擇到經濟成長率每年達 6% 至 10% 的國家投資，才有機會獲取效益。

（二）新一代冒險家開擴天地

李光耀指出，如果我們一成不變，我們目前的生活方式將不會越來越好。要成功的話，新加坡必須增添羽翼 —— 到海外發展，發揚企業精神及敢於冒險。我們的儲備金應拿到海外投資在比債券、股票及產業有更高收益的企業上。這將給新加坡提供另一個安全網。

新加坡經濟的另一大支柱是政聯公司，與跨國公司一樣，在新加坡經濟產值中有舉足輕重的作用。說到政聯公司，不能不提新加坡政府投資公司（GIC）與淡馬錫控股公司。這兩個主權財富基金，在世界上分別名列第 7 與第 11 位。

（三）較高風險與穩扎穩打

談到新加坡的發展經濟策略，李光耀說，新加坡並非只觀察和吸取某個特定國家的發展經驗，而是像倫敦、紐約、瑞士甚至盧森堡等這些歐美大城市和國家學習，採納他們的策略、模式及行事原則，使新加坡發展成為東南亞一個生機勃勃的金融中心，而新加坡過去幾年確已分別從南亞和海灣地區吸收到大筆的資金，今後也會朝回銀行業發展。所以必須隨著周圍環境的改變而自我改變及調整，以把握新湧現的商機。

他也說，新加坡作為許多國際金融機構的集中地，擁有為數眾多的基金經理，而各大管理基金的金融機構，都在新加坡設立了他們的區域辦事處，或亞洲區域總部。"金融管理局研究了倫敦、紐約、盧森堡及瑞士的發展情況，我們也

向這些金融中心學習，並且從他們那裡吸引了一些人才前來。"

（四）受金融風暴屹立不倒

李光耀指出，政治穩定與安全、政府的誠信及官方條例始終貫徹如一，都是新加坡經濟成長的要素，也促使新加坡在經歷亞洲金融風暴之後仍能屹立不倒並且繼續取得經濟成長的原因。

（五）有財政盈餘還富于民

因為政府投資得法，每有財政盈餘，都會還富于民。這些年來，定期與國民分享財政盈餘已成新加坡政府的慣例。就以 2011 財政年度來說，政府宣布與民分享總值高達 66 億元的財政盈餘。包括總值 32 億元的一次性「增長共享」配套，其中成年國人都能分獲介於 100 元至 900 元的「紅包」（及增長分紅），另外的 34 億原則作為較長期的社會保障投資。

（六）靠外資擺脫英撤軍困境

因為新加坡成功從海外吸引投資商到新加坡設廠，給這些人創造了就業機會。新加坡不但沒有因英軍撤離而陷入困境，反而在 1968 年到 1973 年期間，取得頗高的經濟成長，安然度過危機，這不啻是一個奇蹟。六十年代初，新加坡的失業率一度高達 10%以上，而到七十年代中期，失業率已降到 3%以下。

新加坡的經濟能有今日的成就，讓新加坡脫胎換骨的其

中一大功臣，正是經濟發展局。在經濟全球化的環境下，新加坡目前正朝著經營資訊科技、生命科學和其他知識型經濟邁進。製造業將繼續是新加坡的經濟支柱之一，在國際上值得稱讚的是：新加坡仍是世界的硬盤驅動地產地，負責全球三分之一的硬碟生產；也是世界第三大煉油和石化中心；擁有 13 個晶片圓；全球十大藥劑公司就有 6 家在新加坡生產。

李光耀說：要我用一個詞來形容我們為什麼會成功的話，我會選擇"信心"。就是因為外來投資者對我們有信心，他們才會以新加坡作為開設工廠和煉油廠的地點。

（七）跨國公司始終是主導

李光耀說，事實上是新加坡製造業將始終受到外國跨國公司企業的主導。…新加坡向來是，並也將永遠作為跨國企業的中間人。"我們提供優越的環境和優越的服務。沒有了這些我們就完了。"基於這個原因，新加坡選擇了積極投資與扮演支援腳色的服務業，例如建設國際金融中心，以及確保擁有一流的海空交通網和資訊。這正是一套關於新加坡人受限於國小人少的邏輯，使李光耀認為政府仍需要通過其投資機構和淡馬錫控股，來監控新加坡的一些超大型企業。

為趕上全球局勢發展的腳步，繼續確保新加坡保持競爭力，經濟策略委員會已為新加坡設定了三個目標：高技術的人民、創新的經濟體、獨特的國際大都會。這獨特的大都會目標，就是把世界當作經濟腹地的最具體的宣示。

四、建立廉能政府　整肅貪汙腐敗

（一）持尚方寶劍　肅貪汙腐敗

　　貪污腐敗調查局早在 1952 年就由英國人設立，但由於缺乏資源和法律權力，因此沒有太大作為。直到李光耀擔任總理後，才強化法律權限和貪污調查局的調查權力，並將貪污調查局直接歸總理管轄，這才使該局成為一柄反腐的尚方寶劍；不管貪污的人地位多高，一蓋嚴懲不貸。

　　最高領導人以身作則，加上嚴厲的法律，是新加坡成功肅貪得重要因素。李光耀在 2010 年 9 月的一個商務論壇上說，新加坡所建立的廉潔制度，不是假設無人貪污，而是確保一旦有人貪污受賄，一定會被揭發並面對處罰，這是新加坡的優勢，讓企業加更有信心經商和投資。其並表示，新加坡不能允許貪污，因此公務員的薪水必須相當於私人企業，如果公務員不願留在公務部門服務應轉到私人企業去。

（二）油水不必給　機器照發動

　　法律幾經修訂，嚴刑峻法對貪污份子產生莫大的威懾力，1967 年 3 月，李光耀在律師公會的晚宴上講話時，談到貪污問題，就妙語如珠地說：＂新加坡的進步，新加坡的精力和魄力能夠保全下來，因為我們的行政機器是有效力的。這機器當中沒有沙礫，你不必給別人一些油水來發動機器，我們必須使機器保持原狀。為了要保證這機器繼續操作，我

正想在法律方面提出修正。如果任何一名官員被發現擁有無法解釋的財富，而又不能提出非由貪污得來的確證，他的全部財產是可以被沒收的，一定有處罰，不然貪污者便可逍遙法外。"

　　他說，新加坡的生存，全賴政府部長和高級官員的廉潔和效率。我們必須和其他國家不同，不然，我們的處境將比他們更糟，因為我們沒有他們所擁有的天然資源，只有維護行政的廉潔，我們的經濟才能構起這樣的作用，使新加坡人看到勤勞工作和報酬間的關係。只有這樣，人們與外國人才會在新加坡投資；而且，也只有這樣，新加坡人才會通過更好的教育和進一步的訓練，去改善自己和子女的生活，而不希望通過 "有權有勢" 的親戚朋友或賄賂有適當地位的 "熟人" 去求橫財。

（三）高尚的情操　強烈的信念

　　新加坡證明了一個廉潔、不涉及金錢的選舉制度有助於維持政府的誠實。然而，只有在誠實能幹的人願意參加選舉並負起領導責任的情況下，新加坡才能保持廉潔誠實，他們的工資，必須跟能力和正直程度同他們相似的人管理大公司、成功的律師事務所或以從事其他專業所獲得的收入相當。因此，在李光耀的提議下，新加坡政府幾次大幅提高了公務員的薪水，以奉養廉。在 1994 年出任內閣資政後，他向國會建議政府制定一個方程式，使部長、法官和高級公務員的薪金跟私人企業界的報稅額掛鉤，自動進行調整。

　　這個提議後來獲得國會通過。政府根據六個專業來制定

薪金的標準，他們是：律師、銀行家、工程師、會計師、跨國公司和本地製造廠的首席執行員。這個方程式從這六個行業中各選出最高薪的八人，然後以他們的中值收入的三分之二工作為薪金標準，以保證部長的收入符合市場水平。這個決議引起了很大的轟動，李光耀由始至終堅持捍衛部長薪金政策。他認為這能制止貪污並補償部長所做得犧牲。

五、精英治國與儒家思想一致

（一）壞領袖趕走好人才

1982 年 8 月在全國職工總會《繼往開來》論文專輯發表獻詞時，李光耀以很大的篇幅強調新加坡必須堅定不移地走精英治國的道路。

他曾說過："一個好的領袖不論在政府或大機構裡，都會吸引和網羅到第一流的人才，來加強本身克服問題的能力。因此西德在艾丹諾總理的領導下，有高素質的人才擔任要職。而法國在戴高樂總統的領導下，情形也是一樣，有不少才華出眾的法國人擔任要職。戴高樂的內閣成員中包括了龐比都和紀斯卡等，他們兩人後來都分別成為法國總統。"

（二）庸才當政代價重大

李光耀說：如果庸才和投機主義者在我國掌權，人民就必須付出重大代價。如果新加坡的選民，由於一時瘋狂衝動，為了反對而反對，投票給反對黨，新加坡就可能意外地由庸

才和投機主義者接管。只要由這批人執政五年，大概是組成一個聯合政府，新加坡就要跪地求饒。幾十年辛苦經營，在社會組織、工業、銀行、旅遊業等方面建立起來的成就，在幾年內就會被摧毀。

根據李光耀在政府中的經驗，他認識到一個由高度能幹的人掌管一個部門或一個法定機構，對一項大計畫的成敗很有關係。頂尖人才一旦挑起重任，他會把其他能幹的人集中起來，並且把他們組成一支有結合力的隊伍，使計畫順利進行。

其也一在重申，高素質的部長領導是沒有任何東西可以替代的。屬下官員不論多麼優秀，給予部長有力的支持，都不能代替一位部長在思想敏銳、活力、想像力、創造力、幹勁方面的能力。

（三）穿梭機裝兩支火箭

有感於新加坡才華出眾的人亦有限的。新加坡一直就像美國的太空穿梭機，穿梭機裝有兩支火箭，把他推進太空。他們有一支新加坡出產的火箭，強而有力。另外還有一支用進口配件在新加坡裝配的火箭，它能加強動力，使穿梭機飛速上升。新加坡必須繼續努力擁有這第二支火箭。

在過去二十年裡，這批額外的頂尖人才已經為新加坡帶來了一股額外的動力，並且把新加坡從一個殖民地貿易間軍事前哨站發展成一個製造業、金融業和服務中心。如果新加坡招聘額外的腦力人才，那麼，在今後 20 年，新加坡就可以成為全球主要資訊、金融和服務中心網路的重要一環，通過電信電腦、錄像電話、噴射機和太空穿梭機把各中心互相連

繫起來。的確，新加坡建國 48 年來，從政治、社會到經濟各
方面的發展、正沿著成功之路更上一層樓，並取得非凡的成
就。現今的新加坡政策依然延續精英治國。

（四）與儒家思想一致

有人說新加坡十方注重精英治國，多少受儒家思想的結
果影響；也有人將賢人政治，說是意識形態化的儒學在新加
坡取得成功的基本經驗。這種說法不無道理。

李光耀在 1994 年 10 月在北京舉行的國際儒學聯合會成
立儀式上致詞時，曾經說到我們有一批最富才智，辦事能力
強的精英份子，加入文官服務和參政治國的行列。這和儒家
"修身、齊家、治國平天下"的思想是一致的。他當時獲選
為國際儒學聯合會名譽理事長，在講話中，他也說："從治
理新加坡的經驗，特別是 1959 年到 1969 年那段艱辛的日子，
使我深深的相信，要不是新加坡大部分的人民，都受過儒家
價值觀的薰陶，我們是無法克服那些困難和挫折的。新加坡
的人民有群體凝聚力，能夠以務實的態度，來看待治理國家
和解決社會的問題。"

六、打造法治社會

（一）鞭刑令人聞之色變　國家尊嚴不能動搖

新加坡法律的威懾力，除了監禁外，主要表現在鞭刑、
死刑與罰款三方面，尤其是鞭刑更令人聞之色變。最引人矚

目的典型案子，是在九〇年代鬧得沸沸揚揚的邁克菲事件，1993 年 9 月，這個美國學生和他的一班朋友，三更半夜肆無忌憚地破壞公路交通指示牌，並在 20 多輛轎車上噴漆塗鴉，觸犯破壞公務法令。他一共面對 53 項控訴，在 1994 年 3 月認罪後被判監 4 個月、鞭打 6 下及罰款 3500 元。

這起案子在美國掀起軒然大波，鬧得滿城風雨，美國國會與媒體都向新加坡政府施壓，還勞動了當時的美國總統柯林頓親自出面，懇請王鼎昌總統赦免這個少年。這對新加坡不啻是個考驗，但李光耀說：「如果只因為犯錯的是美國少年，這一鞭就不打下去，那麼對違法的國人，我們又怎能施以鞭刑呢？」在這進退兩難的境地中，新加坡並沒有屈服於美國的壓力，而是維護國家尊嚴與堅持司法獨立。不過，為了表示對美國總統的尊重，在內閣討論之後，當年吳作棟總理最終勸請總統把鞭刑從 6 下減至 4 下。

（二）法律面前人人平等

在新加坡，沒有人能超越法律；大家必須遵守法律，誰一旦犯法，不管地位多顯赫，跟老百姓是一樣的，都要面對法律制裁，完全沒有徇私的空間。李光耀一在強調：「今天的新加坡，是多年法治的結果；若沒有嚴格的法規，不會有今天的新加坡。」李光耀在 1922 年答新華社記者問題時就清楚指出：「不論是部長還是貪官污吏，都一樣受到調查，並依法處理。政府最高領導人必須樹立好榜樣，沒有人可以超越法律。否則，人們就會對法律多重意義和公正感到懷疑，並加以嘲諷。」

（三）威懾力有其必要性

　　新加坡的死刑制度一樣叫人聞之喪膽，到這裡的旅客都會發現入境卡用亮眼的文字寫著：「警告：在新加坡法律下，販毒者將判處死刑。根據法律規定，只要擁有 15 克海洛因或 30 克嗎啡，一經查獲，即視為販毒，可判處死刑。其他如謀殺案、作案時開槍或抵觸軍火法令者、綁架案及叛亂罪等，一律可判處死刑」。不過，新加坡政府已於 2012 年下半年在國會提出修改兩類罪犯強制性死刑的建議，讓符合條件的運毒跑腿和在較輕微謀殺意圖下致死他人的犯人有機會免除死刑，改以終身監禁。運毒跑腿要逃過死刑，必須符合兩大條件：一是僅運毒，沒有供應或販賣毒品；二是犯人必須給予中央肅毒局實質而有效的合作。相關的濫用毒品（修正）法案三讀通過後，在 2013 年 1 月 1 日生效。

（四）評級機構對司法制度都打高分

　　李光耀以法治國的成效，不但使守法精神深入新加坡人的骨髓，也讓嚴刑峻法成為新加坡在國際上的另一個品牌。經歷半個世紀的發展，新加坡從第三世界國家上升到第一世界國家，歸功於他大力打造新加坡為法治社會。

　　新加坡在刑事司法制度、民事司法制度，以及公共行政的效率與廉潔程度方面也位居十大，分別排名第三、第四和第七，新加坡在為人民提供保障方面，依 2012 年常年環球法制指數調查顯示，在 97 個國家中排名第一。自 1997 年以來，在瑞士洛桑國際管理學院所發表的《世界競爭力年報》中，

新加坡一直排在擁有最健全法律制度國家的前兩名。2007年
世界出版了《新加坡司法領導的改革架構、策略和教訓》一
書，稱讚新加坡司法制度在過去15年脫胎換骨，成為全球效
率最高和最有效的司法制度之一。2000年，設在香港的政治
及經濟風險諮詢機構（PERC）把新加坡法律制度的效率與可
靠性列為亞洲第一。

　　新加坡透明公正的法律體系，使市場活動的參與者能夠
獲得充分的資訊，減少了投資的不確定性因素和風險，提高
了社會經濟效率，增強了擴大投資者，特別是海外投資者的
信心。

七、堅持推動雙語政策

（一）母語和英語　從小就講起

　　李光耀曾特別指出，一些研究顯示，孩子學習另一種語
言的最好時期是出生後的頭幾年。理想的情況，是父母在孩
子年幼時，以母語和英語同他們交談：一個用英語，另一個
用母語。這樣，孩子便更習慣於在家裡聽到英語和母語。這
會輔助學校的教學，孩子長大後也能有效地使用雙語。

（二）設億元基金　促掌握雙語

　　為了鼓勵年輕人掌握雙語，他建議為一個他希望最終可
以超過1億元的雙語基金募款。基金將帶頭倡導教導孩子母
語和英語計畫，特別是在學前時期，目標是讓他們掌握聽和

講這兩種語言的能力。

　　雙語政策一路走到今天，當年堅持推行以雙語為第一語文的雙語政策雖然讓他面對巨大政治挑戰，但是新加坡現今所取得的經濟成就，證明這個決定是對的。李光耀曾說："要是我們當初選擇用華語，我國經濟不可能起飛到現在的成就，因為在世界其他地方的第一或第二語言都是英語，而當時中國無法讓他們的經濟達到這樣的水平。就連崛起中的中國也不能幫助我們取得這樣的經濟成就，是英語讓我們取得今日的繁榮。"他指出。國家須以英語團結國人並與世界掛鉤，才能取得今日的繁榮。事實上，新加坡以英語為主要語言，再以母語加深同感並從中國的崛起中受益。

八、建設一流機場與一流城市

（一）大手筆造就今天業績

　　大手筆的決定，成就了今天卓越的業績。自 1981 年啟用以來，樟宜機場從 1987 年幾乎年年被評為 "世界最佳機場"，至今已獲得超過 420 個獎項。截至 2013 年 4 月 1 日，共有 107 家航空公司在樟宜機場提供服務，銜接新加坡與全球 62 個國家的 250 多個城市。樟宜機場在 2012 年取得不俗的表現，載客量增加了 10%，首次突破 5000 萬人次大關，達到 5120 萬人次，創新歷史新高。第四載客大廈預料在 2017 年投入服務，到時隨著第一節載客大廈擴建完成，樟宜機場的載客量預計會增至每年 8500 萬人次。

　　李光耀深信，亞洲區域航空業在未來 20 年的成長將居全球之冠。因此，新航和樟宜機場要掌握這個良機，都必須加強競爭力，提供比競爭對手更好的和更密的航班連接網點。樟宜機場對廉價航空的迅速反應，正是一個成功的例證，如何跟上市場的快速變化？新加坡的策略是盡早布局，比別人先行一步，未雨綢繆，持續保持競爭力。在樟宜機場長期發展藍圖理。早就有 5 個載客大廈。雖然第四載客大廈還未完工，但目前已規劃在 2020 年至 2030 年這 10 年內建成第五載客大廈。

（二）建立環球大都會實現新加坡夢

　　什麼是新加坡夢？李光耀的回答時：新加坡的願望是要成為一個與世界接軌的環球大都會。李光耀要告訴新加坡人，新加坡將結合巴黎、倫敦和紐約等大城市的精隨，可在 20 年內，成為世界聚集的獨特大都會。

　　新加坡重建局將在未來 10 到 15 年，撥款 30 億元用於濱海灣區的基礎建設。在新一輪擴建計畫後，佔地 360 公頃的海濱灣將與現有的中央商業區無縫對接起來，形成一個新城市中新區。這個計畫將成為新加坡極具影響力與競爭力的金融中心和商業中心，同時也將成為全球旅遊度假勝地和新加坡高級住宅區，新成中心區擁有高效的交通系統，完善的城市基礎設施優美的城市環境。

　　是李光耀一手把新加坡打造成花園城市，新加坡已被公認為世界上最宜居住的城市之一。調查顯示，新加坡居民的生活質量，已達到世界一流水平。

（三）ERP 與 COE 獨樹一幟

新加坡兩獨特的交通管理措施，一是公路電子收費（ERP），二是擁車證（COE）。這兩項制度，一個是限制汽車的通行，另一個是控制汽車的數量，主要是疏緩城市交通堵塞問題。李光耀曾說：再怎麼大量興建地下通道、高架公路、高速公路，他們終究會被不斷增加的車輛擠得水泄不通。"結果，措施實行後證實有效，全國車輛的年增長率被限定在 3%內。"

九、促進族群合諧　創造世界小奇蹟

（一）制定政策堅守信念

這是新加坡人耳熟能詳的信約："我們是新加坡公民，誓願不分種族、語言、宗教，團結一致，建設公正平等的民主社會，並為實現國家之幸福，繁榮與進步，共同努力。"信約的中譯文雖然只有 51 個字，但言簡意賅，涵蓋了大家必須堅守的共識與價值觀。

在宗教方面，政府於 1989 年頒布《維護宗教和協白皮書》，確保公民在享有宗教信仰自由的同時，不得侵犯他人的自由和空間，也不得干預宗教以外的世俗事務。

1991 年政府發表《共同價值觀白皮書》，確立了五大價值觀："國家至上，社會為先；家庭為根，社會為本；關懷扶助，尊重個人；求同存異，協商共識；種族合諧，宗教寬

容。”“這一共同價值觀，引領各族尋求文化認同，實現社會合諧。”

（二）設立族群與宗教互信圈

新加坡的種族合諧，不僅是經濟發展的柱石，更是國家安全的重要保障。對於外國人來說，新加坡是一個多元種族社會的典範，這裡推行宗教自由與寬容，尊重各族的宗教、文化與習俗，整體上大家都有很好了融入，這可以從多采多姿的節日反映出來，有聖誕節、華人春節、回教開齋節、佛教衛塞節及興都教屠妖節等。而且，走在大家小巷，隨處可看到基督教堂、回教堂、華人寺廟及興都廟，並存而立，這不可以不說是“小奇積”。

十、吸納高素質新移民　彌補生育率不足

在李光耀眼中生育率持續下滑的國家可能面對毀滅的危險。2013 年 3 月，他在一個論壇上，談到了日本人口老齡化的問題，語重心長地表示，日本社會今日陷人口嚴重老齡化、經濟停滯不前的困境，與他拒絕引進移民息息相關。

要解決新加坡生育力低和人口老年化的問題並不容易。李光耀說，新加坡目前嚴格篩選新移民的做法也很難滿足各方：要是專挑高素質人才，土生土長的國人會因為這些外來人才帶來的競爭感到不滿，若引進教育層次較低的新移民，我國就無法取得進步。

此外，李光耀強調優生學的態度，向來一絲不苟。他擔

心人口素質的低落，也是無可諱言的事實。就因為教育程度越高的國人，子女越少；教育程度越低的，子女反而越多。且女性只願上嫁，男性只想下娶，結果是教育程度最低的一群男士找不到老婆，因為未婚的女性教育水平都比他們高，誰也不願嫁給他們。為了疏緩女性大學畢業生未婚的問題，新加坡政府在 1984 年成立的社交發展署，推動男女大學畢業生間的社交活動。為了輔助社交發展署的功能，新加坡人民會議成立社交促進組，以中學教育程度的男女為服務對象。結果，會員人數迅速增加，到 1995 年時已增加到 9 萬 7000 人，其中有 31%結為夫妻。

新加坡政府在 1984 年鼓勵受過高等教育的夫妻生育三個或以上的子女，可享受特別所得稅優待，子女還可優先享有進入重點學校的權利。然而，這項新政策引起非大學畢業母親的不滿，連大學畢業的母親也表示不願接受這種優先權，而隨後取而代之的是，給予已婚婦女特別所得稅優惠——這次以大學、理工學院 "A" 水準和 "O" 水準畢業生為對象，擴大範圍，避免過於強調小型菁英。凡是生育第三或第四個孩子，這些婦女本人或者他們的丈夫，就能獲得可觀的特別稅回扣。這個優惠果然使更多婦女生育第三或第四個孩子。

雖然新加坡政府近年來已推行多項措施和鼓勵計畫國人結婚生子，但生育率卻總持續下滑，其中就屬華族的生育率最低。2013 年 1 月，新加坡政府宣布從 2001 年以來的第四輪鼓勵結婚與生育配套。每年撥款 20 億元，從住房、養育、醫療、假期多方面鼓勵年輕人結婚生子，希望把新加坡的生育率提高。李光耀把這個問題視為新加坡長期面對的重大挑

戰；因為新加坡需要吸納新移民來彌補生育率的不足，如果不及時補充，新加坡勞動隊伍將因為人口結構日益老化而萎縮，經濟也將逐步走出衰敗。這意味著新加坡必須在生育率下降以及引進新移民之間來取一個平衡點。

十一、國小重國防

（一）好男要當兵　好鐵可打釘

新加坡參照以色列人的做法，在 1967 年通過國民服役法令，不但有徵兵制度，而且可以動用戰備軍人，在最短時間內動員一支人數眾多的戰鬥部隊。為了強調後備軍人隨時可以出戰，新加坡在 1994 年把名稱改為戰備軍人，他們每年都回營受訓。每隔幾年，他們就奉派到台灣、泰國、汶萊或澳洲，參加旅級的野戰演習或營級的實彈演習。

（二）引進新科技　提升防衛力

新加坡武裝設備必須動員整個社會與防衛活動，因此通過了“全面防衛”的概念。由於武器系統不斷引進新科技，尤其是資訊科技，因此，一個國家的防衛能力必須不斷提升，並聘用受過高等教育和受過訓練的人才，由他們把各種武器納入一個系統，同時有效地進行操控。擁有可靠的防衛能力便可減低他國採取莽撞的政治行動危險。李光耀曾在 1973 年講過一句經典的話語：“大象在打架，小草必遭殃。大象在造愛，小草傷更重。”這句話蘊含著：小國要在大國夾縫

裡生存實在不易。直到 1990 年新加坡武裝隊才發展成一支受尊重和專業的隊伍，它有現代化的防衛系統，有能力保衛國家的主權和能力完整，並且不斷的受到高度評價。

（三）新加坡很脆弱　所以要自救

新加坡年復一年的把國年生產總值的 5%到 6%用在國防上。李光耀曾說過："長期以來，我對新加坡的憂慮是年輕一代，尤其是 35 歲以下的人沒有經歷過艱險的經濟困境，因此不了解我們所面對的來自鄰國的威脅。比如，1991 年 8 月 9 日我們慶祝國慶日當天，馬來西亞和印度尼西亞的武裝部隊在哥打丁宜舉行聯合軍事演習，還進行空降操練。結果，我們一邊進行國慶檢閱禮，一邊動員我們的軍隊。我不認為他們有侵略我們的意圖，而是要嚇唬與提醒我們，乖乖接受我們在區域秩序中位居老么的現實。我們需要一支精悍、強大能幹的新加坡武裝部隊。不只保衛家園，必要時還可以反擊。如果沒有如此強大的武裝部隊，我們面對來是馬來西亞和印度尼西亞的各種壓力時，將不堪一擊。"

（四）經濟要增長　才能挺國防

李光耀一在強調，經濟和國防環環相扣。必須確保進出新加坡的海道通行無阻，因此擁有強盛的海軍至關重要。他指出，第三武裝部隊，現在已是技術先進、備受推崇和完全能滿足新加坡國防需求的部隊。國民服役現在已被新加坡國人廣泛接受，之所以能夠如此，是因為新加坡政府為建立一支強大的軍隊以保障新加坡的安全和獨立，多年一直為國防

投入巨額預算。李光耀由始至終都抱持著新加坡需要強大的
武裝部隊，而此信念至今不變。沒有強大的武裝部隊，新加
坡的經濟前景就不明朗，也就失去保障。

世界經濟論壇（WEF）2014 年「全球競爭力」排名[76]

國家	2014	2013	2012	2011	2010	2009	2008	2007	2006	14-13變動
瑞士	1	1	1	1	1	1	2	2	1	0
新加坡	2	2	2	2	3	3	5	7	5	0
美國	3	5	7	5	4	2	1	1	6	+2
芬蘭	4	3	3	4	7	6	6	6	2	-1
德國	5	4	6	6	5	7	7	5	8	-1
日本	6	9	10	9	6	8	9	8	7	+3
香港	7	7	9	11	11	11	11	12	11	0
荷蘭	8	8	5	7	8	10	8	10	9	0
英國	9	10	8	10	12	13	12	9	10	+1
瑞典	10	6	4	3	2	4	4	4	2	-4
挪威	11	11	15	16	14	14	15	16	17	0
阿拉伯聯合大公國	12	19	24	27	25	23	31	37	34	+7

76 國家展委員會：
http://www.ndc.gov.tw/m1.aspx?sNo=0061378#.VFNGaDSUeSo

丹麥	13	15	12	8	9	5	3	3	4	+2
台灣	14（5.25）	12（5.29）	13（5.28）	13（5.26）	13（5.21）	12（5.20）	17（5.22）	14（5.25）	13（5.35）	-2
加拿大	15	14	14	12	10	9	10	13	12	-1
卡達	16	13	11	14	17	22	26	31	38	-3
馬來西亞	20	24	25	21	26	24	21	21	26	+4
韓國	26	25	19	24	22	19	13	11	24	-1
中國大陸	28	29	29	26	27	29	30	34	54	+1
泰國	31	37	38	39	38	36	34	28	35	+6
印尼	34	38	50	46	44	54	55	54	50	+4
菲律賓	52	59	65	75	85	87	71	71	71	+7
印度	71	60	59	56	51	49	50	48	43	-11
越南	68	70	75	65	59	75	70	68	77	+2

註：1.（　）內為評比分數。
　　2.2014 年受評國家數為 144 個（2008 至 2013 年分別為 134、
　　　133、139、142、144、148 個）。
資料來源：World Economic Forum, The Global Competitiveness
　　　　　Report 2014-2015.

第六章 三人比較

第一節 蔣經國與鄧小平之比較

蔣經國與鄧小平係莫斯科中山大學之同學，在政治思想上與治國方面，有其相同點，亦有相異點，茲分述如下：

一、相同點

（一）受過相同政治啟蒙教育

蔣經國[1]

曾經，蔣經國也認為共產主義是中國的希望，經過父親（蔣介石）首肯，負笈蘇聯，入學莫斯科中山大學，研讀馬克思主義與列寧學說。在開會時積極發言、撰文出壁報，僅僅一個月已經成為共產主義青年團團員。這段期間，在思想上共產黨以黨性代替人性的特徵；在政治上共產黨極權特務、暴力謊言的邪惡特質，悄然附體他的意識。當蔣介石發

---

1 新紀元，從共產黨員到反共領袖 蔣經國看清了什麼？（第 119 期 2009/04/30）

現蘇共「皆不外凱撒之帝國主義，不過改巽名稱，使人迷惑於期間而已。」繼而在一九二七年清除共產黨時，莫斯科中山大學裡學生群情激憤，示威集會，蔣經國甚至上台聲討批判其父。

鄧小平

　　鄧小平就讀於莫斯科中山大學。在此期間，鄧小平抱著極大的興趣刻苦學習，並克服語言困難，努力研讀馬克思、列寧等人的經典著作。學習期間，他被選入學校的中國共產主義青年團組織局，參與處理黨組織的黨務工作。盡管在組織上存在派系斗爭，但這一切並沒有擾亂鄧小平的思想，他善於接受大多數人的觀點，嚴格遵守黨的紀律。他在莫斯科中山大學這一年的思想認識所得，對其馬克思主義思想觀點的形成產生了一定影響。

（二）均歷經坎坷仕途

蔣經國

　　1925 年 3 月 12 日，孫中山駕鶴西歸，蔣介石接班成為國民黨的實質領導者，蘇聯的合作對象也從孫中山變成了蔣介石，蔣介石在接班以後地位還沒有非常穩固，很需要蘇聯的軍火與財力支援，以種種方法爭取蘇聯顧問團的信任。1927年初蔣介石的勢力開始坐大，終於，發動了「清黨」，雙方正式決裂，蔣經國也因此被押到冰天雪地的西伯利亞去勞動改造，二次大戰開始以後，蘇聯又成了中國盟邦，蔣介石與共產黨開始了第二次國共合作，使得蔣經國得以回到中國，之後從共產黨員被培養為國民黨的接班人。西伯利亞的艱苦

生活淬練了蔣經國，他在俄國鄉下當共產黨地方小幹部時，也歷練了共產黨的組織控制手法，這對他日後奪權接班，統治台灣有著十分巨大的幫助。

鄧小平

在鄧小平 70 多年的革命和建設的政治生涯中，最富有傳奇色彩的就是他的三落三起。第一次「落起」是在三〇年代初期中央蘇區時鄧小平遭批鬥，並一度被關進監獄，他在會昌中心縣委書記和江西省委宣傳部長的職務也被撤銷，並受到黨內最嚴重警告處分。鄧小平第二次「落起」，是在文化大革命期間在文革初期，鄧小平作為「劉鄧資產階級司令部」的第二號走資派被打倒，全家受到株連，被下放到江西新建縣拖拉機修造廠勞動改造。第三次「落起」是在 1976 年至 1977 年。鄧小平因全面整頓文化大革命的錯誤，違背了以階級鬥爭為綱。「四人幫」發動了批鄧、反擊右傾翻案風運動，鄧小平再次被打倒。直到 1977 年 7 月黨的十屆三中全會前夕才獲得第三次解放。就這樣，鄧小平在中共黨內幾次被打倒，又幾次復出，終於達至權力極峰。

（三）推動經濟發展

蔣經國[2]

政府自 1960 年代末起，著手規劃以石化、鋼鐵等重工業化為主的「第二階段進口替代之產業發展政策。為實現發展第二階段進口替代工業之目標，政府於 1973 年間宣布自次年

---

2 鄭寶蘭，蔣經國與鄧小平「改革開放」政策的比較研究，佛光大學，碩士，2007 年，頁 329-331。

起開始推動十大建設計畫，一方面大幅擴充交通及電力供應等基礎設施，另一方面則決定建立大煉鋼廠、大造船廠及大規模石油化學工業體系。於 1978 年間推出十二項建設，繼續致力改善臺灣地區的基礎設備和產業結構。1973 年第一次石油危機，政府的穩定措施發揮作用，使得臺灣經濟仍能維持成長，1978 年第二次石油危機，政府當時除調整重化工業發展政策，以充裕供應內需為原則外，於 1979 年擬定「經濟建設十年計畫」，以機械、資訊、電子、電機、運輸工具等附加價值高、能源密集度低的產業為策略性發展工業，積極促進臺灣產業朝技術密集工業方向發展。1982 年推動策略性工業建設，使產業結構再次升級，打下堅固的基礎。

　　在推展國際貿易方面，臺灣市場狹小，資源不足，自 1960 年以後，即以「出口擴張」取代原來的「輸入代替」政策。其重要措施包括，大幅調整外匯率，減低出口成本，並在租稅減免與資金融通兩方面做為刺激外銷的手段。在這些鼓勵措施實施下，臺灣出口貿易突飛猛進，總貿易額由 1952 年的 3 億美元，激增至 1987 年的 880 億美元，將近成長三百倍，成為經濟發展最大的動力。

鄧小平[3]

　　以農村經濟改革為先導的中國經濟改革，成功地結束計劃經濟的支柱「人民公社」，建立了以農戶家庭為經營核心的「家庭聯產承包責任制」，有效激發了廣大農民的積極性，促使農產量大幅提高。鄉鎮企業異軍突起，成功地吸納了 1

3　鄭寶蘭，蔣經國與鄧小平「改革開放」政策的比較研究，佛光大學，碩士，2007 年，頁 321-323。

億 2 千萬農村剩餘勞動力，解決了部份失業問題。鄉鎮企業的迅速發展，不但提高農民的生活水準，而且貢獻將近一半的全國工業生產總值。70 年代末以來的對外開放政策，促使中國經濟逐步融入世界市場，尤其是沿海經濟特區的設立，為中國經濟發展提供了引進資金、人才、技術和設備的重要窗口。

鄧小平 1978 年領導中國以改革開放為發展基調以來，中國的經濟改革和開放使中國經濟出現了跳躍式地成長，國民生產總值以 9.55%的年增長率持續高速增長，居同時期世界各國經濟發展速度之首，城鄉居民的生活有了極大的改善，平均國民生產總值已接近 500 美元，基本上已初步解決十二億中國人的溫飽問題。中國可望跨入一個繁榮且富強的新世紀。

（四）任內均發生重大抗爭

蔣經國　美麗島事件

於 1979 年 12 月 10 日的國際人權日在台灣高雄市發生的一場重大衝突事件。以美麗島雜誌社成員為核心的黨外人士，於 12 月 10 日組織群眾進行遊行及演講，訴求民主與自由，期間有一些理小平頭配戴青天白日徽章的二十餘歲不明人士朝演講者投擲雞蛋進行挑釁。而鎮暴部隊則將群眾完全包圍住，並往裡面釋放催淚瓦斯，以及照射強力探照燈激化民眾，並逐步縮小包圍圈，終於引爆警民衝突。事件後，警備總部大舉逮捕黨外人士，並進行軍事審判。美麗島事件發生後，許多重要黨外人士遭到逮捕與審判，甚至一度以叛亂罪處死，史稱「美麗島大審」。最後在美國國會議員、國際

人權組織的關切、各國媒體來台採訪，以及各界的壓力下，最終皆以有期徒刑論處。

鄧小平　六四天安門事件

　　狹義的六四事件是指 1989 年 6 月 3 日晚間至 6 月 4 日凌晨，中華人民共和國政府派遣的中國人民解放軍與試圖阻止部隊行進的民眾在北京市天安門廣場附近地區爆發流血衝突，也因此這次事件又被稱作「六四屠殺」或者是「天安門大屠殺」。而廣義的六四事件則可以指從 1989 年 4 月開始，由大學學生所主導、在北京天安門廣場所發起長達 2 個月的學生運動，之後獲得廣泛民眾支持並進而引發全國性示威活動。但以強硬派為主的政府高層最後決定實施戒嚴與派遣軍隊進行清場，之後在許多民眾死傷與流亡、以及部分軍人傷亡後示威活動宣告結束。

二、相異點

（一）人格特質不同

蔣經國[4]

　　以蔣經國受到宗教信仰、家庭環境、師長及學校教育、生活及工作經驗等各方面的影響，歸納 6 點「人格特質」如下：

　　1、強烈的國家、民族及歷史使命感

　　2、樂觀、信心、決心、勇敢

---

4 邱騰緯，蔣經國人格特質與臺灣政治發展（1972-1988），國立臺灣師範大學政治學研究所，博士學位論文，九十七年六月，頁 389。

3、腳踏實地的務實取向

4、重視忍耐的功夫

5、謙虛、隱藏自我

6、無私、清廉

鄧小平[5]

鄧小平曾說過：『不管黑貓、白貓，只要捉住老鼠就是好貓。』這個觀點無疑是鄧小平的核心思想，他是一個徹頭徹尾的實用主義者，在經濟上則是一個生產力至上主義者。對他而言，按照事情的本質去做超越一切的至高原則，而發揮最大生產力則是取決生產關係最高的判斷標準。

（二）家庭生活不同

蔣經國

蔣經國在蘇聯斯維爾德洛夫斯克和出生於白俄羅斯的法伊娜‧伊帕奇耶夫娜‧瓦赫列娃結識，1935 年 3 月 15 日，兩人正式結婚。同年 12 月，生下長子愛倫，後蔣中正賜名蔣孝文；次年 2 月，再生一長女，小名愛理，後名蔣孝章。之後，回到中國以後，法伊娜‧瓦赫列娃便改名為蔣方良，並且為蔣經國生下了 3 個兒子和 1 個女兒。蔣方良先是在 1945年於重慶生下蔣孝武，之後又在 1948 年時在上海生下蔣孝勇。蔣經國先後把與蔣方良生下之兒女送往國外留學，其中蔣孝章和蔣孝武甚至在美國結婚。蔣孝文、蔣孝武、蔣孝勇

5 陳國祥，硬耿領導，客家籍政治領袖的志節與功過，印刻出版，2011 年 6 月，頁 136。

先後在 1989 年、1991 年、1996 年時病逝於臺北榮民總醫院。
2004 年，蔣方良亦於臺北榮民總醫院病逝。1994 年，章孝慈
在前往北京訪問時中風昏迷，1996 年在台北過世。

　　章亞若，1939 年擔任書記員，後擔任蔣經國秘書，並與
她發展地下戀情，1942 年，在廣西省立桂林醫院私生一對雙
胞胎，隨後離奇死亡，其兩個小孩 —— 章孝嚴、章孝慈（跟母
姓），被送回章亞若老家江西新建縣，由章亞若之母親撫養。
2005 年 3 月，章孝嚴決定改名為「蔣孝嚴」。

鄧小平

　　鄧小平一生共結過 3 次婚。第一任張錫媛死於難產，第
二任妻子金維映離異。他與第三任妻子卓琳育有五個孩子。
其家庭係集合四個世代 18 名成員的大家庭主義（夫婦＋2 男
3 女＋義母）。

　　1992 年 1 月 27 日，鄧小平視察珠海江海電子有限公司，
在談到人才和創新問題的同時，出人意料地談到了家庭問
題。他說：歐洲發達國家的經驗證明，沒有家庭不行，家庭
是個好東西。我們還要維持家庭。孔夫子講，修身齊家治國
平天下，家庭是社會的一個單元，修身齊家才能治國平天下，
充分表現其家庭觀。

（三）治國理念不同

蔣經國[6]

　　於 1979 年 12 月 10 日，在國民黨十一屆中央委員會致詞

---

6 鄭寶闌，蔣經國與鄧小平「改革開放」政策的比較研究，佛光大學，2006
　年，碩士論文，頁 329。

中經國先生即剴切指出：「確認國家屬行民主憲政是現代政治進步的動力，本黨弘揚憲政之治的目標，永不改變。今後當更積極致力於健全民主政治」1986 年的一次中常會，經國先生更勉勵各行政首長，「在一個以『民』為『主』的民主社會中，一定要建立一種信念，即是要在公平、合理的法令、規章制度之下，實實在在的做到『民之所好好之，民之所惡惡之』」。由於經國先生服膺民主精神，使臺灣不僅締造經濟奇蹟，更締造政治民主化的典範。

鄧小平[7]

鄧小平對於政治領域中的「堅持」社會主義道路、無產階級專政、共產黨領導、馬列主義和毛澤東思想等「四項原則」，是堅定不移的，甚至是鐵板一塊，毫無妥協餘地。在大開大闔地推動改革開放的同時，他壓制「資產階級自由化」毫不心軟，鎮壓動亂毫不手軟。

（四）政治思想不同

蔣經國[8]

1987 年 7 月 15 日起，宣布解除戒嚴，為確保國家安全另制定《國家安全法》，確實實現人民基本權利。放寬組黨的限制，容許在野勢力成立黨團，使臺灣政治結構，由一黨獨大，形成多黨競爭的局面。同時開放報禁，廣開輿論之言

7 陳國祥，硬耿領導：客家籍政治領袖的志節與功過，印刻出版，2011 年 6 月初版，頁 154。
8 邱騰緯，蔣經國人格特質與台灣政治發展，台灣師範大學，2008 年，博士論文，頁 328。

論自由。放寬外匯管制，使人民有更大自由到國外旅遊或投資，可以促進國民外交。再者，增加投資管道，藉由境外投資及貿易，促進經濟發展與外匯。開放民眾赴大陸探親，使兩岸親人能團圓，同時，促進兩岸民間之學術、文化、商業等交流。外匯存底之增加。充實中央民意代表，決定廢除國大代表遞補制度，鼓勵資深代表退職增加臺灣等自由地區代表名額，以符合實際情況。

鄧小平[9]

「鄧理論」在思想方法上，首倡解放思想、實事求是、實踐是檢驗真理的標準，把毛澤東思想泛化為「實事求是，群眾路線，獨立自主」。

他的非意識形態化，打破馬列主義教條，是對毛澤東思想的一大突破，從而創造了改革開放的新局面；此外，「鄧理論」排除毛澤東的「階級鬥爭為綱」，把黨和國家工作的中心轉到經濟建設上來，是二十年來大陸取得經濟迅速發展的根本原因。但由於「鄧理論」不同於馬列經典理論的詮釋，及其本身「政經分離」的矛盾特質，使得鄧所主導以建設「有中國特色的社會主義道路」為主軸的改革開放路線向來存在相當多的爭議。從鄧小平經濟理論的主體「社會主義市場經濟」來說，這種生產力絕不會促成社會主義的目標，因為本來社會主義就是跟商品經濟格格不入的東西，社會主義的一個重要概念就是要除去商品經濟的弊端。「左派」的鄧力群曾批判鄧小平的路線，說它是掛著共產黨的招牌，「實行的

---

9 曾素瑩，中共十五大「鄧小平理論」之研究，中國文化大學，碩士，2000年，頁134。

卻是資本主義社會經濟發展路線」。而這也改革開放過程中「社」、「資」論戰不斷上演的原因。

第二節　蔣經國與李光耀之比較

蔣經國與李光耀二人治國有相同點，亦有相異點，茲分述如下：

一、相同點

（一）清除馬列思想，實行均富同享制度

蔣經國

蔣經國相信，生活在台灣，免受毛澤東宰制的中國人富有歷史的責任，必須揭穿馬列主義的真面目，並進而推翻中共。創造「均富」奇蹟的社會主義者。

在台灣經濟改革的過程中，蔣經國一直很廣泛地傾聽各方意見，維持著發展與穩定間的平衡，小心拿捏其中的分寸。蔣經國篤信孫中山先生的三民主義，堅守著民生主義均富的理想，所以一方面開放市場經濟與自由貿易，另一方面卻不准民生必要的物資掌握在財團手中，水、電、油、交通、金融、菸酒等，均透過國營事業嚴格控制價格。從 1972 年蔣經國擔任行政院長，到 1988 年過世，台灣的平均所得從 482 美元成長到 5829 美元。但同時間，最高所得五分之一家庭與

最低所得五分之一家庭的收入差距，僅從 4.49 倍微調到 4.85
倍。全世界沒有一個國家或地區，能同時讓平均所得成長 12
倍，但貧富差距卻能限縮於 8%。這代表著經濟成長的果實
是由全民共享的，財富不是集中於少數人手中的，這更是「均
富」理念的徹底實踐。

李光耀[10]

　　獨立建國之前的十年歷練，可說是李光耀的政治養成教
育，其中最為驚心動魄、讓他學到最多的，是和共產黨人先
聯合在鬥爭的過程，人民行動黨要在華人中生根壯大，只能
採取「容共」政策，李光耀深知這是「騎在老虎背上」，他
們咬起牙關跟著老虎走，當自信已經足夠壯大，就翻臉打起
老虎來了，「直到它筋疲力盡而被制服為止」，他的作法是
類似於蔣介石 1927 年發動的「清黨」。

　　李光耀於 1970 年，被選連任「人民行動黨」書記長，重
申該黨致力社會主義的宗旨：「無分種族、語言及宗教，期
使所有人民自由而尊嚴地充分發展其才能，且以社會平等及
機會平等為基礎。」該黨必須選擇「現實及實用方法」，已
達成其政治、經濟及社會的目標。「這是我們新加坡位求迅
速走上工業化、現代化及安全所必須付出的代價。」由於政
府實際的政策及新加坡人高度的韌性及耐力，新加坡已大步
邁向一個更公平及平等的社會。

（二）實行廉潔政治

---

10 陳國祥，硬耿領導：客家籍政治領袖的志節與功過，印刻出版，2011 年
　　6 月，頁 165-166。

蔣經國[11]

　　針對當時台灣官場的不良風氣，蔣經國制定了所謂「十大革新」或「十大守則」，對於當時的官場起到了一定的震懾作用，也起到了肅貪跟廉潔的作用。其中包括：從中央到地方政府各級政府除非特別必要，不可以修建辦公房舍；對於官員的出國考察從嚴審核；官場之間不可以隨便邀宴；公務員不能上舞廳，不能上酒家，不能接受饋贈，不浪費公帑。

　　在廉潔方面經國先生還有一項非常著名的措施，就是他當行政院長的時候曾經提倡「梅花餐」。因為當時台灣社會慢慢變得富裕，許多人有了錢後，開始講究吃、穿。台灣社會當時吃到什麼地步呢？據說台灣一年下來，吃掉一條建設高速公路的錢，所以他主張節約，在吃的方面不准鋪張浪費，大家吃「梅花餐[12]」。這個規定下來，你再怎麼想鋪張，也很有限了。官場上或官員自己有什麼婚喪喜慶請客，不能超過十桌，每桌都是「梅花餐」

　　在住的方面，經國先生也力行簡樸。他不住官邸，他住的地方叫「七海寓所」。「七海寓所」原來是蓋給美軍顧問團用的，移交之後，他就選了一間住下來。「七海寓所」一樓是接待來賓或開會的場所，二樓是他平常的客廳跟起居地方。不管是臥室也好，或起居室或客廳等等，陳設都非常簡單，沒有什麼豪華的裝飾品。他的臥房當中，只有一個醫療用的床，旁邊有一張輪椅，因為他去世前些年患有糖尿病，

11 大紀元淺談蔣經國（上）：
　　http://www.epochtimes.com.hk/b5/9/1/7/93869.htm?p=all。
12 每一餐五樣菜，擺起來像梅花的五瓣一樣，中間一個湯。

腳已經不能走路了，所以很多時候出入是用輪椅代步。其他，床頭擺一些他喜歡看的書，譬如俄文本的《聖經》，那可能是他太太方良看的，再譬如說像《貞觀政要》、《四書》、《易經》、《唐詩三百首》或基督教的《荒漠甘泉》等等，這些是他比較常看的書，所以生活非常簡單。

李光耀

　　李光耀說：我國成功保持廉潔的關鍵，在於強烈的政治決心、警覺，以及貪污調查局持之以恆地跟進每個舉報和不當行為的線索。他也為貪污調查局成立 60 週年特刊寫了序文，敘述他自 1959 年擔任總理後，政府在杜絕貪污方面的努力。他指出，當時政府所面臨的挑戰是保持廉潔。我們必須擺脫原有的貪婪、腐敗和墮落的社會。當我在 1959 年成為總理我的任務就是在一個嚴重貪腐的區域建立一個廉潔高效的政府。"

　　李光耀確立了國家每一元收入都必須妥善負責和交代的機制，並預防及制止權力可能被濫用的情況，加強了法律權限和貪污調查局的組織結構。此後，貪污調查局直接歸總理管轄。但如果總理不批准貪污調查局對任何人（包括總理本人）進行盤問或調查的時候，貪污調查局可以徵詢總統同意進行調查。這樣強有力的政治領導力還包括領導層以身作則，堅守高度誠信，即使貪污調查局在調查過程中發現有部長涉嫌受賄，也絲毫不動搖。新加坡總理曾說："行動黨政府決意建設誠實的公共服務，以服務人民，而不是犧牲公眾利益以滿足一己私利。我們相信任人唯賢，讓人們透過自身努力和能力取得成功，而不是通過其財富、地位或不當手段。

（三）提高人民生活，追求民生改善，創造經濟奇蹟

蔣經國

　　蔣經國任內對台灣經濟的貢獻，為多數民眾所津津樂道。他從一千多美元的平均國民所得，一下提高到五、六千美元，把台灣的經濟帶到一個起飛的階段。蔣經國時代經濟能夠起飛，主要得力於「十項建設」的成功。當時台灣在現代工業化的過程當中，從農業社會轉變為工商社會發展，到這一定階段的時候，國家必須介入來解決這瓶頸，才能讓民間的經濟活力繼續發揮上去，蔣經國就在此刻適時的扮演了這個角色。

　　在七〇年代初期到八〇年代所完成的「十項建設」，基本上就是基礎建設，這十項當中，有六項是交通運輸建設，有三項是重工業，有一項是能源建設。一號高速公路，也叫中山高速公路，就是他當時興建的；南北縱貫鐵路、北迴鐵路、中正機場、台中港、蘇澳港也都是當時的建設，另外還有一個是造船廠、一個是煉鋼廠、一個是石化工廠。當時很多鋼品、鋼材從國外進口，來源不一樣，規格跟品質不太一樣，所以經國先生決定建設一座煉鋼廠，將進口的原料在台灣本地一次煉出來，形成一貫作業。石油化學工業雖然不是他創設的，但卻是他積極推展的項目；能源項目即核能發電，台灣最早的這些發電廠，都是在他手上完成的。除了這「十項建設」之外，他在擔任行政院長時期認為，台灣要發展，一定要有一種前瞻性的眼光，選對一個產業，而這產業不但要符合世界的潮流，還要能夠把台灣經濟帶起來。當時台灣

選了一個紡織工業，後來選了石化工業，等到這兩個工業慢慢沒落的時候，他又必須花腦筋再選出第三個工業來，最後他選出來了，而且選對了，他選了什麼？選了電子業。七〇年代的時候，他跟身邊重臣商量，決定發展電子業。從現在回顧，當時他的選擇是完全正確的，台灣也就是靠了他的這項決策，才能走到今天而屹立不搖。

李光耀

　　李光耀實施公積金和住者有其屋計畫，確保了政治穩定使新加坡持續不斷發展了 30 多年，鼓勵國人勤奮工作，購買較大的房子，為家人爭取更好的生活。實施政府投資得法，每有財政盈餘，都會還富于民。這些年來，定期與國民分享財政盈餘已成新加坡政府的慣例。

　　新加坡努力吸引外商來投資，也同時鼓勵本地廠商出走，到國外投資。這些年來，越來越多新加坡公司已走出國門。1990 年，新加坡的海外直接投資累計總額約為 170 億元，這個累積總額在 2000 年達到 980 億元，2010 年約達 4260 億元。這顯示新加坡公司已全球化，並為新加坡創造了一個大型的海外經濟。

　　實施雙語政策，成功為新加坡人創造特殊的優勢，在西方世界以及中國的聯繫中發揮重要的作用。[13]

---

13 李光耀回憶錄：我一生的挑戰新加坡雙語之路，時報文化出版，2015 年初版，頁 67。

（四）親民愛民作風

蔣經國[14]

　　蔣經國在行政院長、總統任職期間，經常下鄉。有人統計過，一年 365 天，他下鄉每年超過 200 天，超過 200 次。也就是說有一半時間，他在台灣各個地方查訪，瞭解民情。他常常去問菜價、問米價、問日常生活用品的價錢。發生了水災、發生了風災，他自己會跑去看。還有一個比較為人稱道的地方就是，他經常會跑到一些偏遠地區，為偏遠地區真正去拉電線、去送自來水等等。他真正去幫地方做建設。

　　等到蔣經國當政之後，他經常跑鄉下，走到群眾當中去，他表現出來的形象跟統治手法給人耳目一新的親切感。蔣經國出訪時，人數很固定，不是特別多。他的隨從還有一個特色，就是非常低調，一點都不跋扈，有的時候一般百姓根本不知道經國先生來本地查訪，他不會以很大的排場去迎接他，然後到那地方去講話、鋪張浪費、吃飯等。

李光耀[15]

　　李光耀和其他忙人一樣，有轎車、秘書、隨從與僕人；為使工作完成，遵守約會，這些都是必須的人才，但他對為自己而講排場沒有興趣，閒暇時，自己擦皮鞋，和一般公民、丈夫或父親一樣，樂於在家中做瑣碎的事情。

　　由於李光耀受西方的理性教育，以及法律知識的訓練，

---

14 同註 254，頁 36。
15 尹立言，蔣經國與李光耀世界政治家的楷模‧標準的人民公僕，2007 年 5 月 8 日，頁 129。

使他平易近人，沒有架子，事事喜歡研究，不論做人做事都很成功。

二、相異點

（一）生活背景不同

蔣經國[16]

　　蔣經國為蔣介石前妻毛福梅所生。小學、中學階段分別在奉化、上海、北京三地完成。1925 年赴蘇聯留學，先後於莫斯科中山大學及列寧格勒紅軍中央軍事政治研究院學習。在蘇聯期間，曾加入共青團、共產黨。1935 年在蘇聯結婚，妻原名芬娜，後經蔣介石改名為方良，俄羅斯人。

李光耀[17]

　　出生於新加坡一個說英語的華人家庭，祖籍中國廣東省大埔縣黨溪鄉。從小就接受英語教育，13 歲時考入新加坡頂尖的英校萊佛士書院（初中部），並在畢業時贏得安德遜獎學金，1940 年以優異成績進入萊佛士學院（高中部）。

　　李光耀與妻子柯玉芝共育有三個子女：其中長子李顯龍成為新加坡總理。

---

16 邱騰緯，蔣經國人格特質之形成背景，新竹教育大學人文社會學報　第六卷第二期，頁86。

17 維基百科
　　https://zh.wikipedia.org/wiki/%E6%9D%8E%E5%85%89%E8%80%80

（二）所受教育不同

蔣經國

在蔣經國成長的過程中，父親蔣介石給予他在寫字、讀書、做事，以及立身處世等各方面的督責與指示。蔣經國曾說：「我無時無地莫不以父親的訓誨作為自己的座右銘，隨時隨地自加警惕。」對於父親蔣介石的手諭，蔣經國不時展讀，因為他認為「父親過去的手諭，意義深長，不忍釋手。或摘錄警句，以作為個人修養的箴言，俾能盡忠職守，無忝所生；期能報答父親教養之恩與黨國培育之德於萬一。」

蔣經國在童年時，除了父親以書信往來指示他讀書、寫字外，大部分的時光，都是和純良而篤信佛教的母親毛福梅相處，母親的身教培養了蔣經國重感情，以及懂得感恩。漆高儒說：「他母親一生禮佛，青燈下唸經，長期吃素，慈悲為懷，為族人所稱道，蔣經國在母親的身教下，具有廣慈博愛的宏觀，影響於其一生的，是推行仁政。」

李光耀

日軍佔領新加坡後，他中斷學業，曾經擔任翻譯編輯。戰爭結束後赴英國留學，在倫敦經濟學院學習。在倫敦經濟學院學習一年後，李光耀轉到劍橋大學攻讀法律，1949 年李光耀獲得法科的雙料的第一名，年中考試時，名列榮譽榜榜首贏得特優獎。隨後取得律師資格。

（三）所處環境不同

蔣經國

　　蔣經國在俄國時期經歷了許多勞動而困苦的生活。藉由辛勤工作與誠懇態度，逐漸獲得農民的信任，使他相信只要苦幹實幹持續做下去，終究會贏得別人的接受與尊敬。在西伯利亞做苦工時，蔣經國度過了飢寒交迫的歲月，但也因此養成了他「樂觀」面對人生的堅毅精神。蔣經國在俄國的生活經驗，養成吃苦、耐勞及儉僕的習性，對農工小民深具同情心，皆影響其日後從政態度及施政理念。

李光耀

　　1950 年李光耀在英國加入了一個由當地東南亞人組成的以爭取馬來亞獨立為目標的團體「馬來亞論壇」，當年 8 月回到新加坡，從事律師工作。1952 年因為代表新加坡罷工的郵差與政府談判而名聲大噪，在工會中建立群眾基礎，為以後從政奠定了良好的基石。1954 年 10 月，李光耀與一些從英國回來的華人、當地受華文教育的左派學生和工會領袖成立人民行動黨。1959 年新加坡取得自治地位，在自治政府的首次選舉中人民行動黨成為立法議院第一大黨，李光耀出任總理。1964 年新加坡發生種族騷亂，導致了新加坡在 1965 年 8 月退出馬來西亞聯邦。

（四）政治思想不同[18]

蔣經國

　　蔣經國對於俄國封閉社會深惡痛絕，對於開放社會則非常嚮往。他認為打破封閉社會，邁向開放社會的歷程，就是

---

18 邱騰緯，蔣經國人格特質之形成背景，新竹教育大學人文社會學報　第六卷第二期，頁 104。

「現代化」的表現，而其中的動力，就得靠主政者的智慧與勇氣。蔣經國處在封閉及開放社會的轉型期，先後主持地方及中央政務，其智慧與勇氣，皆源自於他在蘇聯顛沛流離的生活經驗。

李光耀

　　獨立後李光耀積極推動經濟改革與發展，成功使新加坡在三十年內發展成為亞洲最發達的國家之一，在其任內推動了開發裕廊工業園區、創立公積金制度、成立廉政公署、進行教育改革等多項政策。今天的新加坡的政府以高效、廉潔而聞名，人民生活水平較其他亞洲國家為高。

第三節　鄧小平與李光耀之比較

　　鄧小平南巡時曾說要學習新加坡李光耀，後來鄧小平治國策略與李光耀有許多相同點，亦有相異點，茲分述如下：

一、相同點

（一）確立以經濟發展為中心之改革開放，穩定壓倒一切

鄧小平[19]

---

[19] 一代偉人與一個時代 —— 鄧小平與改革開放中的當代中國，新華網，2014年 08 月 19 日
http://news.xinhuanet.com/politics/2014-08/19/c_126890621.htm

以農業改革開放為首當其衝的突破口。以包產到戶為中心結合聯產承包責任制的廣泛推行，一方面衝破了集體生產、評分計酬的人民公社生產管理體制，另一方面突破了政社合一的人民公社社會管理體制，在廣大農村同時引發了一場深刻的經濟體制改革和政治體制改革。在農村改革的關鍵時刻，鄧小平給予全力支持，並且指出「中國農業現代化，不能照抄西方國家或蘇聯一類國家的辦法，要走出一條在社會主義制度下合乎中國情況的道路。」農村改革的成功，增強了人們對改革開放的信心，也由此推動改革開放向城市發展，向工業體制改革、科技體制改革、教育體制改革、醫療體制改革、人事制度改革等縱深發展。一時間，在古老的中華大地上，形成了各行各業都在談改革、都在進行改革的生動局面，傳統觀念的束縛、傳統體制機制的障礙被打破。

鄧小平推動全面改革開放的另一個主戰場，選在了獨具特色的深圳、珠海等地。鄧小平明確指出「社會主義要贏得與資本主義相比較的優勢，就必須大膽吸收和借鑒人類社會創造的一切文明成果，吸收和借鑒當今世界各國包括資本主義發達國家的一切反映現代社會化生產規律的先進經營方式、管理方法。」這就是鄧小平在中國設立經濟特區的初衷。這個目的完全實現了，從特區開放到沿海開放，從沿海開放再到沿江、沿邊開放，從「引進來」到「走出去」，中國的對外開放和對內改革，猶如兩股大潮相互激盪，造就了中國經濟社會發展持續 30 多年高速增長的世界奇蹟。

李光耀[20]

　　新加坡獨立後李光耀積極推動經濟改革與發展，成功使新加坡在三十年內發展成為亞洲最發達的國家之一，在其任內推動了開發裕廊工業園區、創立公積金制度、成立廉政公署、進行教育改革等多項政策。今天的新加坡的政府以高效、廉潔而聞名，人民生活水平較其他亞洲國家為高。

（二）李光耀壓抑民主政治價值，與鄧小平相同

鄧小平[21]

　　鄧小平的世界觀、全球戰略、發展道路，正好顛倒過來「國權高於人權」、「國格高於人格」。出發點和目的都是黨和國家，黨性高於人性，人民是黨和國家的馴服工具、齒輪和螺絲釘。鄧小平否認自由民主、人權的普世價值，視之為資產階級自由化、顛覆黨國的動亂因素。

　　鄧小平帝國宣揚[22]「國權至上」、「中華民族復興」、「儒家社會主義」、在全球廣建「孔子學院」，利用民主主義對抗自由、民主、人權普世價值。

李光耀[23]

　　李光耀是經濟發展至上論者，他不崇信民主的價值，因為「民主無法帶來發展」，而且除了少數例外，民主不曾為新興國家製造出好政府，特是發展必需的穩定與紀律。他對

20　同註 261，頁 330。
21　阮銘，鄧小平帝國 30 年，玉山社，2009 年 9 月，頁 325。
22　阮銘，鄧小平帝國 30 年，玉山社，2009 年 9 月，頁 285。
23　陳國祥，硬耿領導　客家籍政治領袖的志節與功過，印刻出版，2011 年 6 月，頁 172。

民主政治的貶抑及批評西方國家推銷民主政治，讓他飽受非難，被貼上「軟性權威主義」或「較仁慈、溫和的政治獨裁」等標籤，甚至指他批評民主制度只不過是鞏固人民行動黨威權統治的手段。他完全不為所動，而且不改其表的繼續反擊。他深信自己站在真理這一邊，而歷史終將站在他旁邊。他堅定地以為「他們可以笑我們，可是我深深相信最後開懷大笑的人會是我們」。

（三）李光耀稱讚鄧小平對 64 北京天安門之鎮壓[24]

　　對於中國大陸 1989 年發生的天安門事件，李光耀一面表示無法理解中國政府的行為，也對此不人道的行動深感慚愧，但他並未譴責中國政府，反而稱許鄧小平「做為一名戰鬥與革命的宿將，他把天安門廣場上示威學生看成可能使中國再陷入百年動亂衰朽的危機。他經歷過革命，在天安門廣場上提早看到了革命的潛在信號。戈巴契夫就與鄧小平不同，他只在書本上讀過革命，沒有看出蘇聯即將瓦解的危機信號。」因此，他認為鄧小平是位偉大領袖，扭轉了中國的命運，給中國人民留下一筆巨大和充滿希望的遺產，而且也改變了世界的命運。

（四）均主張嚴刑峻法

鄧小平[25]

---

24 陳國祥，硬耿領導　客家籍政治領袖的志節與功過，印刻出版，2011 年6 月，頁 174。
25 鄧小平治理腐敗的思想　深入展開反腐敗鬥爭：

　　鄧小平在《共產黨要接受監督》一文中明確指出，「黨要領導得好，就要不斷克服主觀主義、官僚主義、宗派主義，就要接受監督，就要擴大黨和國家的民主生活。如果我們不受監督，不注意擴大黨和國家的民主生活，就一定會脫離群眾，犯大錯誤。因為如果我們關起門來辦事，憑老資格，自以為這樣就夠了，對群眾、對黨外人士的意見不虛心去聽，就很容易使自己閉塞起來，考慮問題產生片面性，這樣非犯錯誤不可。」實踐證明，監督越有力，法律就執行得越好，反腐倡廉的效果也就越好;反之，監督軟弱無力，法制的權威性就沒有保證，腐敗產生的可能性就大。監督的方面是多種多樣的，鄧小平認為有來自黨的監督、群眾的監督、民主黨派和無黨派民主人士的監督等。因此，依靠法律治理腐敗，就要使權力機關的監督、行政監督、司法監督、黨風監督、民主黨派監督、社會監督、輿論監督等既相互交錯，又互有補充，形成比較完備的監督體系，成為有效治理腐敗的基點。

李光耀[26]

　　李光耀相信犯罪者須負刑責的舊式習慣。他為新加坡打造的法律制度首重嚇阻，否決西方自由主義一相情願地以為人性本善，都是因為制度之惡才使人犯罪的觀念。他堅決認為「人性本惡，這很遺憾，但我們必須設法抑制人性中的邪惡。如果這些人敢來告訴我們;廢止鞭刑能改善你們的社會，我們以人類自由之名提供保證，那我們就願意廢除有效的懲

http://wenku.baidu.com/view/8a8d3f5477232f60ddcca1ef.html。
26 陳國祥，硬耿領導　客家籍政治領袖的志節與功過，印刻出版，2011年6月，頁185-187。

罰，以美國人的方式對待犯罪。」

　　李光耀為了維護社會秩序不惜動用重典，而且以嚴厲的
手段追求效果。他發現處以鞭刑比處以長期徒刑，更能發揮
威懾的作用，於是規定凡與毒品有關，或走私軍火、強姦、
非法入境或破壞公務等罪行，一律處以鞭刑。李光耀堅持政
府應明訂法律，公平而嚴格地執行，這麼做更有助於安定社
會，培養負責任的公民，對於懲治貪污以確保廉正，李光耀
也同樣以鐵腕護衛。

（五）均主張控制新聞自由

鄧小平[27]

　　1、1978 年中國改革開放以後的新聞媒體控制

　　這一時期的新聞控制事實上一直存在，只是中國的媒體
這時還未脫離宣傳色彩，大眾媒體還未興起，媒體數量相對
少，中共對媒體在新的政治形勢下的控制還處於「學習階
段」，這一特點可以從頒布的法律規定內容以及動輒下達文
件對所謂思想異己進行公開處理可以看出。加上下列諸種因
素，如第一，只進行思想整肅，不會開除公職砸飯碗，即「卡
住異議者的胃」這一做法還不普遍；第二，國安部門還未滲
透社會生活，尤其是公開承擔思想監控任務；第三，由於政
治控制相對寬鬆，知識份子的政治熱情還未衰退，對於因思
想問題受到整肅者還抱持同情態度。第四，也是最重要的一
點，即由於黨內開明派與保守派各有自己的勢力作後台，而

27　中國政府如何控制媒體「中國人權研究報告」（第一部份Ａ），何清漣，
　　2004 年（無月份）。

且沒有任何一種勢力佔居壓倒性優勢，黨內鬥爭已經沒有「文革」時期那種「鬥垮斗臭」的殘酷性與血腥性。上述諸因素的存在，使得這一時期的思想鬥爭出現了一個鄧小平等執政者不願意看到的結果，受批判者「越批越香」

2、第二階段是 1989 年「六四事件」之後

在新聞報導上，不再像以往一樣對某一事件表示沉默，而是採用攪渾水的方式，向公眾公開發布一些「混合著部份事實真相的謊言」。這種混雜著部份真相的宣傳，確實比完全的謊話更能迷惑人。堅持講真話的少部份中國學者，與本可以面對中國現實的許多國外學者之間對中國問題的看法分歧越來越大。而這些外國學者們堅持觀點的主要理由第一是中國國家統計局公布的數據，第二則是他們到過中國哪些大城市，第三是他們曾在中國做過一些調查。但他們忽視了一條，中國國家統計局公布的數據本身經過嚴格的過濾與造假，他們到過的地方也是政府規定的有法律規定哪些城市對外國人開放，哪些城市不能讓外國人去，他們的調查也是在國安局秘密特工參與下完成的，數據拿出國之前必須報中國政府部門審核（這一點是許多外國學者無論如何不願意承認的，因為這關係到他們研究的學術價值），概言之，他們看到的「中國」是中國政府需要向外界展示的「中國」，他們聽到的資訊是中國政府希望世界聽到的聲音，外界人士想不到的是就連加入 WTO 這種並不那麼政治化的事件，中國政府還會由中宣部與中央辦公廳聯合下文，在長達 48 條的規定中，明確指明哪些問題不能這樣談，只能按照某種口徑談，如果違反了中央規定，要承擔甚麼樣的法律後果。這種「信

息不完全」導致了人們對中國的認識片面化，當陷入「信息不完全」帶來的困惑時，人們可能會以「中國太龐大，太神秘，太特殊」來解釋，卻很少想到這完全是中共政府採用政治高壓手段控制媒體的後果。

李光耀[28]

　　英語成為新加坡人的共通語言，外來的英語媒體自然排山倒海而來，李光耀擔憂西方價值觀念和行為模式不僅要污染新加坡，還會傷害新加坡政府的威信，所以他處心積慮地運用諸多辦法防堵，他也認為必須學習處理這些排山倒海無休無止湧來的資訊，確保新加坡政府的觀點不被西方媒體所掩蓋，確保新加坡政府的聲音不會在眾說紛紜中被淹沒。

　　李光耀為了保有管理媒體的權威，他對國內外媒體分別採取釜底抽薪的辦法。對於國內傳媒，新加坡政府於 1977年，通過立法禁止任何人或受其任命者持有報章超過百分之三的普通股權，並設立了一種稱為管理股的特別股票，部長有權決定哪些股東能夠獲得管理股，並把報章的管理股分給本地四大銀行。他並強調；「報章自由和新聞媒體的自由必須服從新加坡的首要需求，也需服從民選政府的首要職責。」

（六）均主張一黨專政

鄧小平[29]

28　陳國祥，硬耿領導　客家籍政治領袖的志節與功過，印刻出版，2011 年
　　6 月，頁 191。
29　陳國祥，硬耿領導　客家籍政治領袖的志節與功過，印刻出版，2011 年
　　6 月，頁 154-157。

　　鄧小平曾說過，無產階級和馬列主義是我們的「老祖宗」，不要把老祖宗都丟掉因為「老祖宗」可以保佑共產黨政權長命百歲！

　　由於緊緊死抱持著馬列主義及毛澤東思想設定的政治體制，排拒任何染有「資產階級」民主色彩的制度，因此鄧小平所謂「政治體制改革」，實際上侷限於工作制度、組織制度、工作方法、工作作風的改革，用趙紫陽的話來講，是在「堅持共產黨一黨專政前提下的改革，改革正是為了進一步地鞏固共產黨的一黨專政」，因此「任何影響和削弱一黨專政的改革，都是鄧堅決拒絕的。」

李光耀[30]

　　不講民主、不畏人言、絕不手軟，李光耀把新加坡打造為父權式、家長式的專權性威權政體。除了締造良好的政績號召民意支持之外，他更採取諸多強力手段對付反對黨和在野派，從選舉制度的設計、政府政策的設計與資源分配的誘導、媒體傳播效果的控制、誹謗官司的運作，以至國家安全機關的配合運用，李光耀讓新加坡的非執政黨力量宛如置身在乾旱的沙漠中，也讓民主缺乏成長的沃土。新家坡的民主選舉制度只不過是使人民行動黨取得權力正當性的合法程序而已。

---

30 陳國祥，硬耿領導　客家籍政治領袖的志節與功過，印刻出版，2011 年 6 月，頁 172-173。

二、相異點

（一）出生環境不同

鄧小平[31]

　　鄧小平本名鄧希賢，參加革命後才取名鄧小平。他 1904 年 8 月 22 日出生在中國西南最大的省四川省的農村，鄧小平的父親叫鄧文明，是一個小地主。母親淡氏，是鄧文明的第二個妻子。他們居住在距廣安縣城幾里遠的牌坊村。廣安縣位於四川省的東部，鄧文明是個精力充沛、樂觀向上，喜歡社交的人。在鄧小平離開家以後的生活中，鄧文明一度曾成為廣安縣及其周圍地區有影響的人物，指揮過幾百人的民軍。牌坊村那些還記得他的老人對外國遊客介紹說，鄧文明樂於同人交往，在調解地方爭端時處事公道。在家裡，他嚴格而謙和。他對孩子們的訓戒是嚴厲的，但當孩子們犯錯誤時，他仍願意傾聽他們的陳述。鄧小平似乎繼承了他父親的性格，自信、有抱負、處事果斷。淡氏為鄧文明生了四個孩子，鄧小平排行第二，也是三個兒子中最大的一個。後來，大概在 1920 年鄧小平離開家之前，淡氏變得體弱多病，20 年代後期她便去世了，據說死於結核病。

李光耀

　　李光耀，GCMG，CH（英文名：Lee Kuan Yew，1923

---

31 理查德・伊文思原著《鄧小平傳記》上海人民出版社，1996 年初版，頁 55-56 頁。

年 9 月 16 日－），新加坡華人，為新加坡前任總理、前任國務資政及內閣資政。

家庭背景在他的回憶中，李光耀談及他的曾祖父李沐文（Lee Bok Boon，客家人）早於 1862 年從廣東大埔移居到海峽殖民地的經歷，造就了其作為第四代華裔新加坡人的移民背景之一。作為母親蔡認娘（Chua Jim Neo）和父親李進坤（Lee Chin Koon）的長子，李光耀生於新加坡甘榜爪哇路（Kampong Java Road）92 號的一座 2 層高的別墅內。而其祖父李雲龍（Lee Hoon Leong）對他施以英語教育的舉措，使得他自幼受到了英國文化強烈影響。

（二）所受教育背景不同，一為英國式之法學教育；一為蘇聯共產主義之教育

鄧小平[32]

鄧小平的青年和中年時代是一個有獻身精神的共產主義者。他這種理想的追求可能同樣也是他的一種組織活動和他的社會責任。他 16 歲在法國時與那些後來成為中國共產黨人和團體的領導人建立了聯繫，這些人中的一些人沒多久就在共產黨的領導中產生了巨大影響，從那時起，黨不僅支配了鄧的生活，而且是他生活的重要組成部分了。中國共產黨派他去莫斯科，把他培養成為一名政治組織者，然後又返回中國，在黨的領導下，在共產黨 1949 年取得政權之前，鄧為共產主義事業而戰鬥的足跡遍佈了全中國。儘管共產黨可能在

---

32 鄧小平政治評傳 正文 第一章 鄧小平，共產主義與革命，頁 99。

形式上沒有決定他應該與誰結婚，但是肯定對他婚姻的選擇和離婚有關，在他女兒寫的《我的父親鄧小平》中說，鄧的所有三次婚姻都是由共產黨的同事作媒，就是明顯的證明。

李光耀[33]

　　1936 年 13 歲的李光耀考入當地的英校萊佛士書院（初中部）；1940 年，18 歲的他考入該校的高中部，但在日軍佔領新加坡後中斷學業。二戰結束後，李光耀在家人的協助下湊集學費，遠赴英國留學。在留英初期，李光耀就讀於倫敦經濟學院，並在學習時受到導師拉斯基的社會主義理論影響，逐漸展現反殖民統治傾向，但卻在後期一直以"反共者"著稱。他曾在他的回憶錄中表示，「之所以討厭共產黨人，根源在於他們採用列寧主義（領袖集權）的方法，不在於他們的馬克思主義理想。」一年後，李光耀轉到劍橋大學攻讀法律，並於 1949 年考獲雙重第一等榮譽學位，名列榜首畢業，隨後取得律師資格。

（三）人格特質不同

鄧小平

　　鄧小平是個原則性很強的人，有其不妥協的堅持，語言風格也是率直俐落，簡明鋒利。處於逆境時他頗能放低姿態，圓融迎合，但不放棄根本原則，不肯「風大隨風、雨大隨雨」。處於順境時，特別是置身權力高峰時，他則獨斷乾坤，駿急

33　維基百科
　　https://zh.wikipedia.org/wiki/%E6%9D%8E%E5%85%89%E8%80%80

而為，剛猛以進[34]。

　　從鄧小平最為後人所知曉的名言當中，「不管黑貓白貓，只要能抓到老鼠就是好貓」以及所謂「摸著石頭過河」，都已經充分說明鄧小平是一個實事求是的人，所以鄧小平歷來的決策，都是從事物的實際面切入並尋求解決之道，較少帶有如毛澤東的浪漫理想色彩[35]。

李光耀[36]

　　早年見識過英國的殖民統治和日本的軍事佔領，他跟共產黨先合作再火拼，又跟馬來西亞及印尼纏鬥。經歷一連串激烈交鋒的鬥爭，他練出一身功夫，更鍛鍊出鋼鐵一般的意志，他時時心懷憂患，事事未雨綢繆。

　　李光耀是在尖銳而凶險戰鬥中萃練出來的戰士，在他的腦海中已容不下飄渺的夢幻玄想、抽象的意識形態。他僅有的只是實實在在的生存發展之道，他的唯一懸念是如何讓人民安居樂業，讓新加坡興國安邦。

（四）家庭生活不同

鄧小平[37]

　　鄧小平一生共結過 3 次婚。第一任張錫媛死於難產，第

---

34 陳國祥，硬耿領導　客家籍政治領袖的志節與功過，印刻出版，2011 年 6 月，頁 140。

35 焦東傑，國立中央大學歷史研究所碩士論文，鄧小平對台政策的形成背景及影響 2007 年 11 月。

36 陳國祥，硬耿領導　客家籍政治領袖的志節與功過，印刻出版，2011 年 6 月，頁 165。

37 維基百科
http://zh.wikipedia.org/wiki/%E9%82%93%E5%B0%8F%E5%B9%B3#.E5.AE.B6.E5.BA.AD

二任妻子金維映離異。他與第三任妻子卓琳育有五個孩子。

　　長女鄧林，1941 年 9 月 11 日出生，是一位藝術家；丈夫吳建常曾任中國鋼鐵工業協會副會長黨委書記、金輝集團（香港）名譽主席。現任山西太鋼不鏽鋼股份有限公司獨立董事兼中國有色金屬工業協會名譽會長。

　　長子鄧朴方，1944 年 4 月 16 日出生，在文革中導致下半身癱瘓，現任中國全國政協副主席、中國殘聯第五屆主席團名譽主席。在八〇年代後期是康華公司的負責人；妻子高蘇寧，骨科專家。無子女。

　　次女鄧楠，1945 年 10 月出生，原科技部副部長，現任中國科學技術協會書記處第一書記、常務副主席，是中共第十七屆中央委員；丈夫張宏曾任中科院科技開發局局長。

　　三女鄧榕，1950 年出生，又名蕭榕，小名毛毛，著有《我的父親鄧小平》一書，曾任總政組織部副處長，駐美大使館三秘，全國人大常委會政研室副主任，民主與法制出版社社長，中國國際友好聯絡會副會長；丈夫賀平，少將賀彪之子，總參裝備部少將，曾任中國保利集團公司董事長、總經理，2010 年 4 月 29 日卸任。

　　次子鄧質方，1952 年出生，本科畢業於北京大學物理系，後在美國羅切斯特大學物理系獲得博士學位，曾任中國國際信托投資公司直屬的中信興業公司董事長，1993 年初，鄧質方正式加入建設部管理企業屬下企業“四方集團”，任最重要的上海四方公司總經理。1993 年 5 月鄧質方連同首鋼、長實、加怡，共同收購香港上市公司“開達投資”，並易名為“首長四方”。妻子劉小元,美國紐約州羅徹斯特大學

生物物理學博士。

李光耀

李光耀 1950 年 9 月 30 日結婚。夫人柯玉芝是他在劍橋大學的同學，是一位頗有名望的律師，祖籍中國福建省同安縣。早期在獅城中學畢業後，前往劍橋大學攻讀兩年，成為當時獲頒榮譽學位的第一位馬來西亞女性。他們有兩個兒子一個女兒。長子李顯龍，次子李顯揚，女兒李瑋玲。

李光耀本人的兩個兒子都在政府中擔任重要職務，大兒子李顯龍為現任總理（被指為「隔代世襲」），小兒子李顯揚曾任最大國營企業新加坡電信（今淡馬錫控股旗下）的總裁兼 CEO，女兒李瑋玲是新加坡國立腦神經醫學院院長，專長小兒神經醫學與癲癇。

（五）治國理念不同[38]

鄧小平

根據中國共產黨的官方定義，鄧小平理論是以鄧小平為主要創立者、以建設中國特色社會主義為主題的理論。鄧小平理論被中國共產黨看作是馬克思主義中國化的一大理論成果，是中國共產黨獲得的與蘇聯模式不同的社會主義建設經驗的理論總結。

這一理論主要體現在 1978 年中共十一屆三中全會之後鄧小平的各種講話、報告與會議決議之中。中國共產黨將該

---

38 維基百科
http://zh.wikipedia.org/wiki/%E9%82%93%E5%B0%8F%E5%B9%B3%E7%90%86%E8%AE%BA

理論的形成分為四個階段：1978-1982 年為基本理論命題提出的階段，1982-1987 年為理論形成基本輪廓的時期，1987-1992 年為理論走向成熟、確立體系的時期，1992-1997 年為理論進一步豐富和發展的時期。

1997 年 9 月，中共十五大把「鄧小平建設有中國特色社會主義理論」直接稱為「鄧小平理論」，由此得名。該會議上，鄧小平理論被寫入中共黨章中，成為中共指導思想之一。

鄧小平理論是一場以「實事求是」為精神實質的思想解放運動過程中產生或引用的旨在打破精神桎梏，促進社會主義經濟和社會發展的一系列指導思想的總匯。鄧小平理論與中國在八〇年代施行的改革開放政策密不可分。

雖然鄧小平理論認為要改革純公有制的生產關係融入私有制，從高度集中的計劃經濟轉變為市場經濟，進而達到解放生產力和發展生產力的目的，但鄧小平理論也強調公有制的生產關係和以馬克思主義為指導的意識形態必須自始至終佔有統治地位。同時，鄧小平理論還認為要堅持四項基本原則，保證國家不會和平演變成資本主義，要反對資產階級自由化及其思想。

在中國以外，「鄧主義」（Dengism）或「鄧小平主義」可能被理解為可與鄧小平理論混用，中國官方不曾正式使用過這個詞。

李光耀[39]

從《李光耀回憶錄》中反映他其獨特的政治取態和治國

---

39 你所不知道的新加坡，香港獨立媒體
　　http://www.inmediahk.net/node/1017797

理念。在字裡行間他認為秩序先於民主。他相信管治新加坡是靠鐵腕政策。李光耀：「我需要媒體鞏固政府施政，不是削弱我們的學校和大學所灌輸的文化價值觀和社會取態。大眾傳媒營造一種氣氛，鼓勵人民發憤學習發達國家的知識、技能和紀律」對他來說，他不需向世界交代，他只向新加坡負責。他十分關注新加坡人民的生活，務求人民遵守國家秩序、規矩。他在全國展開大掃除運動、舉行無菸酒和禁止口香糖。即使被西方國家嘲諷，他仍堅持全國「禁止食用口香糖，建立一個清潔的花園城市。」

第四節、綜合比較

一、蔣經國、鄧小平、與李光耀政治思想的解析[40]

　　蔣經國、鄧小平、與李光耀的政治思想都含有相同的基本元素，這些元素包括儒家為中心的中華道統思想；社會主義（含括民生主義，共產主義，民主社會）；以及西方民主思想。然而這些成份在他們政治思想的百分比中卻有所不同，這些差異源自於啟蒙教育到從政前的成長及歷練。

　　蔣經國生長在傳統的中國家庭，自幼即接受格物致知，修身齊家，治國平天下儒家思想的士大夫養成教育，加上嚴父蔣介石的重規矩、遵倫理的指引教誨，因此中華儒家道統

---

40 李根永，東海大學食品科學系教授，曾任研究所所長、系主任。。

構成他思想的核心，其影響就權重而言應超過 50%。

　　蔣經國十六歲留學俄國，在俄羅斯戰鬥民族的環境下，學習激進的馬列共產社會主義，對於來自吳儂軟語的江南少年，可想而知是多麼劇烈的文化衝擊（culture shock）。後來更因跟隨路線的錯誤，受到共產黨嚴厲的整肅，被下放到寒冷的西伯利亞勞改，經歷這段坎坷遭遇，培養蔣經國日後剛毅不撓的意志。這段留學俄國的經驗，馬列共產社會主義對他的思想影響程度應不低於 40%。

　　對於西方民主思想的接觸，是源自蔣經國在中學時期，那時自由派學者正極力宣揚自由民主救中國的言論，年輕的蔣經國受到感召，在留俄前他即曾參加過五四精神激發的群眾運動。由此觀之，西方民主思想對他的影響程度應該有10%。

　　鄧小平啟蒙教育和蔣經國類似，由於在四川的家鄉，位於中原文化邊陲的內地，傳統儒家士大夫思想似乎不及江南官宦世家那般強烈。他的父親望子成龍，為鄧小平中小學的教育做了當時最好的安排，但他並不是一個如蔣介石般的強勢父親，因此鄧小平似乎未受到過度嚴格的傳統士大夫家庭教育。因此，中華儒家道統思想對鄧小平影響程度應不高於四成（數量化為 35%）。

　　鄧小平號稱留學法國，但並未接受到法國學校制式教育，事實上為了生活必須從事低層的勞動，就像是當時的外勞。在那時的法國，一個有色人種的低層工人，他可以感受到法國社會對他毫不掩飾的雙重歧視，這也促使他懷抱著熱忱投入工人祖國蘇俄。經歷在法國資本主義社會痛苦的經

驗，讓他拳拳服膺馬列共產主義，爾後成為中國共產黨強悍的鬥士。因此共產主義影響他思想的程度高達 60%。鄧小平留法期間觀察到西方民主思想與制度的矛盾，讓他日後掌握了對西方國家的鬥爭的竅門，也對回歸後的澳門及香港多了些容忍，或許這些作為就是哪 5%程度的西方民主思想影響。

　　李光耀是新加坡土生土長的第三代，當時新加坡的華人家族大都保有中國儒家重倫理的傳統。中國儒家思想對李光耀的影響源自於家庭教育。他的父親在他童年和少年時期，就給予他中國式重紀律的教養。儒家思想對李光耀的影響深遠，從他多次演講提到「我深深地相信，如果不是新加坡大部分的人民，都受过儒家价值的熏陶，我们是無法克服那些困難和挫折的。」這段論述中理解。因此，中國儒家對李光耀政治思想影響程度可達 30%。

　　李光耀在留英期間受到導師拉斯基的社會主義理論啟發，開始反對殖民統治，積極學習英國的福利國家制度，並參加社會主義工黨的選舉活動。對馬列共產社會主義則是站在反對的立場，其理由是不贊成列寧倡導的領袖集權方法。他對社會主義的透徹瞭解，民主社會主義對李光耀政治思想影響程度達到 40%。

　　李光耀接受完整的英國式教育，並體驗過英國民主制度的生活，甚至留英期間就參與民主政治的活動。因此，民主思想自然而然成為他政治思想的一部分，然而基於實際的狀況，在新加坡他採用了十九世紀版的英式民主制度。民主思想影響的程度是 30%。

　　總括而論，這三位傑出的華人領袖，在他們的政治思想

組成份中，中華儒家道統思想以及社會主義含量平均達到八成五以上，民主思想則低於一成五。中華儒家傳統倫理道德是人類的行為的最高規範，執政者重視倫理道德的施政，君子之德風，影響所及，倫理道德對行為的約束力，自然成為國家社會安定的力量。社會主義最重要的訴求之一為均富，這三位領袖對社會主義都有深刻的了解，因此施政雖然未達人民均富，但經濟建設的成就有目共睹，他們帶領國家脫離貧窮，滿足人民生活需求，社會主義的思想落實於施政當然是一股安定力量。一國的政治體制必須遵循歷史文化演進，並符合國民習性才能成為長治久安的制度。而標榜自由的民主制度必須要建立在人民對法治有共識的基礎上，否則就會造成混亂。沒有法治基礎的民主自由相對於倫理道德與社會主義的政策是股不安定的力量。因此，三位傑出領袖政治思想中平均只受到一成五民主思想的影響，降低民主自由不安定的影響，更能正確的領導國家，創造人民的福祉。

二、茲就三人在政治、經濟、財政、軍事思想、外交，各方面做一綜合比較，列表如下（作者彙總整理）：

	蔣經國	鄧小平	李光耀
政治方面	持政治革新及開放政策，推行台灣化政策及實施行政革新政策、全面選舉、解除武器、黨禁、報禁，准予台灣、大陸探親，政治民主化。	政治體制為一黨專政、主張無產階級專政、實行馬列主義、反對資產階級民主及三權分立，堅持不願肯定文化大革命，一國兩制與改革開放之設計者。	主張一黨專政，嚴防外國傳媒，抵抗外國勢力，以立法控制新聞自由，主張嚴刑峻法，不講民主，不畏人言，把新加坡打造成父權主義家長式的專權性威權政府。
經濟方面	奉行三民主義，致力民生主義之實施，均富為最高指導原則，使台灣成為四小龍之首。	堅持改革開放、建立經濟特區（深圳、珠海、汕頭、廈門），成為引進技術與資金的窗口，南巡激起改革風潮，以對內搞活、對外開放，兩翼並進，主張市場經濟。	經濟成長冠全球，政府競爭力僅次於瑞士，創造經濟奇蹟，使新加坡從第三世界躍居第一世界之國家。三十年內把新加坡從一個貧困之小島發展成富強的國家。
財政方面	成功政策的實施並非僅是單一方向的推動，如同政府在實施相關財政政策時，並非僅是採行擴張性或緊縮性的財政政策，而是像微調的過程，必須兩者同時配合進行，以有效達成政策目標。	辨證唯物主義及歷史唯物主義、來自自身特定的時代背景、來自馬克思主義的生產立論、來自《共產黨宣言》和《共產主義 ABC》。以「避免兩極分化」、「獨立自主」、「發展生產力」、「改革開放」、「提倡勤儉節約」、「反對鋪張浪費」等為其重要準則。	建立亞洲第 3 大金融中心，積極發展金融業，成立單一窗口，吸引外資持續之經濟成長，使局面益發穩定，吸引更多投資，創造更多財富，開支少儲蓄多、福利多等。

軍事思想	七分政治三分軍事。	思想主要來自對國際外在環境的變化以及在戰爭環境的改變下所做的內部體制改革方面，其改革思想來自於試驗，並劍及履及的實踐。其一面摸索、一面修改錯誤，以政治煞車來制止經濟自由的過熱，以黨的領導作為掌控軍隊的手段；以軍中派系平衡，彼此相互牽制，以達到國家在四化改革中，軍隊的穩定。	平衡軍事、外交策略，使新加坡在大國對決中獨得空間。經濟要成長才能支持國防，新加坡需要一個強大的國防力量，以確保能繼續生存下去，因此成立第3代武裝部隊。
外交政策	對台、美斷交後的台灣外交情勢因應得當。	維持 1982 年以來獨立自主政策基調，不依附大國獨立自主決定外交、政策、採行和平方針、堅持和平共處五原則，加強與第三世界國家之團結合作。	平衡外交政策。

三、附讀者三人比較評分表

	蔣經國	鄧小平	李光耀
成長過程			
學識修養			
領袖特質			
家庭倫理（生活）			
治國理念			
領導統御			
治國績效			
危機處理			
後世影响			
國際聲望			

第七章　歷史地位

第一節　蔣經國對台灣之貢獻[1]

一 我是台灣人，也是中國人，不平凡的歷史巨人

　　在中國近代史上，蔣經國不僅是一位承先啟後的卓越領袖，而且是中國經濟現代化與政治民主化的推動者。為中國乃至第三世界，塑建出最佳的發展模式。經國對中華民國最大的貢獻，是在共產黨奪取大陸政權之際，輔助先總統蔣公鞏固臺澎金馬，讓中華民國的政權得以延續。在臺灣生聚教訓，建立中國有史以來最富足繁榮且民主的社會。使中國大陸的政權在歷經三十年的貧困落後之後，亦提出「經濟學臺灣」的策略，以發展為基本國策。經國晚年更全力推行民主憲政，為中國政治發展建立一套長治久安的制度，為未來中國大陸的民主化，提供一套模式和典範。

　　蔣經國的革新開放政策，政治實績，以政治穩定和推動民主化最為卓著。經濟方面的實績則有經濟成長、經濟穩定、

---

1 鄭寶蘭，蔣經國與鄧小平「改革開放」政策的比較研究，頁 322。

所得分配平均及生活水準提升和產業結構轉型成功等。

一、政治穩定

1949 年，中共佔領大陸後，國民黨政府退守臺灣，形勢岌岌可危。幸賴蔣公指揮若定，穩定局勢。再加上韓戰爆發後，美國第七艦隊協防臺灣海峽，使中華民國能確保一生聚基地。「八二三砲戰」的勝利更一舉粉碎中共犯臺的機會與信念，使臺澎金馬固若金湯。經國從 1950 年出任國防部總政治部主任，到 1969 年轉任行政院副院長，一直肩負起整軍經武的重責大任。對臺灣做出許多傑出的貢獻。首先，建立政工制度。國軍在大陸的失敗，其原因甚多，但主要因素之一是軍人缺乏精神教育，作戰意識薄弱，軍紀軍心渙散。故雖有美國軍援的裝備，也無法發揮應有的威力。經國懲前毖後，致力整軍，從建立軍中政工制度開始。由於政工制度的建立，三軍意志統一，使國軍成為一支紀律嚴明有活力的勁旅。

其次是，輔導老兵退役。1957 年之後，屆齡待退官兵逐年增多。為妥善照顧數十萬隨政府來臺的退除役官兵，行政院特設立「退除役官兵輔導委員會」，由經國主其事，全力規劃對退役官兵的就業、就養與就學等問題。當時國家財政相當困難，為解決退役官兵就業問題，經國在總政治部主任時期，即成立嘉義、宜蘭、花蓮和屏東等農場，同時為年老體弱官兵設置榮民之家，予以醫療、就養等照顧。輔導會成立後，更進一步設置各種產業機構，把有勞動能力的退役官兵，組成一支建設大軍，負擔起開闢東西橫貫公路、建設曾

文水庫等艱鉅的民生基礎設施，並成為十大建設與十四項建設工程的施工主力。綜計輔導會成立以來，所安置的官兵總數，共達 35 萬 4000 餘人。退輔會在安定社會與社會建設方面卓有貢獻。

第三，推動國防現代化。為有效嚇阻中共對臺澎金馬的軍事威脅。經國接任國防部長後，即全力推動國防現代化，增建兵器工廠，建立中山科學研究院及航空發展中心，不斷更新三軍裝備，同時研究發展尖端科技。到七○年代臺灣已能自製高性能的戰鬥機、火箭和導彈，使三軍脫胎換骨，成為一支現代化部隊。

第四，人事公開且制度化。為使國軍人事制度化，經國更致力於法令的修訂及簡化。先後擬訂「國防部組織法」、「參謀本部組織法」，並將 500 多種繁複法令，簡化為 182 種。同時實行高級將領任期制，防杜軍人擁兵自重。

一連串的重大改革，不但使國軍由大陸時期的懶惰渙散，變成一支紀律嚴明，配備精良的勁旅。而且因為人事的公開透明化，升調有序，安定軍心，鞏固金馬臺澎的安全，使中共不敢輕越雷池一步，進犯臺灣。

臺灣的政治穩定，故能在和平的內外環境之下，進行大規模經濟建設，創造出中國經濟史上未曾有的經濟奇蹟。不到四十年的光景，臺灣由一落後的農業經濟，蛻變為以工業為主，及對外貿易為導向的工商社會。到 1987 年，出口商品高達 530 億美元，成為美國第四大入口國，排名世界第十一輸出大國。此一輝煌的成就，在臺灣先天條件不佳，資源匱乏的情形之下，係得力於一套合理的經濟制度與健全的發展

策略，為臺灣創造出有利的環境，成為促進經濟成長的動力。經國是此一模式的推動者。

二、產業結構轉型成功

蔣經國執政前後，臺灣經濟的發展，不僅創中國近代史之佳績，也是開發中國家罕有的記錄。臺灣經濟的卓越成就，表現於長期持續的高度成長、物價和幣值的相對穩定、人民生活水準的大幅提高、所得分配的平均與經濟結構的現代化。臺灣模式的實績，不但獲得國際的肯定，也引起中共的重視。鄧小平主政後，也不諱言要學習臺灣模式，以建設中國大陸 1965 年後，美援停止，臺灣必須自力更生，政府為因應此情勢，極力改善投資環境，成功吸引外資投入臺灣市場，藉由吸收國外最新技術及管理方法，加速了臺灣經濟的轉型與工業升級。

臺灣經濟發展的動力主要是來自工業的發展，即製造業的發達。臺灣是海島型國經濟，天然資源不豐，資金短缺，人口密度高，在各項經濟條件不佳情況下，卻能克服重重困難渡過難關，創造舉世稱奇的經濟佳績。究其原因，除可歸因於臺灣人民勤奮工作的態度及中小企業家創業的精神外，政府產業政策的正確引導也是主要因素。

政府自 1960 年代末起，著手規劃以石化、鋼鐵等重工業化為主的「第二階段進口替代之產業發展政策。為實現發展第二階段進口替代工業之目標，政府於 1973 年間宣布自次年起開始推動十大建設計畫，一方面大幅擴充交通及電力供應

等基礎設施，另一方面則決定建立大煉鋼廠、大造船廠及大規模石油化學工業體系。

　　嗣後，於 1978 年間推出十二項建設，繼續致力改善臺灣地區的基礎設備和產業結構。在工業化過程中，臺灣始終採取均衡漸進政策，穩健務實的策略。先由發展農業開始，以農業培養輕工業，再以輕工業推展到重工業。1973 年第一次石油危機，政府的穩定措施發揮作用，使得臺灣經濟仍能維持成長。然而，1978 年第二次石油危機，由於能源價格及工資大幅提升，使我國出口產品競爭力衰退。政府當時除調整重化工業發展政策，以充裕供應內需為原則外，於 1979 年擬定「經濟建設十年計畫」，以機械、資訊、電子、電機、運輸工具等附加價值高、能源密集度低的產業為策略性發展工業，積極促進臺灣產業朝技術密集工業方向發展。1982 年推動策略性工業建設，使產業結構再次升級。由於循序漸進，故打下堅固的基礎。

　　與其他工業化國家不同，臺灣經濟發展，係以數以萬計的中小型企業所帶動的。迄 90 年代為止，臺灣中小企業在企業總數上仍占 98%，就業人數占 70%，工業產值占 55%，出口總值方面占 65%。是創造就業機會、推動臺灣貿易的主力。臺灣數十萬家中小型企業競爭激烈，適應力強，機動性高，能對瞬息萬變的國際市場作出極迅速的反應。正是由於有土地改革所建立以自耕農為主的農業經濟和民營企業為主的工商經濟，臺灣才能有五十年來蓬勃的經濟發展。

三、經濟成就

　　第二次世界大戰後，先進工業國家長期經濟成長率，就國民生產毛額（GNP）年平均增長率而言約為 4%。一般發展中國家平均成長率約為 5%。臺灣經濟成長率，50 年代平均每年 8.2%，60 年代為 9.1%，70 年代為 10%，80 年代為 7.2%。從 1953 年至 1986 年的長期成長率 8.8%。在當代各地只有新加坡、香港、南韓能相提並論。然而，這些國家在所得分配上均不如臺灣。

　　在推展國際貿易方面，臺灣市場狹小，資源不足，要大規模擴大生產，以累積國家財富，發展對外貿易成為必要的途徑。自 1960 年以後，即以「出口擴張」取代原來的「輸入代替」政策。其重要措施包括，大幅調整外匯率，減低出口成本，並在租稅減免與資金融通兩方面做為刺激外銷的手段。在這些鼓勵措施實施下，臺灣出口貿易突飛猛進，總貿易額由 1952 年的 3 億美元，激增至 1987 年的 880 億美元，將近成長三百倍，成為經濟發展最大的動力。

　　在推廣普及教育方面，臺灣工業化必須有大量科技管理人才及優良技工，必須靠教育培養相關人才。至 1987 年，政府教育經費增加 600 倍。自 1968 年起，義務教育由六年延長至九年，文盲人數由原來的總人口數的 42%銳減為 8%。由於教育普及，為工業升級訓練所需的人才，在吸收外國最新技術方面，創造極有利的條件。

　　在經濟穩定方面，由於政府長期採取較穩健財政政策，

經常保持預算平衡。其次是臺灣人民勤勞節儉，消費成長遠在所得成長率之下，儲蓄率逐年提高，消除了通貨膨脹根源。通貨膨脹有兩項指標，即通貨膨脹率及經濟成長率。70 年代受能源危機衝擊，1971 年至 1980 年的通貨膨脹率為 10.73%，1981 年到 1986 年之通貨膨脹率只有 0.1%，已進入低物價期。

新臺幣對美元匯率，自 1961 年開始，一直維持 40：1 的比率。1987 年以後，臺幣大幅升值，成為亞洲強勢貨幣之一。

還有，所得分配平均。1961 年我國占人口 20% 之最低所得階層的收入，與占人口 20% 最高所得階層的收入，相差為 11.6 倍。1964 年降為 5.3 倍，從 1972 年 1985 年止則維持在 4.5 倍以下。1981 年更降為 4.2 倍，相當於世界最佳的所得分配。

上述各項，除早期和平的土地改革，及後來的扶植民營企業、利用外資、擴展國外貿易，均衡發展，和普及教育等均為臺灣模式的特徵。此一模式的建構，應歸功於臺灣政府中一群優秀的技術官僚。但是，經國的支持與睿智的領導至為關鍵。從他擔任行政院副院長兼國家經濟建設委員會主任開始，到任中華民國第五、六屆總統，始終是推動臺灣模式最積極的領導者。經國先生非經濟專家，卻具備英明領袖的諸多特質，故能有效領導經濟建設及國家發展。例如，經濟問題，最重務實，最忌閉門造車。經國務實的作風，不好大喜功，不提不切實際的口號，故能使臺灣經濟，按部就班，循序漸進，發展出驚人的成果。再者，經國先生信任專家，以經濟辦法解決經濟問題。中華民國政府歷年來有不少卓越

財經主管，正是經國的知人善任，使他們得以施展長才，為國為民服務。此外，臺灣社會資源有限，如何善用資源，對經濟發展有決定性的影響。經國先生在行政院長時期，即洞察交通與能源為臺灣經濟發展的瓶頸，毅然決定推行十大建設，在國家財政並不充裕的情況之下，投入 50 億進行十項民生基礎建設。正是因為有南北高速公路的興建，臺中等港口設備的擴張，桃園國際機場、鐵路電氣化、以及造船廠、煉鋼廠、石油化學工業、核能電廠等建設，促使臺灣經濟的快速成長。

由於經國的崇尚務實、信任專家、有遠見，做最有利於國家發展與百姓生計的政策抉擇，使僅及大陸面積二百六十分之一的臺灣，創造出約為大陸三分之一的國內生產毛額。政府遷臺後近四十年，不但經濟持續飛揚，而且幣值穩定，所得分配平均，經濟結構迅速工業化，人民生活水準大幅提升。在資源不足，人口激增，國防費用比例居高，國際變局不斷衝擊下，而能積聚 750 億美元的外匯儲備，國內儲蓄亦近 3000 億美元，臺灣可以說是在經國的睿智領導中逐步創造出現代經濟發展史上的奇蹟。

四、推動政治民主化

在推動政治民主化方面，經國更是舉足輕重卓有貢獻。蔣經國總統任內最顯著的功績，莫過於其最後任期內，因鑒於國內外局勢的變化，於 1986 年 9 月 28 日，默許民主進步黨的成立，並於翌年 7 月 15 日，宣布解除「戒嚴令」，並開

放黨禁、報禁，對臺灣民主政治奠下良好的基礎。同年 11
月，政府基於人道原則宣布「開放大陸探親」，使海峽兩岸
隔離近四十年的親人得以團聚。

　　經國在他執政十餘年中，在外部情勢上，中華民國先是
遭逢退出聯合國的衝擊，接著又面臨中美斷交。而中共在這
段期間，逐步改變其將近三十年的封閉政策，開始與世界接
軌，活躍於國際社會，企圖孤立及陷臺灣於外交困境。在國
內情勢上，在經濟發展過程中，人民參政意願不斷升高。政
治結構及政府功能之運作的相互調整，方能促進經濟成長。
故經濟發展與民主政治是相輔相成的。臺灣實施民主憲政，
已付諸實施的是地方選舉，且已逐步奠定地方自治的基礎。
但是在中央民意機構部份，因受限於大陸淪陷影響，無法定
期改選，成為社會各方詬病的焦點。由於海峽兩岸長期處於
敵對狀態，為防止中共的滲透，維持社會安全，所以長期實
施戒嚴，使中華民國在國際上背負不民主的形象。

　　經國為突破國內外情勢之困境，且有感於兩岸情勢相對
穩定，加上黨外勢力的崛起，中產階級的興起與茁壯，臺灣
地區人民參政意識不斷提高，為維持政治穩定，乃推行一系
列的重大改革。首先，在政治穩定方面：（一）是對黨務的
改革。中美斷交後，蔣經國指示成立工作小組，積極的推行
黨務的改革，使執政黨的形象大為改觀，由於執政黨能持續
不斷的改革和進步，其政績自會受到民眾的支持和肯定，使
得國民黨成為國內政治安定的力量。（二）經國提拔省籍政
治人才進入執政團隊，亦有助於政治穩定。由於中央政府和
執政黨內高層，早期多由外省籍人士擔任。經國先生主政期

間，大量拔擢臺籍菁英，使得因黨外人士興起而可能引發的省籍政治衝突得以化解。（三）經國力主「文人政府」，並且宣稱，只要國民黨執政，決不會發生軍人執政與干政的情形。消除了民眾的疑慮，有助於政治穩定。其次，實施解嚴、開放黨禁及報禁。由 1987 年 7 月 15 日起，宣布解除戒嚴，為確保國家安全另制定《國家安全法》，確實實現人民基本權利。放寬組黨的限制，容許在野勢力成立黨團，使臺灣政治結構，由一黨獨大，形成多黨競爭的局面。同時開放報禁，廣開輿論之言論自由。

第三，放寬外匯管制，使人民有更大自由到國外旅遊或投資。一則，可以促進國民外交。二則，增加投資管道，藉由境外投資及貿易，促進經濟發展與外匯存底之增加。

第四，開放民眾赴大陸探親，使兩岸親人之能團圓，同時，促進兩岸民間之學術、文化、商業等交流。

第五，充實中央民意代表，決定廢除國大代表遞補制度，鼓勵資深代表退職，增加臺灣等自由地區代表名額，以符合實際情況。

蔣經國的改革開放，其成就在於整合社會的分歧、擴大政治參與、平衡經濟發展和所得分配，及政黨制度化等。使臺灣能在動盪的國際局勢中確保政治安定。臺灣經過三十餘年的政治建設，成為開發中國家政治發展的楷模。並非僥倖亦非偶然，是領導者能有效克服內外環境政治危機，適時實施合宜的政策，使政治體系的壓力降低。臺灣才能擁有數十年的政治安定。蔣經國一系列的重大改革，奠定中華民國民主憲政的基礎。

第二節 鄧小平對中國之貢獻

── 扭轉中國的命運，改變世界的命運[2]

　　鄧小平像他之前的毛澤東和周恩來一樣，是中國幾位革命元老之一，他們曾為共產主義運動打過游擊；其後，在歷經三起三落終至攀上權力顛峰的五十年裡，他屢遭清算整肅，甚至放逐，最後在 1978 至 1989 年成為中國最高領導人，1992 年再度復出。當鄧小平大權在握，他看到中國半世紀來足堪創造性破壞的機會，便毫不猶豫抓住這機會，建立新經濟體制。

　　鄧小平是一個改革者，他拒絕計劃經濟的教條。他的政策引領中國崛起為一個超級大國。上世紀七〇年代末期，鄧小平開始帶領中國邁向現代化，目標是讓中國在工業、農業、國防和科學技術領域實現"四個現代化"。在鄧的政治思想中，中國共產黨是唯一可以讓中國穩定、強大和繁榮的組織。只有在中國共產黨的堅強領導下，才能克服落後和一盤散沙的狀況。

　　鄧是一個開明、喜歡冒險的戰略家。早在上世紀六〇年代，他就提出"不管黑貓、白貓，捉到老鼠就是好貓"的理論。他深信，只有在經濟上和技術上強大的國家，才能夠塑

---

2 同註 100，頁 329。

造自己的未來，在世界競爭中立足。自中國把更多的權益讓給企業和個人後，中國社會釋放出巨大的經濟力量。中國從農業作為第一產業的計劃經濟，逐漸走向以工業和外向型經濟為主導的市場經濟。自上世紀八〇年代，中國經濟的平均增長率近 10%。

一、經濟改革

1978 年以來，中國進行的經濟體制改革，已促使中國的經濟、政治、社會和文化等各方面發生廣泛的變化，導致中國在經濟上的崛起及國際地位的迅速提升。綜觀鄧小平十六年的改革經驗，有助於我們認識中國的發展進程和成果。

就經濟層面觀之。由於，農村經濟改革的初步成功，激勵中國城市改革的全面展開，促進社會資源和勞動力的流動，推動非國有企業經濟的快速發展，導致非國營企業產值數年間，在國民生產總值中的比重達 60%，超過國營企業，使非國營企業取代國營企業地位成為經濟主導之大趨勢。

中國低廉的勞力；潛在的龐大市場和政策與局勢的相對穩定，產生磁吸效應，吸引大量國外資本流入中國市場。1992年以來國外投資極速增長，1994 年實際利用外資已達 1000億美元以上，外資協助發展的勞動密集型產業推動了中國對外貿易大幅度地增加。1994 年中美貿易總額已達 500 億美元左右，中國玩具、鞋類、服裝和電器開始取代臺灣在美國的市場。根據美國統計，美國對中國的貿易逆差額在美國對各國貿易逆差額中居第二位。中國市場巨大的投資需求和消費

需求開始對世界市場供求產生影響，中美貿易成為影響美國企業界、消費者利益及民眾就業機會的重要因素之一。

中國的改革結合開放政策的實施，成功地推動了中國經濟從國有經濟為基礎的計劃經濟體制轉向非國有經濟為主的市場經濟體制。價格體制改革之後，市場價格體系基本形成，價格開放的商品達 90%以上。可以說，大多數言商品的供求已由市場來決定。即已出現房地產市場、股票市場、勞動力市場等。在經濟自由化和市場化的衝擊下，中國政府開始承認經濟活動多元化、非壟斷化、經濟決策分散化的必要，以及私有產權的合法性。很顯然，計劃控制手段的改變、經濟的逐步自由化、非國營經濟的擴張、要素市場的出現，都顯示著中國走向市場經濟體制的大趨勢已不可逆轉，且市場經濟體制的基本模式正在形成。

二、下放權力

就政治層面而言，中國集權政治亦有所變革。經濟自由化與市場化，必然促使集權政治產生質變，且不斷激勵中國的政治體制朝符合中國社會的民主化發展。隨著中央政府在經濟上實行下放權力，地方的財政、金融、人事等權力迅速強化，地方經濟實力逐漸形成，中央與地方的關係日趨緊張。地方政府的自主性開始影響，甚至約束中央政府的政策制定與實施，中央政府維繫集權政治的權威受到前所未有的挑戰。至 1994 年，全國財政預算歸中央控制的比率僅 18%左右，顯見，中央的財政支配能力已逐漸式微，從根本上動搖

了中央集權政治的經濟基礎。

此外，經濟改革也使政府與執政黨通過「單位」全面控制社會的手段逐漸失靈，沿海經濟發達地區的鄉村基層政府機構越來越商業化。隨著國營企業改革的進展，政府減少了對企業的全面直接控制，企業內黨務部門的功能縮減，由廠長、經理主導的生產責任制和承包制已經普遍建立。國營企業自主權的擴大是社會脫離集權控制、走向多元化的重要前提。在鄉鎮企業的改革中，不少企業拉攏地方政府成為企業的股東，由此改變了政府的行政干預方式，促使政府為增加利潤的分享，運用經濟手段、根據市場條件，參與企業的管理和運作。因此，地方政府的企業化和企業產權的地方化，強化了企業在地方經濟社會活動中的主導地位，削弱了集權政治的控制系統。

換言之，從八〇年代以來，隨著財政分離制的實施，各級部門和地方單位成為權力和利益主體，在維護、鞏固各自利益的驅使下，對中央政策是以「彈性」方式處理，成為不可避免的情勢。八〇年代，隨著「放權讓利」形勢所發展出來的是中央弱地方強的現象。[3]

三、經濟成效

鄧小平的改革開放政策，對中國大陸最大的貢獻在於，維持政治穩定，創造出一個經濟繁榮的社會，一個物質豐富

---

3 江振昌主編，社會主義市彭經濟體制下的中國大陸（台北市：中國立政治大學國際關係研究中心出版，民 83 年），頁 55。

的社會。根據《中國統計摘要 —— 1998》的統計數據顯示，中國大陸從 1978 年到 1996 年期間，中國人口從 9.6259 億增加到 12.2389 億。國民生產總值由 3,624.1 億增長至 66,850.5 億。成長了 17.45 倍。平均國民生產總值由 367 元增提高到 5,462 元，提高了 13.41 倍。若按匯率換算，1996 年中國平均每人國民生產總值大約是 668 美元。國家財政收入由 1,132.3 億元增長到 7,408 億元。增長了 5.54 倍。[4] 而糧食、棉花產量的大幅增加，解決了人民基本溫飽問題。另外鋼鐵產量及電力的倍數增加種種數據顯示，鄧小平時代的國家經濟實力的確增強許多。由於經濟的發展，人民生活也獲得極大的改善。尤其是在中國東南沿海靠近大城市的鄉村，造就了一個富裕發達的地帶。其發達程度不亞於某些發達國家，真正落實了鄧小平讓一部份地區，一部份人先富起來的政策目標。總之，在經濟方面，鄧小平不僅為中國打造出繁榮與富裕的社會，而且為持續中國的繁榮與富裕且更上一層樓，鄧小平貫徹其四項基本原則，提出「社會主義市場經濟體制」為建設有中國特色的社會主義奠下良好的基礎。

四、政治改革

　　1980 年以來實施的鄉鎮區縣級人民代表選舉，儘管遠非真正的民主選舉，但它提供了有限民主選舉的機會，增強了民眾的民主意識。在基層人民代表選舉中，許多自行參選的

---

4 楊繼繩，鄧小平時代（1976-1997）（香港：三聯書店（香港），1999 年），頁 528-531。

候選人通過競選得以成功當選，而不少官定候選卻在差額選舉中落選。基層選舉強化了社會大眾的民主參與意識。九〇年代開始以來，農村基層政權民主選舉的成功試驗，產生了真正的民選鄉村行政機關，成為改變集權政體基礎的有效嘗試。

　　不可避免的是，經濟改革的基層民主的實踐，也推動了各級人民代表大會改善其功能，促使人大開始改變「橡皮圖章」的傳統角色，轉變成初具監督與制衡能力的民意代表機構。各級人大開始更主動、相對獨立地展開工作。對政府工作的監督較具實質性。在投票批准行政官員任命時，不盲從黨務部門指定安排的現象已屢見不鮮。

　　無論如何，地方性分權、政企分離、基層政府機構商業化、基層選舉以及人大功能的改善，都在削弱集權政治，為中國政治民主化催生。同時，經濟的快速成長，中國的社會結構相應發生變化。經濟改革孕育產生了一代新生的中產階級，他們以自己的專業技能開創獨立的個人事業基礎，擁有相當財力，更具有獨立的政治意識。這群新生的中產階級開始組織形式多樣、功能獨立的專業協會、聯誼團體與商業組織，並透過運作，影響政府的決策，以維護自己的利益。另一方面，經濟的多元化與改革的深入使不同社會利益集團之間的衝突日益表面化，各個利益集團內部的利益共識逐漸增強，對照之下，原先由中共主導的集團其集體主義意識形態已經不再有效。簡而言之，各種社會利益集團的形成與成長推動了社會多元化，進一步削弱了集權控制。

第三節 李光耀對新加坡之貢獻[5]

── 建國偉人，新加坡國父

時間回到 1965 年 8 月 9 日中午 12 點鐘，李光耀召開一場宣布新加坡正式獨立的電視直播記者會。轉播到一半，李光耀一度哽咽到說不出話來，幾度拿起手帕，拭去眼中的淚水，最後不得已要求休息片刻。

並不是因為終於獨立，喜極而泣，而是因為嚴重的內部種族、政治衝突與理念不合，新加坡被逐出馬來西亞聯邦。推動和英屬馬來亞合併，是李光耀 1959 年首任新加坡總理以來的信念與夢想，因為他深信，新加坡無法獨立生存。那一天，他的信念與夢想，被徹底摧毀，新加坡「被迫」成為一個獨立國家。挫折、絕望、悲憤、背叛，全部湧上心頭，政治強人在公眾面前，竟也情緒崩潰。這一幕，被認為是新加坡歷史上，最叫人難忘的一刻。

那一年，李光耀才 42 歲，「被迫」成為新加坡建國總理。當時新加坡只有 200 萬人口，激烈的種族與政治衝突肆虐下，社會動盪不安，平均 GDP 才 500 多美元，面對急需創造就業機會、興建住房和學校等問題[6]，許多人都對這個城市國家是否能存活，打了個大問號。「新加坡一定會存活下來，」

---

5 李光耀：新加坡賴以生存的硬道理，大地出版社，2013 年 5 月，頁 69-70。
6 前註，頁 163。

收拾好情緒、重新出發的李光耀，在不久後的記者會，斬釘
截鐵地說，他已準備好證明新加坡無法獨立生存是錯的。25
年後，1990 年，當李光耀卸任總理時，新加坡已從一個第三
世界國家，躍升為第一世界的先進國家，平均 GDP 突破
10,000 美元。2015 年，新加坡慶祝獨立建國 50 周年之際，
這個城市國家不但是亞洲經濟巨人，也是全世界最富有、經
濟最發達的國家之一，平均 GDP 已接近 6 萬美元。

　　務實的面對自己的處境，隨時改變，適應大環境，才能
生存，是李光耀留給新加坡的最大遺產之一。「世界決定了我
們的命運，我們毫無選擇餘地，我們必須隨時改變，」2006
年第三次接受《天下雜誌》專訪時，李光耀強調。在他看來，
沒有資源、強鄰環伺的新加坡，無法單獨決定自己的命運，
不隨著國際大環境的變化，改變自己，根本無法生存。

一、政府機關優秀人才選拔

　　李光耀認為其自身最大的職責便是在全球範圍內網羅最
優秀的人才，負起領導和治理新加坡的責任，除非新加坡能
網羅最能幹、最堅強和最具有獻身精神的人才加入新加坡政
府，否則新加坡政府將會崩。對於高端人才的選拔和培養，
新加坡在借鑒全球許多大型機構組織高端人才選拔理論和實
踐的基礎上，建立了一套新加坡政府獨特的評估標準和程
式。其中，借鑒引進了許多跨國公司在高端人才選拔培養過
程中的科學的評估工具，譬如其中最重要的，高端人才的衡
量標準 —— "直升機素質" 便是李光耀先生在參考了許多跨

國公司的選拔總裁的辦法，瞭解了跨國公司如何招募和擢升高層人員的方法，經過研究比對，發覺英荷石油公司 —— 殼牌的高端人才衡量標準最為合理。殼牌公司認為評估領導者的潛能情況，主要由分析力、想象力和務實感三種要素組合而成，三種素質兼具，就形成一個人的主要特質，殼牌把它稱為一個人的"直升機素質"，即既能從巨集觀的角度鳥瞰事情和問題，又能確認關鍵的細節，調整焦距對症下藥。殼牌有一組專門的評估人員，其中至少兩位必須認識所有接受評估的人選，再共同按"直升機素質"給能力不相上下的執行級人員準確排名，最後確定人選。新加坡在試行這套系統後，發現它是個實際可靠的方法，於是就從 1983 年起在公共服務部門正式推行。

二、經濟政策成功

在建國初始，李光耀便意識到，對於缺乏資源稟賦的新加坡來說，必須通過對外開放、吸引來自美日等發達國家的資本的方式來發展經濟。他徹底拒絕了傳統經濟學家的"新殖民主義"理論，即認為西方國家的跨國公司從發展中國家購買原材料，又向發展中國家出售消費品是經濟侵略的看法。他說："新加坡也沒有天然資源可供跨國公司'剝削'，如果跨國公司能讓我們的工人獲得有報酬的工作，並教授他們技能、工程技術和管理的技巧，我們就應該把他們爭取過來。"隨著跨國公司的進駐，新加坡經濟快速發展，取得了巨大的成功。在美國傳統基金會發布的"2015 年經濟自由度

指數"中，新加坡名列全球第二。李光耀還高瞻遠矚地將成為區域金融中心作為其發展目標，大力扶持金融市場。 新加坡建國後，政府通過提供稅收、管理上的種種優惠，鼓勵金融發展，併進一步開放金融市場，吸引跨國金融機構。 新加坡早在 1968 年便建立了亞洲美元市場，開始走上金融國際化的道路。同時新加坡還借鑒外國經驗不斷改革和完善其金融制度。根據 2014 年 9 月頒佈的全球金融中心指數，新加坡如今已是全球第四大金融中心，僅次於紐約、倫敦和香港。

　　在李光耀金融改革的路上，謹慎與創新並行。在很長時間里，李光耀都堅持對金融行業採取了嚴格的條規和縝密的監管，以贏得國外銀行家對新加坡的信任，而非積極引進各種創新金融產品，以求激進的發展。李光耀說： "我相信我們需要更多時間建立新加坡的地位和聲譽。" 當時新加坡設立了新加坡金融管理局、新加坡貨幣發行局和新加坡政府投資公司，分別執行金融監管、貨幣發行和管理外匯儲備的職能，三者相互獨立又相互制約，有效地促進了新加坡國際金融中心的發展。但也有一些批評者曾這麼寫道： "在香港，沒有明文禁止就可以做。在新加坡，沒有明文批准就不可以做。" 這樣的情況一直持續到上世紀九〇年代，李光耀逐漸意識到新加坡金融市場相對於國際市場的落後，於是開始推動進一步的改革。1998 年，在李光耀的支持下，金融管理局進行了改組，在控制金融風險的同時賦予了市場參與者更多的權利，進一步開放國內銀行業，在一定程度上放寬監管以讓市場發揮更大的創意來推出新的金融產品。這些舉措進一步推動了新加坡的金融發展，使其適應了金融全球化的趨勢。

三、兩岸三地政治影響力大

　　李光耀在中國大陸與台灣之間扮演著平衡的角色，與兩方面都善於保持友好關係，因此也擔任了台海兩岸中間人的角色。在李光耀牽線下，海峽兩岸同意在新加坡舉行汪辜會談，使李光耀在當時成為改變兩岸關係的核心。根據李光耀回憶錄：「海峽兩岸以我為通話的渠道，也因此很自然地選擇了新加坡為一九九三年四月兩岸首個歷史性會談的地點。會談名為『汪辜會談』（大陸海協會會長汪道涵與台灣海基會董事長辜振甫），…我分別會見了汪辜兩人，知道兩岸元首交托給他們的會談議程各異…不出所料，會談並未促使兩岸關係改善。」

　　李光耀與台灣方面的聯繫十分密切。早在 1970 年代，新加坡與台灣展開多項軍事合作，他本人也多次訪問台灣，與蔣經國的私交很好。

　　2000 年陳水扁上任後，李光耀曾兩次訪問台灣，但與陳水扁關係一般。

　　與內地方面，自七○年代末，李光耀開始與中國內地交往，雙方都放棄了六○年代時的敵對政策。於 1990 年，李光耀親自致信予中國領導人，與鄧小平共同開啟中新建交進程。1978 年，鄧小平訪問新加坡，李光耀曾向鄧小平提出停止向外輸出革命：停止馬來西亞共產黨和印尼共產黨在華南的電台廣播；停止對游擊隊的支持。

　　不過李光耀對中國的評價在後來發生了微妙的變化。他

在一些場合以及論述中提到了對中國崛起的擔憂，也多次敦
促美國在亞太地區發揮更大的影響力，試圖在中美之間保持
平衡。李光耀二〇〇九年在華盛頓發表演講時曾稱，美國如
果不繼續參與亞洲事務、制衡日漸崛起的中國，將可能喪失
世界領先地位。這一言論引起了中國網民的強烈反應，認為
李光耀對中國極為不友善。新加坡領導人與後來的中國領導
人雖然繼續保持友好關係，但是程度已遠遠不如當年李光耀
與鄧小平的親密交情。

四、推行雙語政策成功

新加坡自建國以來即是物資貧瘠的蕞爾小國，但總是能
在馬來西亞、中國等鄰國列強環伺下屹立不搖，既保有獨立
地位又維繫緊密合作關係。今日新加坡的經濟蓬勃發展、社
會穩定和諧，更一舉躍升至全球競爭力、國民所得名列前茅
的頂尖進步國家，這一切與新加坡建國之父李光耀的遠見息
息相關。尤其他堅持將國際通用的英文列為「經濟／工作語
言」，並將文化悠長、使用人數眾多的華語列為不可喪失的「文
化語言」，雙語並重的政策讓李光耀自豪為建國基石之一。

新加坡建國 50 周年，從人口 200 多萬、人均所得 400 多
美元的城市國家，蛻變為今日亞洲富強之首，一路走來李光耀
面對艱困無數，但 2010 年，他接受外國媒體訪問：「您一生
覺得最困難的挑戰是什麼？」他毫不遲疑回答：「推行雙語政
策。」

1965 年，42 歲的總理李光耀面對的新加坡是，語言文化

四分五裂，國家認同各吹各調。以英文、華文、馬來文、淡米爾語授課的中小學，各自在教育系統中分流壯大，不同種族社會階層涇渭分明，「連唱國歌都沒辦法一起合唱，」他感慨。李光耀深知語言是決定國家認同與經濟競爭力的關鍵，卻也是地雷般重大議題，處理不慎必將引發社會動盪。然而，他克服重重難關，終於在 1987 年，在教育系統中統一語言源流，全國學校以英文為第一語言，母語為第二語文；並輔之以考試制度和師資課程設計，強化各種族母語教育。

　　終極目標是讓新加坡國民人人均擁有雙語優勢：英語為工作語言，母語為文化與經濟語言。

　　在其晚年回憶錄《我一生的挑戰：新加坡的雙語之路》中，他詳細敘述這條雙語之路一路走來的歷程，檢討其中的挫敗與成功，並驕傲在中國崛起的大氣候中，新加坡人如何以雙語競爭力在國際上取得經濟與政治特殊優勢。[7]

---

7 李光耀回憶錄：我一生的挑戰新加坡雙語之路，時報文化出版，2015 版，初版，頁 331。

第八章　結　　論

第一節　蔣經國在台灣實施美式之民主制度

　　蔣經國晚年推動改革開放政策，成功地促進台灣「政治自由化」及經濟的繁榮，而台灣的現代化與民主化，更是開發中國家發展的典範，民主與法治在台灣早已馳名國際，但美式以選舉至上的民主制度，在沒有蔣經國政治強人的領導下，民主使台灣經濟逐漸弱化，帶來人民生活困苦。台灣是否需要一個像李光耀出現或李光耀的洞見，而台灣的李光耀何在？台灣的民主政治該往何處去，值得二千三百萬台灣人共同深思。

一、蔣經國政治改革：威權→民主

　　蔣經國在台灣進行政治改革，屬於被動式反應。他不是主動地提出政治改革，而是因應環境、壓力的變化，適時地做出反應。這些反應除了受到美國的影響外，以他本人的意願為最主要的因素，而蔣經國選擇了往民主化、自由化的方向前進。身為政府最高領導人、在黨內亦無人可以挑戰的地

位，蔣經國的決定左右了台灣的未來。面對國內外情勢的變化，蔣經國不選擇強力鎮壓國內民意以面對國際的惡劣環境，反而加強民意在政治上的發聲，並且對黨、正進行改造，讓台灣在穩定的社會與安定的施政下持續高度的經濟發展，並且能夠面對國際關係惡劣環境。蔣經國的政治改革，無疑地為台灣的未來打下持續進步的基礎。

二、美式民主困境，考驗台灣

台灣正在面臨著民主的試煉，其挑戰有主要三項：

1、侍從主義與派系政治綁架了代議民主。地方派系操控了議會、農漁會和許多社團組織，買票和賄絡成為政治利益交換的主要形式。而草根動員結構徹底為自下而上的利益結構所包矗，弱化了公民社會的自主和社會資本的積累。政治人員不得不為紅白帖，派系動員和特權關說而奔波，公共福祉已轉化為以權謀私和利益交換。立法院則成為強勢、迂腐、卻無效率的民主之癌，並且惡化為腐敗的政治巨靈。現在還進一步綁架行政院，讓政府空轉。

2、權貴世襲與朋黨政治操縱著政黨運作。民進黨的天王和國民黨內的門閥，操控政黨運作，反映出政治權力世襲化和權貴化的趨勢。但政黨基本理念卻日趨薄弱，藉揚棄意識形態之名，模糊彼此分際，實則在各級議會內部進行跨越藍綠的利益交換，導致政策內涵的空洞化和民粹訴求的普遍化，讓朋黨現象取代政治的內核。這不但削弱了公共政策和財富分配的品質，也使民主制衡的本質日益虛化。

3、選舉民主取代了自由民主。選舉原本只是民主競爭的主要手段，其目的是選賢與能，強化國會監督和執政能力、實施善治和良政，以嘉惠百姓。然而在台灣卻變成「選舉等於民主」，政客和政黨透過選舉進行利益分配，進行買票、賣票和錢權交換，使選舉成為財富再分配的重要途徑。於是，執政的唯一目的就是繼續執政、也就是等待下一次的勝選。[1]台灣該何去何從，值得二千三百萬人共同省思。尤其是 2014年 3 月太陽花學運，霸佔立法院，2015 年 7 月高中學生因課綱爭議，侵占教育部部長室，在在顯示政府公權力失能。

三、台灣需要一個李光耀嗎？

李光耀過世，舉世哀悼。一個面積排名全球第 190、人口排名第 114 的國家領袖，卻能夠享有這樣的殊榮，歷史上絕無僅有。對照現在的台灣，豈不是也需要一個像他這樣的領袖人物？李光耀之所以成功原因在於，他主政時不計毀譽，只要胸有定見，雖千萬人吾往矣。正如美國副總統拜登在唁電中所說，「李光耀很務實，唯亦有其堅持」。此外他瞻顧世局，見人所未見，例如他評論美國打越戰「讓東南亞國家因此有了更多時間發展」這就是從歷史的縱深及地緣的廣闊看當代的事與人。[2]

---

1 中國時報，104 年 3 月 25 日時論廣場 A21。
2 中國時報，104 年 3 月 24 日李光耀逝世特別報導 A5。

四、為什麼台灣沒有李光耀的洞見？

對比台灣的領導人，李光耀最大的遠見與智慧，在於面對「大陸崛起」大歷史的判斷，台灣領導人的解讀主要是威脅，李光耀卻重視其中含藏的無窮機會。在最近出版的英文版「李光耀回憶錄」中，李光耀挑明面對中國崛起成為世界經濟大國的趨勢，他所思考的主要課題即是新加坡該如何繼續扮演對中國有用的角色？他直言「新加坡確保競爭優勢的方法只有一個，就是不斷提升我們的水準。如果我們停下來，自滿了，就會被淘汰。」正是這樣的洞見，才使李光耀在處理與大陸的關係上，展現宏觀的格局與氣勢。換言之，李光耀所掌理的新加坡，儘管在幅員與資源上，根本就是微不足道的彈丸之地，卻能有效藉由中國崛起的優勢，遊走於歐美、東協與大陸之間，積極扮演串連與溝通協調的角色，甚至藉此大幅擴張了新加坡在國際社會上的發言權與影響力。相較於李光耀的見識，台灣的領導精英，談兩岸永遠都只有模糊的政策，卻無任何高遠的願景與理念，心中算計的也永遠只有選票，所言所行也永遠不是瞻前就是顧後，最後就是將台灣所有優勢與機會全蹉跎掉，原本遊刃有餘的空間也越做越小，最後全都關著門玩內鬥，讓台灣在國際社會影響力與發言權越來越微不足道。李光耀以自身的成就對照台灣領導精英的失能，可能是他留給台灣最大的資產。[3]

---

3 同註 2。

五、台灣的李光耀何在？

　　新加坡在李光耀執政之時，不只擺脫馬來西亞的遺棄，獨立生存下來，更創造了富庶繁榮的新加坡。尤其新加坡不以國小而自卑，相反的在有效治理下，讓新加坡在國際上聲名大噪，沒有哪國敢輕忽這個城市國家。相較於台灣，有許多基礎條件並不遜於新加坡，卻是少了一位像李光耀的政治人物；尤其國內有少數政治人物不喜歡拿新加坡做比較，認為對方是城市國市，不能相提並論。但試想如果台灣每一個城市的執政者都以新加坡做榜樣，都以李光耀心繫國家，國家焉有不強之理。新加坡創造了如此光彩的國家奇蹟，李光耀應居首功。[4]

第二節　鄧小平改革開放

── 實行中國特色的社會主義

　　鄧小平三上三下，主導中國改革，在政治制度上以具中國特色之社會主義及一國二制為核心思想，在經濟上極力以務實作風之大方向推動「改革開放」政策，全面性的改革，包括經濟制度改革、政治制度改革和相對應其他各個領域改

---

4 中國時報，104 年 3 月 25 日，時論廣場 A20。

革。以政治防右，經濟防左之精神，進行改革與開放，不僅改變中國命運，且扭轉世界的脈動。鄧小平帝國三十年歷史表明:它包括的兩個方面，一個是對外開放與擴張不可逆轉；另一個是反自由民主、反人權的專制奴役制度同樣不可逆轉。這是鄧小平帝國的一體兩面，而且對外愈開放、愈擴張，對內愈嚴控、嚴禁、嚴打。[5]李光耀亦曾說:「中國不會實施一人一票制度，會出現的是一批領導人被另一批領導人取代。」[6]

一、實施具有中國特色的社會主義

　　一九七八年中共第十一屆三中全會，如中共內部所言是一次撥亂反正，歷史關鍵轉折的重要會議，會中最重要、最關鍵的決策就是將中共發展的重點、大陸人民的注意力及過去「以階級鬥爭為綱」的政治路線，轉移到搞好四個現代化，以經濟建設為中心的社會主義現代化建設；建立已發展生產力為中心，從封閉成為各方面改革開放的政治路線。此時期以鄧小平為核心的中共第二代領導班子，逐漸成型，並開始走上「鄧小平路線」。此次全會已在中共所謂堅持社會主義的前提下，為必要的經濟體制改革和與之適應的政治體制改革走出具決定性意義的第一步。

　　鄧小平在會中指出:要實現現代化，就必須確立解放思想、實事求是的思想路線。該次會議高度評價關於「實踐是

5 阮銘，鄧小平帝國30年，玉山社,2009年9月1刷，頁288。
6 李光耀觀天下，遠見天下文化出版，2014年版，第1版，頁32-33。

檢驗真理的唯一標準」之討論，否定「兩個凡是」方針-「凡是毛主席作出的決策，我們堅決維護，凡是毛主席的指示，我們始終不逾地遵循」。全會重新確立馬克思主意政治路線，並停止使用「以階級鬥爭為綱」之口號。鄧小平同時在對國家經濟發展定位方面強調：「由於中共經濟體制權力過於集中，應該有計劃的下放，發揮國家、地方、企業和勞動者之間的積極性，而當前最迫切地是擴大廠礦企業和生產隊之自主權」。全會經討論肯定權力下放的原則，並提出對權力過於集中的經濟管理體制和經營管理方法進行改革，解決黨企不分、以黨代政、以政代企的現象。

　　然而，中共的十三大則提出了「一個中心，兩個基本點」的基本路線，將「以經濟建設為中心」（兩個基本點為改革開放和「堅持四個基本原則」：堅持社會主義道路、無產階級專政、共產黨領導、馬列主義與毛澤東思想），作為鄧小平建設有中國特色社會主義理論的核心思想。鄧小平堅持以馬克思主義理論與中國實際相結合的基本原則為指導，建立具有顯明中國特色的社會主義，以下八條內容，可以說是鄧小平帝國的綱領：[7]

　　（一）「一個中心，兩個基本點」，「兩手硬」的基本路線「一百年不變」。

　　（二）「搞資產自由化就是走資本主義道路」，「在自由化問題上不能讓」。

　　（三）「依靠無產階級專政保衛社會主義」，「用專政

---

7 阮銘，鄧小平帝國 30 年，玉山社，2009 年 9 月 1 刷，頁 197。

手段鞏固政權」。

（四）「政治體制改革的前提是堅持四項基本原則，不能搬用資產階級民主，不能搞三權鼎立那一套」。

（五）「防止和平演變」。「西方國家在打一場無硝煙的第三次大戰，要社會主義國家和平演變」。

（六）「一個國家，兩種制度」。

（七）「三代核心」論。

（八）「警惕右，主要防止左」。「自由化，動亂是右，認為和平演變主要危險來自經濟領域是左」。

二、一國兩制

根據中國共產黨文獻「鄧小平理論」，「一國兩制」的基本涵義是在一個中國的前提下，國家的主體堅持社會主義制度；香港、澳門、台灣是中國不可分割的組成部分，它們作為特別行政區保持原有資本主義制度和生活方式長期不變。至今，「一國兩制」應用於香港與澳門。作為這種制度的確立，1984 年 12 月，中英簽屬「中英聯合聲明」，中國將恢復對香港行使主權。1986 年，中葡簽屬了「中葡聯合聲明」。香港與澳門分別於 1997 年和 1999 年回歸中國。鄧小平堅持以和平方式解決台灣問題，並建議在「一個中國」的基礎上，舉行國共兩黨平等會談，實行第三次合作。[8]他所希望的合作並未成功。

---

8 維基百科
https://zh.wikipedia.org/wiki/%E9%82%93%E5%B0%8F%E5%B9%B3

三、經濟反左、政治反右精神

鄧小平在 1992 到南方巡視發表的談話內容，主要為堅持改革開放政策，加深改革，擴大開放造勢。其講話共分六段，前三段皆談改革開放，篇幅超過全文五分之三。後三段則談意識型態問題和政治問題。總的精神為「經濟反左」，「政治反右」。首先，鄧小平指出，革命是解放生產力，改革也是解放生產力。…六四以後我們國家能穩定即因為我們搞了改革開放，促進經濟發展，人民生活得到改善。接著，鄧小平談到姓「資」姓「社」問題。其指出，「應該主要看是否有力發展社會主義社會生產力，是否有力提高社會主義國家綜合國力，是否有利於提高人民生活水平」。「特區姓社不姓資，從深圳情況看，公有制是主體，外商投資只佔四分之一。外資部分，可從稅收，勞務等得到益處。鄧小平另提到對資本主義之認識問題。鄧表示「計劃多一點還是市場多一點，不是社會主義與資本主義之本質區別。計劃經濟不等於社會主義；市場經濟不等於資本主義。社會主義本質是解放生產力，發展生產力，消滅剝削，消除兩極分化，最後達到共同富裕。」。「社會主義要贏得與資本主義相比較之優勢，就必須大膽吸收和借鑑人類社會創造之一切文明成果。吸收和借鑑當今世界各國包括資本主義發達國家之一切反映現代化生產規律之先進經營方式，管理方法」。[9]

9 林毅夫、蔡昉、李周著，中國經濟改革與發展，台北：聯經事業出版公司，2000 年七月初版，頁 4-5。

四、改革理念

　　一九七八年十一屆三中全會，鄧小平開始推展改革和開放政策。改革是全面性的，包括經濟體制改革、政治體制改革和相對應其他各個領域改革。其總體目的是要有利於鞏固社會主義制度及中共一黨專政。在鄧小平經改的理念部分，鄧小平不諱言宣稱要借鏡與學習資本主義作法，以便提出新的理論與方法，其改革理念可概歸納以下十項[10]：

　　（一）改變對待馬列毛之態度。

　　（二）提出經濟第一的理論：此係由於中共改革派認為大陸社會內部主要矛盾，都是源於無產階級與資產階級間之矛盾造成，而現在則為物質需求與落後生產力間矛盾。故要把經濟建設當作中心，大力發展社會生產力。

　　（三）注入部分資本主義之做法：鄧小平基於「資本主義社會中有許多東西對社會主義建設是有用」的看法，在一九八四年六月同意「大陸開放一些城市，允許一些資本主義進入」補充社會主義經濟的發展。

　　（四）運用競爭為經濟推力：為使經濟活化，中共肯定競爭是經濟發展的動力，有助於進一部改革，但需認清競爭是客觀存在的事實，不是資本主義特有。

　　（五）發展有計劃的商品經濟：重新肯定商品經濟的發展，是社會經濟發展的不可逾越階段，為實現經濟現代化必

---

10 前註，頁 10-15。

要條件；堅持社會主義條件下發展商品經濟。

（六）打破平均主義：改革派認為「富裕程度上出現差距」是正常現象，故讓一部份先富起來，符合人類社會發展規律，打破人人有份，份份相等的局面。

（七）提出富民政策：中共糾正「富就會變修、富就會變資」理論，重新強調「民富才是國富的基礎」，開始放手讓人民自己生產和經營。

（八）重視物質刺激：鄧小平指出「革命是在物質利益基礎上產生的，不能只講犧牲精神，不講物質利益」。

（九）建立門戶開放觀念：引進西方國家技術資金，改革派經濟理論家在「所有國家經濟發展都必須聯繫到國際經濟關係」，推動「門戶開放、互通有無」觀念。

（十）改變傳統消費模式：以往「消費」被視為資產階級腐化生活，並提倡苦行生活。在發展生產力需求下，改革派宣揚「現代化生產者應有能掙能花思想觀念。

從上述鄧小平進行經改理念，不難看出以往全面否定資產階級觀念，在全力發展經濟的前提下，逐步緩和，接受資本主義的方式。此可從以下簡列出鄧小平於農村進行之經濟改革採行之方式即可看出，雖鄧小平未能明言對資本家做法為何，但在實際作為上，已鬆綁以往對資本家之壓迫與限制。

毛澤東統治時期，中共採閉關鎖國政策，經濟上不存在吸收外資問題。鄧小平實行經濟改革之重要特點，為對外實行門戶開放政策，大量吸引外資，發展「三資」企業，以沿海經濟特區與廣東、福建兩省作為吸收外資之重要地區。

第三節　李光耀之治國模式

── 鐵腕治國、軟性獨裁

　　李光耀將新加坡從一個貧窮資源缺乏的小島帶領至經濟繁榮世界一流的國家，他主導新加坡的轉型，在其任內推動了開發裕廊工業園區、創立公積金制度、成立廉政公署、進行教育改革等多項政策，成功使新加坡在三十年內發展成為亞洲最富裕繁榮的國家之一，讓新加坡的經濟取得了西方式的成功。他雖受英國現代民主法治教育，卻不採西方民主制度，反而實施嚴格法治制度，以威權統治新加坡，被批評者稱為軟性獨裁者。隨著時代變化，未來的新加坡將走往何方向，需新加坡人民共同深省。

一、李光耀創造亞洲價值

　　這套被批評者稱為軟性獨裁的「新加坡模式」，特色包括中央集權、經濟自由化、清廉政府、配合壓抑反對勢力並限制言論自由，備受亞洲各國領袖讚許，並成為眾多學者研究對象。美國前國務卿季辛吉曾說，比起其他世界領袖，李光耀「教了我更多」；英國前首相布萊爾稱他是「我所見過最聰明的領袖」。李光耀對於中國大陸及其領導人總有敏銳的

判斷，北京也很尊敬他，他有時協助東西方彼此了解。[11]李光耀的「亞洲價值」中最重要的是相信嚴明的紀律和漠視民主。

　　他說民主不適合開發中國家。在 1959 年到 1990 年擔任總理期間，他創造了以效率和清廉聞名的行政體系，成為新加坡經濟起飛的基礎。

二、一黨專政

　　新加坡是典型的一黨專政國家，建國近半世紀，人民行動黨一直是唯一的執政黨，一院制國會始終不曾出現具備監督力量的反對黨。新加坡創造出一套獨特的「集選區」制度，確保人民行動黨只需 60%得票率就可以囊括國會 95%以上席次。新加坡長期壓制言論自由，政府藉由持股控制該國兩大媒體集團，反對聲音也很難透過其他私人機構發聲。在「無國界記者」（RSF）等組織的新聞自由度排行榜上，新加坡向來被列為缺乏新聞自由的國家。新加坡政府經常控告批評它的外國媒體，或限制這些媒體在新加坡的發行。對於網際網路，新加坡也是嚴密管制監控，程度絕不遜於中國的「萬里防火牆」。不難想見，新加坡當局對任何集會活動都非常關注，達到一定人數的戶外集會都須向警方備案。新加坡政府打擊政敵與異議人士從不手軟，內部安全局（ISD）擁有非常大的權力，殖民地時期留下來的《內部安全法》授權可在必要時無限期拘留任何可能威脅種族和諧與社會穩定的人

---

11 聯合報，104 年 3 月 24 日，A3 版。

士，並可在不經審訊的情況下羈押多年。

三、是一位大開大闔的領導

　　有人將人才分成三種:第三流人才追求一生無風無浪;第二流人才能乘風破浪;第一流人才則是會興風作浪，以便開創新局。李光耀就是大開大闔的第一流人才。國父孫中山，曾指革命事業就是要「鼓勵風潮，造成時勢」，李光耀亦是如此。[12]他愛國情操之殷切，可見於他任職總理時的一句名言:「就算你們把我放入墳墓，當我感覺有些事情不對時，我會從墓中跳出來。」身為亞洲舉足輕重的領導人，李光耀獨特的領導風格，開創出新加坡一向為人稱道的高效率政府。在世界各國紛紛面臨領導危機，政府功能日益萎縮時，新加坡是少數仍能強而有力執行政策的國家。臨事而懼，好謀以成，貫串李光耀領導與治理新加坡的核心思維與作風。李光耀常言:「我的政治思想是從危機和挑戰中提煉出來的。」他時時提醒國人「認識我國社會的脆弱本質」。因為國本脆弱，所以他認為非有明智而剛毅的政治精英施展大魄力，強勢領導國家與管治人民不可。

四、威權治理新加坡

　　新加坡獨立後，李光耀積極推動經濟改革與發展，他推動創建工業園區、將新加坡打造成一個出口港、鼓勵外國投

---

12 聯合報，104 年 3 月 24 日，民意論壇，A14。

資等。同時他也採取措施改善民生，他創立公積金制度並進行衛生和教育改革等，在他執政的三十年內，新加坡成為亞洲最富裕繁榮的國家之一。不過，接受了西方教育的李光耀在政治上並不民主，他強調合作和紀律。他打擊政敵毫不手軟。他曾把早年和他合作，後來對其統治構成威脅的社會主義陣線領導人林清祥拘禁 20 多年，驅出新加坡。另外，他還通過司法手段如控告誹謗罪等，打壓反對者。新加坡的《國內安全法》，授予政府在必要時 "不經審判" 即得以 "無限期拘禁" 危害國家安全的人士。李光耀所發展起來的 "新加坡模式"，即保持經濟增長和實行嚴格的社會控制，使他成為亞洲最具影響力的政治人物之一。他的治國效率和廉潔執政備受讚譽，可同時也遭到人權組織的指責，批評他限制政治自由，並通過起訴反對者誹謗對他們施加恐嚇。1990 年，李光耀辭去總理職務，留任內閣資政至 2011 年。他對新加坡政壇的影響也一直在繼續。[13]

五、對兩岸最有啓發的政治家

被譽為新加坡國父的李光耀，擔任總理時，在台灣外交孤立無援年代仍頻頻來訪，不僅與前總統蔣經國建立深厚交情，與我國歷任總統也都有接觸，來台訪問超過 25 次，外交部還以「高賓演習」作為代號，1990 年轉任資政後穿梭於兩岸之間，促成民國 93 年辜汪會談在新加坡召開。一九七八年

13　維基百科
https://zh.wikipedia.org/wiki/%E6%9D%8E%E5%85%89%E8%80%80

十月，鄧小平訪問新加坡，深受啟發，新加坡模式是中國大陸走向改革開放的最重要激勵。[14]二〇〇六年，李光耀接受台灣《天下》雜誌訪問，認為台灣沒有正視中國大陸的崛起，他說：「今天台灣的表現沒有達到應有的水準，原因之一就是台灣自我設限，而沒能面對現實作調整。」不過，李氏對台灣的中華文化和一些典章制度也有他的敬重。記得有一次，他曾經問《天下》雜誌記者：「貴國除了總統與五院院長之外，哪個職位最為崇高？」《天下》雜誌記者回答說：「總統府資政。」記者當時只是一句回應，沒想到一九九一年他從總理職位退休下來後的職稱，即是「國務資政」。

第四節　小　結

三位傑出之華人蔣經國、鄧小平與李光耀經國治世，均採取各自不同的政治制度，其發展結果均不相同，對人民生活方式之影響亦完全不同，其優劣勝敗歷史上實難以評估比較，但兩岸之政治制度，可以相互借鏡融入，即台灣之民主與法治，大陸可借鏡融入，而大陸之中央強勢統治領導，亦可作為台灣借鏡融入，相互彌補而三人之最終目標均相同，分述如下：

---

14 維基百科
https://zh.wikipedia.org/wiki/%E6%9D%8E%E5%85%89%E8%80%80

一、兩岸政治制度之互補融一[15]

　　大陸國台辦發言人范麗青強調，「兩岸選擇了不同的政治發展道路。台灣同胞對於社會制度和生活方式的選擇，我們予以尊重。」但另一方面，范麗青也說：「對於台灣政治發展道路對其自身社會政治穩定、經濟發展帶來什麼影響，我們無意評論。」，「但希望台灣方面尊重大陸 13 億人民的選擇和追求」。

　　如果「民主」意味著「由人民統治」，或者相對於「將權力交給單一個人」，是「將統治權力交給多數人」，中國古代也有部落共同體的集體決策，有上古城邦時代的「國人」參政議政，以及貴族共和的傳統。到了中古隋唐時代，甚至清朝初年，貴族共同議政、限制君主專制仍然是中國政治制度與運作中的重要組成部分，這些都屬於「民主」的範疇，或者說是民主的萌芽。

　　不管是國民政府時期的國民黨，或是從革命到建國、執政的共產黨，都自居是民主的信奉者、實踐者，只不過對民主有各自的詮釋，也未必能等同於西方自由民主制。事實上，很多西方自由民主制的支持者，也都認同一句老話：「民主並非盡善盡美，但卻是所有已知制度中最好的。」

　　西方自由民主制的優劣成敗，曾經是爭論的大焦點，尤其在冷戰時代，是東西方意識形態對立的核心課題之一。「蘇

東波」之後，知名的西方學者法蘭西斯‧福山在 1989 年曾提出「歷史終結論」的說法，宣稱自由民主制的誕生代表歷史的終結，沒有比民主更好的方案。

然而，傳統蘇聯東歐集權社會主義的失敗，無法直接等同於西方自由民主制度的成功，從 1989 年到現在，由於美英集團發動的幾次戰爭，金融危機的衝擊，社會貧富差距的不斷拉大，跨國公司和金融財團的支配力量膨脹，以及許多國家的政治騷亂，越來越多人質疑西方自由民主制的優越性。

如今，福山本人也出現了論點的調整，3 年前他出版的《政治秩序和政治衰落：從工業革命到民主全球化》一書，強調「民主制度始終只不過是政治穩定的一個組成部分。在錯誤的情況下，民主制度也可能成為引發不穩定的因素。」核心論點是：一個秩序良好的社會需要三個構成要素：「強有力的政府」、「法治」和「民主問責」，同樣重要的是，福山強調「三者缺一不可」。

福山提供了一個標準讓我們來檢視政治制度的良窳，他自己就曾指出印度因殖民統治的歷史而擁有了「法治」和「民主問責」（當然印度的法治往往有官僚主義和效率低下的缺點，而民主常常是「混亂和繁瑣的」），另一方面，印度中央政府的權威卻相對較弱。福山認為印度在他提的三條件中滿足了兩個，「算不上很差，但也遠未大功告成。」

由「福山三條件」看台灣，我們可以說台灣的「法治」和「民主問責」初步建立了起來，當然有很多需要改進調整的空間，但另一方面，我們卻缺乏一個「強政府」，嚴重影響了政治社會的穩定和經濟發展的方向與速度。這是「台式

民主」的大問題、大難題。另一方面，如同福山指出的，大陸「因其帝國歷史而擁有強大的中央政府」，但不可否認的是，在「法治」和「民主問責」方面確實是有更多改進空間。

從兩岸的對比來看，其實提供了我們進一步思考的方向。首先，過去我們常說兩岸的經濟分工是互補互利，如今從「福山三條件」來檢視，兩岸的政治制度與政治現代化的優劣在某種程度上也是可以互補、相互學習的。其次，很多人忽略了，「強政府」也曾是台灣經濟發展過程中的正面因素，和很多人認識的不同，台灣經濟發展的成功並非是基於新自由經濟學的「自由經濟」、「私有產權」，反而應該看到經濟計畫、國營事業、外匯管制等要素與政策的作用。最後，在大陸擁有「強政府」的情況下，大陸在推動「民主問責」和「法治」方面的改革其實有比較深厚的基礎與後盾，可以循序漸進、穩步向前。

政治體制是動態的、發展的，「台式民主」、「大陸式民主」沒有絕對的好或絕對的壞，需要的是交流與互補，包容與學習，共同走向未來的融一。

二、三人之共同目標

蔣經國、鄧小平與李光耀三人經國治事採取之手段與方法雖各有不同，但其目標均在追求「國強民富」，此為其三人之共同目標。

又三人均提倡儒家思想，期盼建立「東方道德價值」，中國大陸國內外均積極成立孔子學院，全球有 358 所孔子學

院推動儒家教育。[16]台灣民國二十八年教育通令全國將孔子誕辰八月二十七日訂為教師節。後來經曆數及考紀專家將孔子誕辰換算為國曆應為九月二十八日;故於民國四十一年由行政院提請總統明令:孔子誕辰及教師節改為九月二十八日,以紀念至聖先師,並慰勞教師們經年的辛勞。則新加坡李光耀認為儒家倫理是自小在家中學到的價值觀。[17]儒家倫理概念為修身、齊家、治國平天下[18],與李光耀的思想一致,且主張人人都必須以成為君子為目標,修身養性是成為君子的基本條件。[19]台灣的民主制度不適合中國大陸與新加坡,中國大陸之統治方式不適合台灣與新加坡,而新加坡之治國方式也不能適合中國大陸與台灣,因為三地之國情、環境與歷史背景均不相同,各有其特殊背景,台灣之民主法治、中國大陸之威權統治制度,新加坡之一黨領導均應加以尊重,但三地領導人之共同目標在追求「國強民富」,均以民為本。故無誰是誰非、制度好壞之問題,只有適合與否之問題。

16 維基百科
 https://zh.wikipedia.org/wiki/%E5%AD%94%E5%AD%90%E5%AD%A6%E9%99%A2
17 李光耀觀天下,遠見天下文化出版,2014年版,第1版,頁348。
18 新加坡國家檔案館,李光耀選擇了新加坡 —— 政策篇,CENGAGE Learning,2013年,頁56。
19 陳國祥,硬耿領導:客家籍政治領袖的志節與功過,印刻出版,2011年6月初版,頁187。

附錄一：蔣經國大事年表

■民國前二年（宣統二年庚戌　公元一九一〇年）

農曆三月十八日，誕生於浙江省奉化縣溪口鎮。幼名建豐，但一生少用此別號。曾祖名斯千，字玉表。祖父明肇聰，字甫菴。祖母王氏。父名中正，字介石。生母毛福梅。

■民國五年（一九一六）

進入奉化縣武山學校就讀，業師為同里周東（星垣）先生。

■民國十年（一九二一）

肄業奉化龍津學校，課餘從王歐聲先生講解經學，精讀「說文解字」、「爾雅」等書。

■民國十一年（一九二二）

進入上海萬竹小學高等四年級，仍由王歐聲先生隨往兼教國文。

■民國十四年（一九二五）

春，考入上海浦東中學肄業，曾撰「天堂與地獄」一文，為其寫作有興趣之始。六月赴北平，轉入吳稚暉創辦的「海外補習學校」。十月初，經林煥庭介紹在上海宣示入黨。十一月底，到達莫斯科，進入中山大學（亦稱孫逸仙大學）。

■民國十五年（一九二六）

用功學習俄文，並研究西方革命史與政治經濟。曾在一次莫斯科三千餘人知群眾大會上，以俄文演講「中國北伐之目的及其最後成功的道理」。又在學生報發表「中國革命與中國共產黨」一文，解說共產黨政策的錯誤。

■民國十六年（一九二七）

中國國民黨北伐後奠都南京，實行清黨反共。

四月，畢業於中山大學，曾向共產黨國際要求回國，未獲允許（按：為人質生涯的開始）。失望之餘，乃申請加入蘇聯紅軍，獲准後，被派至駐莫斯科紅軍第一師為學兵。

■民國十七年（一九二八）

經蘇聯政府選入列寧格勒之中央紅軍托馬特契夫軍事政治研究院。年底，中共進駐莫斯科代表團誣他組織反革命團體—浙江同鄉會，建議逮捕他，惟未得逞。

■民國十九年（一九三〇）

六月初，被派為列寧大學（原孫逸仙大學）中國學生訪問團副指導員，並擔任翻譯工作，至外高加索及烏克蘭等地參觀。

十一月，被派往莫斯科狄拿馬電器工廠任學徒，亦即俄共磨滅人類心靈的「勞動改造」。

■民國二十年（一九三一）

十月，列寧大學發生風潮，因公開譴責中共代表陳紹禹而被迫離開莫斯科。

■民國二十一年（一九三二）

十一月，被派至烏拉山區司佛達爾夫斯基城待命，旋又臥病，病中輒以「總有見父母之一日」自我安慰。

■民國二十二年（一九三三）

一月，大病初癒。忽以「參加生產勞動」名義，被俄共烏拉爾省黨部送往西伯利亞，在實際為「集中營」之阿爾達金礦做礦工，在冰天雪地中重度飢寒交迫之生活。

十月，返司佛爾達夫斯基，隨即受聘為烏拉爾重機器製造廠擔任技術師，並進工程夜校進修，一年後升任為該廠副廠長，兼任「重工業日報」主筆。在此廠工作期間，認識芬娜，獲得珍貴友誼並進而相愛。

■民國二十三年（一九三四）

六月，中共在俄代表陳紹禹電邀至莫斯科與他見面，捏造謠言恫嚇。

十二月，蘇聯內務部烏拉爾支部代表立失托夫召見，當面表示：「中國政府要求放你回去，可是我們不想放你回去。」

■民國二十四年（一九三五）

三月十五日，與方良夫人結婚，夫人俄名芬娜，出取名芳娘，返國後易名方良。

十二月十四日，長公子孝文出生於烏拉山旅次。

■民國二十五年（一九三六）

六月，被蘇聯共產黨烏拉爾委員會撤免烏拉爾重機器製造廠副廠長及「重工業日報」主編職務。

十二月十二日，蔣委員在西安蒙難，消息傳至蘇俄，異常激憤，且慮父危，即上書父母，託友人輾轉寄回國內。同時致函共產國際主席及史達林要求准予返國。三週後，被告以暫回烏拉爾等待。

■民國二十六年（一九三七）

二月初，他再函史達林強烈要求回國。一週後，蘇聯外交部邀至莫斯科正式告知：「蘇聯政府尊重在南京的中國政府以及其領導者蔣委員長之友善態度，決定送他返國。」三月二十五日，攜夫人及長公子孝文離莫斯科，往海參崴返國。

四月下旬，奉父命屏居溪口故里，專心研讀《陽明全書》、《曾文正公家訓》、《論語》、《朱子綱目》等書暨孫中山先生遺著。並將在蘇聯所經歷之事，撰成《冰天雪地》與《去國十三年》兩書。

■民國二十七年（一九三八）

二月十五日，女公子孝章出生。

七月九日，「三民主義青年團」正式成立，蔣總裁兼任團長，選舉中他以第一高票當選幹事，一時被目為明日的政治之星。

九月，奉命兼任江西省保安司令部新兵督練處少將副處長。

■民國二十八年（一九三九）

六月，受任為江西省第四行政區（即贛南專區，包括贛線、大庾、龍南、定南、虔南、上猶、信豐、安達、尋鄔、南康和崇義等十一個縣）行政督察專員，兼保安司令、贛縣縣長，開始致力於新贛南之建設。展現青年有為之政治魅力，亦為一生政治事業的發軔。

十二月，在贛州赤珠嶺及黎莞背村分別舉辦第一、二期「青幹班」，自兼班主任，培訓二百七十餘人，派往各縣青年團工作。章亞若為該班第一期學員，深得其器重，結訓後

在專屬工作。

十二月十二日，日軍轉炸浙江省奉化縣溪口，生母毛太夫人不幸遇難，聞耗後哀痛逾恆，即於十四日星夜驅車自贛州趕回溪口奔喪。

■民國二十九年（一九四○年）

一月，總結擔任江西第四區行政專屬半年工作，提出「九分政治，一分軍事相結合」，展開「清鄉運動」，舉辦槍隻登記和查驗戶口。

十月一日，召開江西省第四區擴大行政會議，通過「新贛南建設的三年計畫」。

■民國三十年（一九四一）

一月，發表元旦「告贛南同胞書」。公布「建設新贛南三年計畫第一年計畫」。在贛縣吉埠建立「扶植自耕農，耕者有其田」示範區。下令改長岡嶺為虎岡，並開始在此地籌建新中國兒童新村。明令贛南各縣停徵花捐，嚴格禁娼。

五月九日，在江西「青年日報」發表「國父對馬克思主義的批判」專文。十月一日，創辦「正義日報」，自兼社長。

■民國三十一年（一九四二）

一月，發表「父親怎樣教我讀書做人做事」專文。兼任幹線防空司令部司令。二月，章亞若在廣西省立桂林醫院產下雙胞胎男兒，親自命名為孝嚴、孝慈。八月，章亞若在桂林突然逝世，深感哀痛。

■民國三十二年（一九四三年）

一月二十二日，正氣日報統計，民國三十一年間，他共接見民眾一○二人次。

　　三月二十九日，赴渝出席三民主義青年團第一次全國代表大會，高票當選為中央幹事。

　　■民國三十三年（一九四四）

　　十月，蔣主席正式發表文告，號召全國知識青年從軍報國。此即「一寸河山一寸血，十萬青年十萬軍」的宣示。受任為「全國知識青年從軍徵集委員會」委員，兼中央幹校徵集委員會主任委員。

　　■民國三十四年（一九四五）

　　二月一日，贛南警備司令部成立，任副司令，駐贛縣第二十五軍軍長劉多荃任司令。

　　二十五日，次公子孝武出生。

　　二十七日，隨行政院長兼外交部長宋子文赴俄，為雅爾達密約事直接交涉。

　　七月底，奉准辭去贛南專員，由楊明繼任。

　　十月十日，以外交部東北特派員身分，與軍事委員會東北行營主任熊式輝、經濟委員會主任委員張嘉璈等六人，銜命飛平，轉赴長春，處理接收事宜。

　　十二月三十日，抵達莫斯科後，與史達林晤談兩次。

　　■民國三十五年（一九四六）

　　九月二十四日，隨侍蔣主席由盧山飛贛州巡視。蔣主席嘉許新贛南建設政績，引以為慰，並以「閎遠精實」四字許之。

　　■民國三十六年（一九四七）

　　一月，國防部預備幹部管理處改為國防部預備幹部訓練局，受任為局長。

　　三月十七日，隨國防部長白崇禧等依刑十四人搭機抵

台，為「二二八」事件代表政府宣慰台胞，並處理善後，表示要善待台胞，不可報復，撫平傷痕。此為他關心台灣之開始。

四月，國立政治大學宣告在南京成立，教育長段錫朋因病辭職，受教育部聘代理教育長職務，八月，政大改行校長制，離職。

■民國三十七年（一九四八）

八月二十一日，政府為加強經濟管制，以俞鴻鈞為上海區經濟管制督導員，受派協助督導（負實際責任）。

十月二十七日，三公子孝勇生。

十二月二十九日，經中國國民黨中常會通過，受任為台灣省黨部主任委員。

■民國三十八年（一九四九）

一月一日，撰《先妣事略》，追憶毛太夫人。

一月十日，奉獎總統命訪晤中央銀行總裁俞鴻鈞瑜上海，囑以中央銀行庫存準備金移存台灣，以免落入中共手中。

一月二十一日，蔣總統宣布引退，自京飛杭，隨行侍奉。

四月十五日，四十歲，父親親題「寓理帥氣」並跋以勉之。

四月二十四日，南京棄守，太原淪陷。二十五日，隨父辭別祖父母及毛太夫人墓，拜別祠堂，然後侍父乘太康軍艦赴上海，旋轉來台灣。

十月十六日，古寧頭大捷，奉命飛金門慰勞將士。

十一月十五日，奉總裁命赴川東前線視察，晤宋希濂司令及羅廣文軍長等，詳談戰局。二十九日，重慶撤退，隨侍總裁飛成都，後轉來台灣。

■**民國三十九年（一九五○）**

三月一日，蔣總統俯順全民輿情，在台北復行視事。

四月一日，開始實施國軍政工改制，國防部政工局改為政治部，正式就任為政治部主任，為重建軍人魂，訂定政工改革六大目標：（1）建立政治幕僚長制；（2）確立監察制度；（3）加強保防工作；（4）恢復軍對黨務；（5）實行四大公開；（6）革新政治訓練。

五月十三日，以國防部總政治部主任名義舉行記者會，報告破獲中共在台秘密組織全部經過。

■**民國四十年（一九五一）**

四月二十一日，美國派遣軍事援華顧問團抵華，以蔡斯少將為團長，中國方面，以蔣經國主認為聯絡人，推行國軍的軍隊國家化。

十一月一日，政工幹校第一期開課，以「本校的革命任務」為題，期勉由此造就為革命事業奮鬥的人才，完成滅共復國任務。

■**民國四十一年（一九五二）**

五月三十一日，籌設「中國青年反共救國團」，受派為主任，胡軌、謝東閔副之。

十月，中國國民黨第七屆中央委員第一次全體委員會議，首次獲選為中央常務委員。

■**民國四十二年（一九五三）**

九月十一日，以國防部總政治部主任身分，第一次應美國國務院和國防部之邀赴美考察。

十月十七日，離美前已「最後勝利是我們的」為題，對

各報記者發表聲明。

■民國四十三年（一九五四）

一月二十三日，接待自韓國選擇自由志願來歸之一萬四千餘名反共義士。

七月一日，離總政治部主任職，調任國防會議副秘書長。

■民國四十四年（一九五五）

二月一日，主持大陳撤退，以兩週時間完成大掃除式之戰略轉進，自始至終坐鎮大陳島，協同軍民完成任務。

■民國四十五年（一九五六）

四月二十八日，就任退輔會副主任委員（主任委員為嚴家淦），掌理會務。

五月四日，主持東西橫貫公路興建第一次會議，事前多次領隊測量，在無人跡原始森林探詢可行性路徑，倍極艱辛。

六月一日，主持榮民總醫院破土典禮。

十月三十一日，總統蔣公七秩華誕，親撰「我的父親」一文祝壽。

■民國四十六年（一九五七）

十月二十六日，國民黨八屆一中全會當選連任中央常務委員。

■民國四十七年（一九五八）

五月六日，發表「投宿在一個沒有地名的地方」，說明東西橫貫公路興建的艱辛。

七月十日，自台北飛往金門會晤司令官胡璉將軍，轉達總統蔣公有關加強金門防務之銃要指示。

七月十九日，晨零時五十分，向總統蔣公報告新砲武器

已運抵金門。

八月二十三日，中共突發動大規模炮戰，史稱「金門八二三炮戰」。激烈砲戰持續至十月五日午夜止，共計四十四日。

十二月二十四日，發展「我們是為勝利而生的」專文，說明蔣公的堅忍性格。

■民國四十八年（一九五九）

一月二十五日，農曆三月十八日，五十歲生日，父親特謝「主敬立極」四字贈之。

■民國四十九年（一九六○）

四月二十日，主持東西橫貫公路通車典禮籌備會議。

五月四日，至中興新村拜會台灣省政府主席周至柔，親將興建完成之台灣東西橫貫公路（計長三四八‧一○公里），以繪圖移請台灣省政府接管。

■民國五十一年（一九六二）

一月二十六日，對戰地政務委員會籌備處人員演講「對戰地政務的看法與做法」。此時，政府有反攻大陸的積極籌劃，奉命主持戰地政務幹部之訓練，在台北石牌進行。

■民國五十二年（一九六三）

九月六日，以行政院政務委員身分，應美國國務院之邀請偕同新聞局長沈劍虹富美訪問。十一日，晉謁甘迺迪總統，就中美共同問題會談七十五分鐘。

■民國五十三年（一九六四）

四月十日，發表「永不熄滅的明燈」一文，追憶麥帥（五日逝世）。

五月五日，立法院三讀通過「國軍退除役官兵輔導條

例」。多年對退輔工作的願望實現。

■民國五十四年（一九六五）

一月十三日，受任國防部部長。

九月十九日，以國防部部長身分，接受美國國防部部長麥納瑪拉之邀，啟動訪美，為第三次訪美之行。

九月二十二日，與美國國務卿魯斯克會談。又與美國國防部部長麥納瑪拉會談後發表聯合聲明，重申兩國在中美共同防禦條約下密切合作履行承諾，共同對抗中共威脅。

九月二十三日，訪問白宮，謁見美國總統詹森，討論當前局勢。

■民國五十五年（一九六六）

一月三日，新年赴金門巡視防務，慰勉將士。並在金門防衛司令部元月分聯合擴大月會講「我們應當努力的方向」。

二月十七日，陪同韓國總統朴正熙，赴海軍基地參觀登陸攻堅演習。

四月二十五日，晉見韓國總統朴正熙，呈遞總統蔣公親筆函，並就亞洲問題交換意見。

五月二十七日，副總統兼行政院院長嚴家淦新閣組成，仍留任國防部長。

■民國五十六年（一九七六）

一月三十日，手著《風雨中的寧靜》成書。

十一月二十七日，應日本政府邀請啟程赴東京訪問六天，拜會日首相佐藤榮作，並舉行會談。

二十八日，晉見日皇裕仁，日皇表示永不忘懷總統蔣公德意。

■民國五十八年（一九六九）

二月二十四日，奉派赴大韓民國訪問五天，會務大統領朴正熙、總理丁一權。

三月三十日，奉派以總統特使身分啟程赴美，參加美國前總統艾森豪喪禮，四月三日返國，此為第四次訪美之行。

五月十五日，與泰國國務院他儂院長會談亞太安全及中泰合作問題。十七日返國。

六月一日，會晤來訪之越南總統阮文紹，商談越南有關問題。

六月二十五日，行政院局部改組，總統特詔為行政院副院長，兼任行政院經濟合作發展委員會主任委員。

■民國五十九年（一九七〇）

四月十八，以行政院副院長身分赴美訪問，為五度訪美，此為一生最後一次訪美。

四月二十四日，結束在華府訪問行程，飛往紐約，參加紐約美國遠東工廠協會設在布拉薩大旅社之午宴。步入旅社大門時，突遭暴徒謀刺，未逞，仍從容鎮定繼續參加午宴。晚間，參加紐約中國城僑團歡宴，在座有兩百四十位僑團領袖，筵開數十席。

五月十一日，赴越南訪問，與越南總統阮文紹、總理陳善謙會談。

■民國六十年（一九七一）

十月二十五日，我國退出聯合國，中共進入聯合國。

■民國六十一年（一九七二）

五月十七日，中國國民黨中央常務委員決議，籲請總裁

徵召經國出任行政院院長。二十二日通過提名。二十六日，立法院院會以三八一票同意出任行政院院長。得票率高達百分之九十三點三八，為行憲以來歷任院長得票最高者。總統蔣公明令任命為行政院院長。

六月一日，接任行政院院長，由總統府資政張群監交。主持首次院會，提出「平凡、平淡、平實」六字互勉發揮團隊精神，深入民間；並指示整理不合時宜、不便民法令，清理積案。

六月六日，台灣省政府新任主席謝東閔就職，親臨監誓。此時台灣已光復二十七年，從他開始，決定種用台灣人，使族群融合臻於圓滿。

六月八日，在行政院院會對全國行政人員提出十項政治革新指示，勉力做到節省國家財力，摒絕鋪張應酬，人人切實負責，注重實際效果。

八月二十九日，我外交部就日本首相田中角榮與中共「聯合聲明」建立外交關係一事，發表嚴正聲明，宣布我國與日本政府斷絕外交關係。

十二月，為《讀者文摘》撰文，題為「腳踏實地」，說明興修東西橫貫公路的艱辛。

■民國六十二年（一九七三）

五月三十一日，辭謝救國團主任職，由李煥繼任。

十一月十二日，在中國國民黨第十屆四中全會第一次大會作行政工作報告，提出五年內應完成之國家重要建設，有南北高速公路、台中港、北迴鐵路、蘇澳港、石化工業、大鋼廠、大造船廠、鐵路電氣化及桃園國際機場（此時未提核

能電廠，為九項建設）。

■民國六十三年（一九七四）

十二月二十五日，在國民大會六十三年度年會中，以「新的精神、新的生命、新的力量」為題，作專題報告。

■民國六十四年（一九七五）

四月五日，總統蔣公因心臟病發，於下午十一時五十分在台北士林官邸逝世，隨侍在側，哀傷至極。

四月六日，因父喪，向中國國民黨中央常務委員會請辭行政院長職，中常會舉行臨時會，一致決議挽留。感於黨國付託之重，乃決定「以孤臣孽子之心，銜哀受命，墨經從戎」

四月十三日，公布蔣公最後遺墨「以國家興亡為己任，置個人死生於度外」，並撰文誌哀。

五月十四日，發表「守父靈一月記」，文中處處可見蔣公偉大思想人格。

六月十日，接見美國駐華大使安克志，就加強中美關係廣泛交換意見。

九月十七日，接受合眾國際社記者訪問，嚴正宣告中華民國具有製造核子武器能力，但絕不製造核子武器。

■民國六十五年（一九七六）

二月十四日，關懷小琉球離島建設，特撥款四千餘萬元，興建現代化漁港，改善環島交通，提高居民生活水準。

二月二十七日，在立法院提出施政報告，強調一念之誠只在為民造福，勉勵國人堅定意志，策週密之計，備不實之變，定可粉碎一切危難。三月八日，撰成「梅台思親」一文，於四月四日蔣公逝世周年紀念時發表。

　　四月六日，就「天安民事件」發出號召，呼籲大陸同胞與共軍、共幹一起奮起，爭取自由。

　　六月二十三日，巡視第一、第二核能發電廠建廠工程。

■民國六十六年（一九七七）

　　十二月八日，主持行政院院會，指示經濟建設委員會立即著手規劃十二項建設。

■民國六十七年（一九七八）

　　一月七日，中國國民黨中央常會舉行臨時會議，一致通過常務委員嚴家淦建議：向第十一屆二中全會提案「請提名中國國民黨主席蔣經國同志為中華民國第六任總統本黨候選人」，並經中央評議委員會主席團會議臨時會議通過。是日，巡視金門。

　　二月十五日，中國國民黨第十一屆二中全會，通過提名為第六任總統候選人，提名謝東閔為副總統候選人。

　　三月二十一日，第一屆國民大會第六次會議舉行第一次選舉大會，選舉中華民國第六任總統，以一千一百八十四票高票當選，得票率為百分之九十八點三四。次日，謝東閔當選為副總統。

　　五月二十日，宣誓就任中華民國第六任總統。主持中國國民黨中央常會臨時會議，提名孫運璿為行政院院長，任蔣彥士為總統府秘書長。

　　十二月十六日，美國駐華大使安克志於凌晨二時晉見，報告美國政府決定自明年一月一日起承認中共政權，並斷絕與中華民國之外交關係。即向美國大使提出最嚴重抗議；同時發表嚴正聲明，指出美國背信毀約，與中共勾結，實有悖

於其宣稱維護人權，加強民主力量，以抵抗極權專制之宗旨。明令發布緊急處理事項：（1）軍事單位採取全面加強戒備之必要措施。（2）行政院經濟建設委員會會同財政部、經濟部、交通部，採取維持經濟穩定及持續發展之必要措施。（3）正在進行中之中央民意代表選舉，延期舉行。晚間八時，在電視上為美國與中共「建交」事，向全國軍民發表談話，要求全國軍民同胞不分彼此，同舟共濟，排除萬難，多盡職責，為消滅中共暴政、實現三民主義的理想而犧牲奮鬥。接獲美國總統卡特來電，重申與台灣和平繁榮充分合作。

十二月二十九日，接見美國政府代表團，強調中美兩國未來關係必須建立在持續不變、事實基礎、安全保障、妥定法律、政府關係等五項原則上。

■**民國六十八年（一九七九）**

一月十二日，接見美國國會議員訪問團，強調中美兩國人民摯厚友誼永遠存在，盼適當安排中美兩國未來之新關係。

一月十五日，接見日本眾議員金丸信等十人，就當前中日關係及亞洲安全問題，共同交換意見。

四月三日，令准台灣省高雄市改為院轄市，任命王玉雲為高雄市市長。

四月十日，美國總統卡特簽署「台灣關係法」，並宣布此一法案，使美國政府與中華民國政府之間的商務與文化關係，在外交關係斷絕的情況下得以繼續發展。

■**民國六十九年（一九八〇）**

一月十六日，在榮民總醫院進行攝護腺切除手術。此項手術進行後，原自肥胖症引發糖尿病的多種病狀陸續產生，

且更嚴重。

四月二十八日，接見美國自由中國之友協會共同主席柯克蘭，接受美國人民一千二百萬人簽名冊。

六月十一日，主持國家安全會議特別會議，通過有關增額中央民意代表選舉多案後，即席發表談話，勉國人共同維護神聖選舉，強調政府堅守公正立場，實踐民主政治莊嚴責任。

七月一日，審檢公隸新制正式開始實施，司法行政部改稱法務部，以茶會款待行政；司法兩院與有關人員，嘉勉其辛勞。在台灣推行之司法獨立，實施以它為開始。

■**民國七十年（一九八一）**

四月二日，中國國民黨第十二次全國代表大會第六次大會，一致永戴繼續擔任主席。

五月五日，接受香港《遠東經濟評論》區域主編拉德尼塔斯克訪問，指出：中華民國統一大陸主要的憑藉是三民主義，時間越長，越能證明其必然性。

七月二十九日，因眼疾在台北榮民總醫院接受眼科手術治療。

■**民國七十一年（一九八二）**

二月三日，至台北榮民總醫院進行左眼視網膜手術治療，並住院調養。

六月二日，眼疾治療痊癒後，首次主持中國國民黨中央常會，勉同胞們同心同德，發揚精神力量。

■**民國七十二年（一九八三年）**

一月十一日，主持軍事會談，指出今後大陸動亂必日趨嚴重，期勉國軍將士做好萬全準備，接受挑戰，克服困難。

三月二十四日，親往桃園中正國際機場，歡迎新加坡共和國總理李光耀夫婦來華訪問。

十月十一日，接見聖克里斯多福總理賽孟滋，就中聖兩國關係交換意見。

■**民國七十三年（一九八四）**

一月十日，依法頒布第一屆國民大會第七次會議召集令（定二月二十日開會）。

一月二十四日，主持軍事會談，期勉國軍秉持先總統蔣公建軍備戰思想，繼續奮發精進，日新又新，粉碎中共統戰陰謀。

二月十五日，中國國民黨十二屆二中全會一致通過提名為第七任總統候選人，李登輝為第七任副總統候選人。

主持中國國民黨第十二屆二中全會閉幕典禮，並致詞宣示，以戰鬥兵受令心情，擔任起對黨國莊嚴責任。

三月二十一日，國民大會投票，以一千零十二票當選為中華民國第七任總統。

五月二十日，宣誓就任中華民國第七任總統。提名俞國華為行政院院長。

■**民國七十四年（一九八五）**

六月二十一日，三十六年來第一百二十三次巡視金門（創造了政府高級官員赴前線的最高紀錄）。

九月十八日，接受右眼手術後康復（實際上雙目視力甚差，腳底潰爛，以輪椅代步，為糖尿病惡化）。

十二月二十五日，國民大會閉會典禮口頭表示：中華民國總統的繼承是經由憲法選舉而產生，其家人「不能也不會」

競選下任總統，而國「不能也不會」以實施軍政府的方式來統治。

■民國七十五年（一九八六）

一月六日，親自頒授大綬景星勳章給美國聯邦參議員高德華，讚許為維護正義反共鬥士，強調其對華友誼永為我朝野所珍惜。

四月十八日，因發現心律不整現象，在榮民總醫院裝置人工心律調整器。

十月七日，接受美國「華盛頓郵報」訪問，表示政府為積極推行民主化，短期內提議解除戒嚴令，但任何新黨必須遵守憲法。

十月十五日，主持中國國民黨中央常會，通過「動員戡亂時期國家安全法令」及「動員戡亂時期民間社團組織」兩項政治革新議題結論，研討國家安全法以取代戒嚴令，修正人民團體組織有關法律，以規範政治性團體合法運動。隨後剴切指出中國國民黨本著大公無私的精神，以開闊的胸襟推動革新。

■民國七十六年（一九八七）

五月二十七日，在中國國民黨中央常會就「五一九」（指民進黨集會）台北東區街頭活動發表談話，強調執政黨一切作為要向全民負責、要對歷史負責。決不讓任何因素分化力量，不容任何問題破壞和諧。

七月一日，明令公布「動員戡亂時期國家安全法」。

七月七日，立法院院會無異議通過「台灣地區解嚴案」，完成我國民主憲政史上創時代的立法程序。指示行政院，對

於因戒嚴而受到軍法審判，並且所受刑期還未執行完畢的非軍人受刑人，應酌予減刑與復權。

七月十四日，發布命令，宣告台灣地區自十五日零時起解嚴，國家安全法也同時施行，各國輿論對我解除戒嚴措施一致表示讚揚。

七月二十七日，邀請十二位地方父老茶敘，表達對各地民眾關懷。並說：「我在台灣居住、工作四十年，我是台灣人，我也是中國人。」

十月十日，以輪椅代步主持國慶大典。

■民國七十七年（一九八八）

一月五日，預立遺囑，文曰：「經國受全國國民之付託，相與努力於以三民主義統一中國大業，為共同奮鬥之目標，萬一余為天手所限，務望我政府與民眾堅守反共復國決策，並望始終一貫積極推行民主憲政建設。全國軍民在國父三民主義與先總統遺訓指引之下，務須團結一致，奮鬥到底，加速光復大陸，完成以三民主義統一中國之大業，是所切囑。」

一月十一日，立法院會三讀通過「動員戡亂時期集會遊行法草案」，明列三原則及禁制區規定，務使解嚴後社會安定。

一月十三日，上午感覺不適，經醫師診治後略作休息。至下午午睡後突然大量吐血，經醫護人員緊急搶救罔效，延至下午三時五十分逝世。彌留之際，副總統李登輝；行政院長俞國華、立法院長倪文亞、司法院長林洋港、考試院長孔德成、監察院長黃尊秋前來恃護，並於預立遺囑上敬謹簽字。晚七時，中國國民黨中央常務委員會召開臨時會議，通過決議：對李常務委員登輝同志根據憲法第四十九條規定繼任中華

民國第七任總統。李總統發布緊急處分令，國喪期間一律停止聚眾遊行及請願等活動。遺體於晚九時移靈至榮民總醫院。

　　一月十六日，李登輝總統親自主持治喪會議。

　　一月二十二日，九時十分，恭奉靈櫬，自榮民總醫院移靈圓山忠烈祠，靈車經過之處，萬民來道路祭，百姓同哭元戎。並於中午起即開放靈堂，供民眾瞻仰遺容。

　　一月二十三日至二月十八日，凜冽寒風擋不住大批人潮，一百多萬民眾湧現向圓山忠烈祠，瞻仰他的遺容。

　　一月三十日，舉行移靈奉厝大典，沿途千萬民眾夾道哭祭，備極哀戚。奉厝於桃園大溪頭寮賓館陵寢正廳。一代偉人，長眠斯土。李登輝總統於奉厝大典完成後，發表簡短談話，籲國人以哀悼誠敬之心，實現蔣故總統經國先生遺囑，完成復國建國使命。

附錄二：鄧小平大事年表

■1904 年 8 月 22 日生於四川省廣安縣協興鄉牌坊村，取名鄧先聖。

■1909 年進私塾讀書，學名鄧希賢。

■1910 年入協興鄉初級小學學習。

■1915 年入廣安縣高等小學學習。

■1918 年入廣安縣立中學學習。

■1919 年 5 月 4 日，北京爆發學生群眾反帝愛國運動。

秋，考入重慶留法預備學校，同全校同學一起參加抵制日貨、聲討賣國賊活動。

■1920 年

10 月，抵達法國，不久入諾曼底區巴耶男子中學學習。

4 月，到克魯梭市施奈德鋼鐵總廠當軋鋼工。月底，辭去工作赴巴黎。

7 月下旬，中國共產黨成立。

10 月，進香布朗工廠做工，兩個星期後被解僱。

■1922 年 2 月，進哈金森橡膠廠做工。

夏，參加旅歐中國少年共產黨（次年改名為旅歐中國共產主義青年團，也稱中國社會主義青年團旅歐支部）。

■1923 年夏，參加旅歐共青團支部工作，開始了職業革

命家的生涯。

■1924 年參加旅歐共青團機關刊物《赤光》的編輯工作。

7 月，當選為旅歐共青團執行委員會書記局委員，同時轉為中國共產黨黨員。

■1925 年春，任中共旅歐支部里昂地區特派員。

6 月至 9 月，參與組織旅法華人多次舉行的聲援國內五卅反帝運動的大規模示威和集會。

11 月，進雷諾汽車廠做鉗工。

■1926 年 1 月，赴蘇聯，在莫斯科中山大學學習。

■1927 年春，離蘇回國，受中共派遣，到馮玉祥的國民聯軍所屬西安中山軍事學校工作，任政治處處長、學校中共組織的書記。

4 月 12 日，蔣介石在上海發動反革命政變，收繳工人糾察隊武器，屠殺共產黨員和進步人士。

7 月，到武漢，任中共中央秘書，更名鄧小平。

8 月 7 日，列席中共中央緊急會議。會議結束了陳獨秀右傾投降主義在中共中央的統治，確定了土地革命和武裝反抗國民黨反動派的總方針。

12 月，到上海，任中共中央秘書長。

■1928 年年初，和張錫瑗結婚。張於 1930 年病逝。

■1929 年夏，以中共中央代表身份前往廣西，領導黨的工作，準備武裝起義，化名鄧斌。

10 月，任中共廣西前敵委員會書記。

12 月，同張雲逸、韋拔群等發動百色起義，創建中國工農紅軍第七軍，任紅七軍政治委員、前委書記。

■1930 年 2 月，同李明瑞、俞作豫等發動龍州起義，建立中國工農紅軍第八軍，兼任紅八軍政治委員。李明瑞任紅七軍、紅八軍總指揮。

在廣西右江地區 11 個縣建立了革命根據地。

■1932 年 7 月，任中共會昌中心縣委書記，支持毛澤東打破國民黨軍事"圍剿"的戰略戰術和正確的土地政策，反對"左"傾路線。

■1933 年春，任中共江西省委宣傳部長。

5 月，遭"左"傾路線打擊，被撤銷職務，受黨內"最後嚴重警告"處分，到樂安縣南村當巡視員。不久，調任紅軍總政治部秘書長。

8 月，主編紅軍總政治部主辦的《紅星》報。

■1934 年 10 月，隨中央紅軍長征。

年底，任中共中央秘書長。

■1935 年

1 月，參加在貴州遵義召開的中共中央政治局擴大會議。會議確立了以毛澤東為代表的新的中央的正確領導。

6 月，調任紅一軍團政治部宣傳部長。

10 月，中央紅軍長征到達陝北。

■1936 年 5 月，任紅一軍團政治部副主任，後任主任。

■1937 年

7 月 7 日，發生盧溝橋事變，中國全民族的抗日戰爭爆發。隨後，以國共兩黨第二次合作為基礎的抗日民族統一戰線正式形成。

8 月，隨周恩來、朱德、葉劍英赴南京參加國民黨政府

召開的國防會議。

8 月 25 日，紅軍改編為八路軍，任政治部副主任。

■1938 年

1 月，任八路軍一二九師政治委員，與師長劉伯承一起在太行山區開闢晉冀豫邊區抗日根據地。

9 月至 11 月，參加在延安召開的中共擴大的六屆六中全會。全會確定，要不斷鞏固和擴大抗日民族統一戰線，並重申黨的獨立自主地放手組織人民抗日武裝鬥爭的方針。在會上作關於地方工作的報告。

■1939 年 7 月 3 日，參加在延安召開的中共中央政治局擴大會議月，同卓琳結婚，後一起回到太行山。

■1940 年 8 月至 12 月，參與指揮百團大戰。這是八路軍在華北地區發動的一次規模最大的帶有戰略性的對日軍的進攻戰役。

■1942 年 9 月，任中共中央北方局太行分局書記。

■1943 年

1 月 26 日，在中共中央太行分局高級幹部會議上對五年來對敵鬥爭作了系統總結，概括了軍事、政治、經濟、文化等方面對敵鬥爭的重要經驗，並提出今後對敵鬥爭的方針。強調一切政策、一切工作的出發點，都必須掌握中日矛盾的實質，發展抗日民族統一戰線。要以堅持敵後鬥爭去影響全國，爭取戰後團結建國。

7 月 2 日，發表《太行區的經濟建設》一文。指出發展生產是打破敵人封鎖、建設根據地自給自足經濟的基礎，發展農業和手工業是生產的重心。

10 月 6 日，中共中央北方局與太行分局合併，任北方局代理書記，主持晉冀魯豫地區黨政軍工作。

■1945 年

6 月，在中國共產黨第七次全國代表大會上，當選為中央委員。

8 月，日本宣布投降。此時，與劉伯承領導的抗日根據地已擴大為太行、太岳、冀魯豫、冀南等四個地區。中共中央決定成立晉冀魯豫中央局和晉冀魯豫軍區，任中央局書記和軍區政治委員。

9 月至 10 月，為反擊國民黨軍向解放區的進攻，同劉伯承指揮上黨戰役、邯鄲戰役。

■1946 年

6 月，蔣介石大舉進攻中原解放區，發動全面內戰。

8 月至翌年 1 月，與劉伯承先後組織指揮了隴海、定陶、鄆城、滑縣、鉅（野）金（台）魚（鄉）等戰役。

■1947 年

5 月，任中共中央中原局書記。

6 月 30 日，同劉伯承率晉冀魯豫野戰軍主力，強渡黃河，發動魯西南戰役，揭開了人民解放軍全國性戰略進攻的序幕。

8 月，同劉伯承率野戰軍主力，千里躍進大別山地區。在國民黨軍重兵圍攻中堅持了大別山鬥爭，把戰線推進到長江北岸，在中原地區站穩了腳。

■1948 年

5 月 9 日，任中共中央中原局第一書記、中原軍區及中原野戰軍政治委員。

5 月，與劉伯承發起宛東戰役。

7 月，與劉伯承發起襄樊戰役。

9 月至翌年 1 月，人民解放軍進行了遼沈、淮海、平津三大戰役，摧毀了蔣介石賴以維持其反動統治的主要軍事力量。

11 月 16 日，中共中央軍委決定由劉伯承、陳毅、鄧小平、粟裕、譚震林組成總前委，鄧小平任書記，指揮淮海戰役。淮海戰役共殲滅國民黨軍 55 萬人。

■1949 年

2 月 5 日，中原野戰軍改編為第二野戰軍，任政治委員。

3 月，參加中共七屆二中全會，後任中共中央華東局第一書記。

3 月 31 日，為總前委起草《京滬杭戰役實施綱要》。

4 月至 5 月，同劉伯承、陳毅等指揮渡江戰役，解放南京、上海及蘇、皖、浙、贛、閩等省廣大地區。

9 月 30 日，在中國人民政治協商會議第一屆全體會議上，當選為中央人民政府委員。

10 月 1 日，出席中華人民共和國開國大典。

10 月 19 日，在中央人民政府委員會第三次會議上，被任命為中國人民革命軍事委員會委員。

10 月至 12 月，同劉伯承等率部進軍西南，解放川、康、滇、黔等省。

11 月 23 日，任中共中央西南局第一書記。

12 月 2 日，任西南軍政委員會副主席。

■1950 年

2 月 22 日，任西南軍區政治委員。

本年，領導西南地區的土地改革、剿匪、政權建設、恢復和發展生產。

■1951 年領導進軍西藏工作。西藏和平解放。

■1952 年 7 月，調北京，任政務院副總理，兼任財政經濟委員會副主任，後兼任政務院交通辦公室主任和財政部長。

■1953 年 10 月，出席全國糧食工作會議，代表政務院作關於實行糧食統購統銷的講話。

■1954 年 1 月，在全國財政廳局長會議上講話，提出要把國家財政放在經常的、穩固的、可靠的基礎上；財政工作要有全局觀念。

4 月，任中共中央秘書長。

9 月，任國務院副總理、國防委員會副主席、中共中央軍事委員會委員。

■1955 年 3 月，在中國共產黨全國代表會議上，代表中央作《關於高崗、饒漱石反黨聯盟的報告》。

4 月，在中共七屆五中全會上，增選為中央政治局委員。

■1956 年 9 月 15 日至 27 日，中國共產黨第八次全國代表大會召開，在會上作關於修改黨的章程的報告，當選為中央委員。隨後，在中共八屆一中全會上，當選為中央政治局常務委員、中央委員會總書記。

■1957 年

3 月至 4 月，到山西、陝西、甘肅等地視察工作，宣傳貫徹中共“八大”精神。

5 月 15 日，在中國新民主主義青年團第三次全國代表大

會上，代表中共中央致祝詞。

11 月，隨毛澤東率領的中國黨政代表團出訪蘇聯，參加十月革命 40 週年慶祝大會、各國共產黨和工人黨代表會議。

■1958 年

8 月，出席中共中央政治局在北戴河舉行的擴大會議。會議作出《關於在農村建立人民公社問題的決議》。

9 月至 11 月，到黑龍江、吉林、遼寧、廣西、雲南、貴州、四川等地視察工作。

11 月至 12 月，出席在武昌召開的中共八屆六中全會，作關於人民公社若干問題決議的說明。

■1959 年

1 月，主持中共省、自治區、直轄市委員會書記會議並作報告和總結發言。會議主要討論年度計劃、工農業生產和市場安排等問題。

4 月，在中共八屆七中全會上作關於經濟工作和國家機構的人事配備的說明。

9 月，任中共中央軍事委員會常務委員。

■1960 年

1 月，出席在廣州召開的中央軍委擴大會議。會議研究了人民解放軍的戰略方針和國防建設問題。

2 月，到河南、安徽、天津等地視察工作。

3 月 25 日，在中共中央天津會議上講話，強調要正確宣傳毛澤東思想，不要庸俗化。

11 月至 12 月，與劉少奇率中國黨政代表團參加在蘇聯莫斯科舉行的十月革命 43 週年慶典和 81 個國家的共產黨、

工人黨代表會議。

■1962 年

2 月 6 日，在擴大的中央工作會議（又稱"七千人大會"）上講話，強調要發揚黨的的革命傳統，加強民主集中制。

7 月 7 日，在共青團三屆七中全會上發表講話，提出要恢復農業生產，在生產關係上不能完全採取一種固定不變的形式，哪種形式能夠比較容易比較快地恢復和發展農業生產，就採用哪種形式。

■1963 年 7 月，率中國共產黨代表團赴莫斯科，同蘇聯共產黨代表團舉行會談，堅決維護中國共產黨的獨立自主原則。

■1964 年

6 月 19 日，在共青團第九次全國代表大會上，代表中共中央作政治報告。

7 月，到吉林、黑龍江等地視察工作。

■1965 年

3 月，針對江青等對文藝界人士和文藝作品的錯誤批判，在主持召開的中央書記處會議上提出嚴厲批評。

11 月至 12 月，到四川、貴州、雲南等地視察工作。

■1966 年

3 月至 4 月，在西北地區視察工作。

5 月，"文化大革命"開始。不久，受到錯誤的批判和鬥爭，失去一切職務。

■1969 年 10 月，被押送到江西省新建縣，在拖拉機修造廠參加勞動。

■1970 年在江西省新建縣拖拉機修造廠參加勞動。

■1971 年 9 月 13 日，林彪謀害毛澤東陰謀敗露，乘飛機外逃叛國，途經蒙古溫都爾汗墜落，機毀人亡。

■1972 年 8 月 3 日，致信毛澤東，希望再為黨和國家多做幾年工作。毛澤東批示肯定了鄧小平的歷史功績。

■1973 年 3 月 10 日，中共中央作出《關於恢復鄧小平同志的黨組織生活和國務院副總理的職務的決定》。

8 月，在中國共產黨第十次全國代表大會上，當選為中央委員。

12 月，根據中共中央決定，任中央政治局委員、中央軍委委員。

1974 年 4 月，率中國政府代表團前往紐約，出席聯合國第六屆特別會議，在會上系統闡述了毛澤東關於三個世界劃分的論斷。

■1975 年

1 月，任中共中央副主席、國務院副總理、中央軍委副主席、人民解放軍總參謀長，主持黨和國家的日常工作。開始全面整頓，糾正"文化大革命"錯誤。

1 月至 10 月，在黨的會議上，在關於軍隊、鐵路、鋼鐵、國防工業、科教、農業等方面的工作會議上，多次發表講話，提出各方面都要整頓，整頓的核心是黨的整頓。強調要安定團結，把國民經濟搞上去。整頓取得明顯成效。

5 月，應邀對法國進行正式訪問。

年底，在"反擊右傾翻案風"運動中再度受到錯誤批判。

■1976 年

4 月，北京發生悼念周恩來總理、擁護鄧小平、反對"四

人幫＂的＂天安門事件＂，被撤銷一切職務。

10 月，中共中央政治局執行黨和人民意志，粉碎江青反革命集團。＂文化大革命＂結束。

■1977 年

4 月 10 日，致信中共中央，提出我們必須世世代代地用準確的完整的毛澤東思想來指導我們全黨、全軍和全國人民。中共中央批轉此信，肯定了鄧小平的意見。

5 月 24 日，同中央兩位有關負責人談話時指出，＂兩個凡是＂（即＂凡是毛主席作出的決策，我們都堅決維護，凡是毛主席的指示，我們都始終不渝地遵循＂）不符合馬克思主義；一定要在黨內造成一種空氣，尊重知識，尊重人才。

7 月，中共十屆三中全會通過決議，恢復鄧小平原任的黨政軍領導職務。鄧小平在會上講話指出，要完整地準確地理解毛澤東思想；群眾路線和實事求是，是毛澤東倡導的作風中的最根本的東西。

8 月至 9 月，多次召開座談會，強調不抓科學、教育，四個現代化就沒有希望。領導和推動科技和教育戰線的撥亂反正。

■1978 年

3 月 8 日，當選為第五屆全國政治協商會議主席。

3 月 18 日，在全國科學大會開幕式上講話，系統地論述科學技術在社會主義現代化建設中的關鍵性作用。

9 月，率中國黨政代表團訪問朝鮮。後到東北三省、河北省、天津市視察，反復強調恢復實事求是的思想路線。提出，社會主義制度優越性的根本表現，就是能夠允許社會生

產力以舊社會所沒有的速度迅速發展，使人民不斷增長的物質文化生活需要能夠得到滿足。

10 月 10 日，會見德意志聯邦共和國新聞代表團。談話時提出，中國要實行開放政策，要引進國際上的先進技術、先進裝備，作為發展的起點。

10 月 11 日，在中國工會第九次全國代表大會致詞中提出，實現四個現代化，各個經濟戰線不僅需要進行技術上的重大改革，而且需要進行製度上組織上的重大改革。

10 月 22 日至 29 日，訪問日本，出席互換《中日和平友好條約》批准書儀式。

12 月 13 日，在中共中央工作會議閉幕會上作《解放思想，實事求是，團結一致向前看》講話。

指出，解放思想是當前一個重大政治問題。不打破思想僵化，不大大解放乾部群眾的思想，四個現代化就沒有希望。民主是解放思想的重要條件，必須使民主制度化、法律化。要研究新情況，解決新問題。強調如果現在再不實行改革，我們的現代化事業和社會主義事業就會被葬送。提出允許一部分地區、一部分人先富裕起來，是帶動整個國民經濟不斷波浪式向前發展的大政策。這個講話實際上是中共十一屆三中全會的主題報告。

12 月 18 日至 22 日，出席中共十一屆三中全會。三中全會恢復了黨的實事求是思想路線，停止使用“以階級鬥爭為綱”的口號，作出把工作重點轉移到社會主義現代化建設上來的戰略決策。會議標誌中國進入了改革開放的新的歷史時期。

■1979 年

1 月 28 日至 2 月 6 日，中美正式建立外交關係後訪問美國，這是新中國領導人第一次訪美。

3 月 30 日，在中共中央召開的理論工作務處會上，提出必須堅持四項基本原則，即堅持社會主義道路，堅持人民民主專政，堅持共產黨的領導，堅持馬克思列寧主義、毛澤東思想。強調這是實現四個現代化的根本前提。

6 月 28 日，會見日本公明黨第八次訪華團。談話時說，要加強民主就要加強法制。民主和法制兩手都不能削弱。

10 月 4 日，在中共省、自治區、直轄市委員會第一書記座談會上講話。提出經濟工作是當前最大的政治。今後長期工作的重點都要放在經濟工作上面。經濟工作要按經濟規律辦事。利用外資是一個很大的政策。擴大企業自主權，有利於發展生產，必須堅持。

10 月 19 日，在全國政協、中共中央統戰部宴請出席各民主黨派和全國工商聯代表大會代表時講話指出，我國新的歷史時期的統一戰線，已經發展成為全體社會主義勞動者、擁護社會主義的愛國者和擁護祖國統一的愛國者的最廣泛的聯盟。

11 月 26 日，會見美國不列顛百科全書出版公司編委會副主席吉布尼和加拿大麥吉爾大學東亞研究所主任林達光等。談話時提出，社會主義也可以搞市場經濟。

12 月 6 日，會見日本首相大平正芳。談話中提出，中國本世紀的目標是實現小康。

■1980 年

1 月 16 日，在中共中央召集的干部會議上作《目前的形勢和任務》報告，強調要把經濟建設當作中心，其他一切任務都要服從這個中心，圍繞這個中心，決不能干擾它，衝擊它。

4 月至 5 月，多次談話指出，要充分研究如何搞社會主義建設的問題，強調不要離開現實和超越階段。社會主義首先要發展生產力。社會主義經濟政策對不對，歸根到底要看生產力是否發展，人民收入是否增加。

5 月 31 日，同中央有關負責人談農村政策問題，強調要因地制宜，實行多種形式的生產責任制。

7 月，到四川、湖南等地視察工作。

8 月 18 日，在中共中央政治局擴大會議上作《黨和國家領導制度的改革》報告時指出，對現行制度存在的官僚主義、家長制作風、權力過分集中、黨政不分、特權現象和幹部領導職務終身制等弊端，必須進行有計劃、有步驟而又堅決徹底的改革。提出要建立退休制度，幹部隊伍要在堅持社會主義道路和黨的領導的前提下，年輕化、知識化、專業化。

8 月 21 日、23 日，會見義大利記者奧琳埃娜·法拉奇。在回答提問時說，我們要對毛主席一生的功過作客觀評價。我們將肯定毛主席的功績是第一位的，他的錯誤是第二位的。

9 月，辭去國務院副總理職務。

■1982 年

4 月 10 日，在中共中央政治局會議上講話，提出堅持社會主義道路的四項必要保證：體制改革；建設社會主義精神文明；打擊經濟犯罪活動；整頓黨的作風和黨的組織。強調

一手堅持對外開放和對內搞活經濟的政策，一手堅決打擊經濟犯罪活動。

5月6日，會見利比里亞國家元首多伊。談話時說，我們一方面實行開放政策，一方面仍堅持自力更生為主的方針。

8月21日，會見聯合國秘書長德奎利亞爾。談話時重申，中國是第三世界的一員。反對霸權主義，維護世界和平是中國對外政策的綱領。

9月1日，在中國共產黨第十二次全國代表大會上致開幕詞，提出建設有中國特色社會主義的主題。

9月12日至13日，中共十二屆一中全會召開，選舉鄧小平為中央政治局常務委員，決定他任中央軍委主席。

9月13日，在中共中央顧問委員會第一次全體會議上，當選為中央顧問委員會主任。

9月18日，陪同朝鮮勞動黨中央委員會總書記金日成去四川訪問。

9月24日，會見英國首相柴契爾夫人，闡述中國對香港問題的基本立場，為以後中英兩國政府的談判定了基調。

■1983年

1月12日，同國家計委、國家經委和農業部門負責人談話時指出，各項工作都要有助於建設有中國特色的社會主義，並強調農業是根本，不要忘掉。

2月，視察江蘇、浙江、上海等地。

6月，在第六屆全國人大第一次會議上，當選為中華人民共和國中央軍事委員會主席。

6月26日，會見美國新澤西州西東大學教授楊力宇。談

話時明確提出中國大陸和台灣和平統一的設想。

7 月 1 日，《鄧小平文選（1975～1982 年）》出版發行。

7 月 8 日，同中央幾位負責人談話時提出，要利用外國智力和擴大對外開放。

7 月 19 日，在北戴河同公安部負責人談話時指出，必須嚴厲打擊刑事犯罪活動，保護最大多數人的安全。

10 月 1 日，為景山學校題詞："教育要面向現代化，面向世界，面向未來。"

10 月 12 日，在中共十二屆二中全會上作《黨在組織戰線和思想戰線上的迫切任務》講話，強調思想戰線不能搞精神污染。

■1984 年

2 月，在視察廣東、福建後，肯定建立經濟特區的政策是正確的，並建議增加對外開放城市。

4 月，中共中央、國務院根據鄧小平的意見召開沿海部分城市座談會，並於 5 月 4 日發出《沿海部分城市座談會紀要》的通知，確定進一步開放 14 個沿海港口城市。

6 月 22 日、23 日，分別會見香港工商界訪京團和香港知名人士鍾士元等。在同他們談話時指出，用"一個國家，兩種制度"的辦法來解決香港和台灣問題，是全國人民代表大會通過的政策，不會變。

6 月 30 日，會見中日民間人士會議日方委員會代表團。談話時指出，社會主義階段的最根本任務就是發展生產力。

10 月 1 日，在中華人民共和國成立 35 週年慶祝典禮上檢閱部隊並講話。

10 月 20 日，中共十二屆三中全會通過《中共中央關於經濟體制改革的決定》。

10 月 22 日，在中共中央顧問委員會第三次全體會議上講話。

在談到台灣問題時指出，我們堅持謀求用和平的方式解決台灣問題，但是始終沒有放棄非和平方式的可能性，我們不能作排除使用武力的承諾。這是一種戰略考慮。

10 月，多次談話指出，中國的發展離不開世界；對內搞活經濟、對外開放是根本政策；對內搞活經濟，首先從農村著手。中國社會是不是安定，經濟能不能發展，首先要看農村能不能發展，農民生活是不是好起來。現在改革由農村轉入城市，改革包括工業、商業、服務業，還包括科教、文化等領域，是全面改革。

12 月 19 日，出席中英兩國政府關於香港問題聯合聲明的簽字儀式。

■1985 年

1 月 19 日，會見香港核電投資有限公司代表團。談話時說，中國的對外開放、吸引外資的政策，是一項長期持久的政策。我們的開放政策不會導致資本主義。

3 月 4 日，會見日本商工會議所訪華團。談話時指出，和平和發展是當代世界的兩大問題。

3 月 7 日，在全國科技工作會議上作《改革科技體制是為了解放生產力》講話。隨後作即席講話，強調要教育全國人民做到有理想、有道德、有文化、有紀律。

3 月 28 日，會見日本自由民主黨副總裁二階堂進。談話

時指出，改革是中國的第二次革命。

4 月 15 日，會見坦桑尼亞聯合共和國副總統姆維尼。談話時說，我們的經驗教訓最重要的一條，就是要搞清楚什麼是社會主義，如何建設社會主義。

5 月 19 日，在全國教育工作會議上講話指出，各級黨和政府要把教育工作認真抓起來。強調一個地區，一個部門，如果只抓經濟，不抓教育，那裡的工作重點就是沒有轉移好或者說轉移得不完全。

6 月 4 日，在中央軍委擴大會議上宣布，中國政府決定裁減軍隊員額 100 萬，並闡述了中共十一屆三中全會以後對國際形勢判斷和對外政策的兩個重要轉變。

7 月 11 日，在聽取中央負責人匯報當前經濟情況時指出，沒有改革就沒有今後的持續發展。要抓住時機，推進改革。

8 月 28 日，會見津巴布韋非洲民族聯盟主席、政府總理穆加貝。談話時指出，改革是中國發展生產力的必由之路。

9 月 23 日，在中國共產黨全國代表會議上講話，強調改革中要始終堅持公有制主體和共同富裕這兩條社會主義的根本原則，要加強精神文明建設和幹部理論學習。

■1986 年

1 月 17 日，在中共中央政治局常委會上講話，強調搞四個現代化一定要有兩手，即一手抓建設，一手抓法制。指出，不能不講專政，這個專政可以保證我們的社會主義現代化建設順利進行，有力地對付那些破壞建設的人和事。

1 月至 2 月，到四川、廣西等地視察工作。

3 月 5 日，對四位科學家提出的關於跟蹤世界高技術發

展的建議批示："這個建議很重要，不可拖延"。11 月，中共中央、國務院批准《高技術研究發展計劃綱要》，簡稱"八六三"計劃。"八六三"指 1986 年 3 月。

3 月 28 日，會見新西蘭總理朗伊。談話時說，我們現在搞兩個文明建設，一是物質文明，一是精神文明。實行開放政策必然會帶來一些壞的東西，我們依靠人民的力量，用法律和教育這兩個手段來解決這個問題。

4 月 19 日，會見香港知名人士包玉剛、王寬誠、霍英東、李兆基等。談話時說，教育是一個民族最根本的事業。

8 月，視察天津市。

9 月 2 日，接受美國哥倫比亞廣播公司"六十分鐘"節目記者邁克·華萊士電視採訪，就中蘇、中美關係問題，台灣問題，改革和現代化建設問題等回答了記者的提問。

9 月 28 日，在中共十二屆六中全會討論關於社會主義精神文明建設決議草案時講話指出，我們搞的四個現代化是社會主義的四個現代化，搞自由化就是要把我們引導到資本主義道路上去，就會破壞我們安定團結的政治局面。

9 月至 11 月，多次談話闡述政治體制改革要與經濟體制改革相適應，要向著三個目標進行：一是始終保持黨和國家的活力，主要是指領導層幹部的年輕化；二是克服官僚主義，提高工作效率；三是調動基層工人、農民、知識分子的積極性。

12 月 19 日，在聽取中央幾位負責人匯報當前經濟情況和明年改革設想時指出，企業改革，主要是解決搞活國營大中型企業的問題，金融改革的步子要邁大一些。

■1987 年

　　1 月至 3 月，針對 1986 年底一些高等院校少數學生鬧事，多次談話指出，要加強四項基本原則教育，旗幟鮮明地反對資產階級自由化；要有領導有秩序地進行社會主義建設。

　　2 月 6 日，同中共中央幾位負責人談話指出，計劃和市場都是發展生產力的方法，只要對發展生產力有好處就可以利用。

　　4 月 13 日，出席中葡兩國政府關於澳門問題聯合聲明的簽字儀式。

　　4 月 16 日，會見香港特別行政區基本法起草委員會委員並講話，闡述按“一國兩制”方針解決統一問題後，對香港、澳門、台灣政策要真正能做到 50 年不變，50 年以後也不變，就要保證大陸社會主義制度不變。

　　4 月 30 日，會見西班牙工人社會黨副總書記、政府副首相格拉。談話時系統闡述中國經濟發展分三步走的戰略目標。第一步，在 80 年代人均國民生產總值翻一番，達到 500 美元，解決溫飽問題。第二步，到本世紀末再翻一番，達到人均 1000 美元，實現小康。第三步，在下世紀用 30 年到 50 年再翻兩番，實現人均 4000 美元，達到中等發達國家的水平。

　　6 月 12 日，會見南斯拉夫共產主義者聯盟中央主席團委員科羅舍茨。談話時提出，中國要加快改革開放的步伐。在談到黨與黨之間要建立新型關係時說，任何大黨、中黨、小黨，都要相互尊重對方的選擇和經驗，對別的黨、別的國家的事情不應隨便指手劃腳。

　　7 月 4 日，會見孟加拉國總統艾爾沙德。談話時指出，中國方針政策有兩個基本點。一是實行改革開放，二是堅持

四項基本原則。這兩個基本點是相互依存的。

8月29日，會見義大利共產黨領導人約蒂和讚蓋里。談話時指出，中國處在社會主義初級階段，一切都要從這個實際出發，根據這個實際來製訂規劃。

10月13日，會見匈牙利社會主義工人黨總書記卡達爾。談話時說，整個社會主義歷史階段的中心任務是發展生產力。貧窮不是社會主義，發展太慢也不是社會主義。

11月，根據中共十三屆一中全會決定，任中央軍委主席。

■1988年

1月23日，在一份關於加快沿海地區對外開放和經濟發展的報告中批示："完全贊成。特別是放膽地幹，加速步伐，千萬不要貽誤時機。"

5月25日，會見捷克斯洛伐克共產黨中央總書記雅克什。談話時指出，我們現在要進一步改革，進一步開放。我們的思想要更解放一些，改革開放的步子要更快一些。改革開放要貫穿中國整個發展過程。中國解決所有問題的關鍵是要靠自己的發展。

9月5日，會見捷克斯洛伐克總統胡薩克。談話時提出，科學技術是第一生產力。

9月12日，在聽取關於價格和工資改革初步方案匯報時指出，要注意教育和科學技術，千方百計把教育問題解決好，這是一個戰略方針問題；改革要成功，就必須有領導有秩序地進行。中央要有權威。要在中央統一領導下深化改革。

10月24日，視察北京正負電子對撞機工程時強調，中國必須在世界高科技領域佔有一席之地。

11 月 2 日，在祝賀廣西壯族自治區成立 30 週年時題詞：
"加速現代化建設，促進各民族共同繁榮。"

12 月 21 日，會見印度總理拉吉夫·甘地。談話時提出，
要以和平共處五項原則為準則建立國際政治新秩序和國際經
濟新秩序；應當把發展問題提到全人類的高度來認識。

■1989 年

2 月 26 日，會見美國總統布希。談話時指出，中國的問
題，壓倒一切的是需要穩定。離開國家的穩定就談不上改革
開放和搞經濟建設。

3 月 4 日，同中共中央負責人談話，指出中國不允許亂。
十年來最大失誤是在教育方面，對青年的政治思想教育抓得
不夠，教育發展不夠。

4 月，針對北京發生的動亂，兩次發表談話，對中共中
央政治局常委會關於平息動亂、穩定局勢的決定，表示完全
贊同和支持。主張旗幟鮮明地反對動亂。

5 月 16 日，會見蘇聯最高蘇維埃主席團主席、蘇共中央
總書記戈爾巴喬夫，宣布中蘇關係實現正常化。

5 月至 6 月，在平息動亂前後提出，中國共產黨要組成
一個實行改革的有希望的第三代領導集體。新的領導集體要
以江澤民為核心。在談到當務之急時強調，要在更大膽地改
革開放和懲治腐敗方面做幾件使人民滿意的事情，常委會要
聚精會神地抓黨的建設。

6 月 9 日，接見首都戒嚴部隊軍以上幹部，並發表重要
講話，指出這次事件爆發出來，促使我們冷靜地考慮過去和
未來，黨的 "一個中心、兩個基本點" 的基本路線、十一屆

三中全會以來製定的一系列方針、政策，包括改革開放、"三部曲"發展戰略目標，都沒有錯。今後要繼續堅定不移地照樣幹下去。

6 月，中共召開十三屆四中全會，選舉江澤民為中央委員會總書記。

8 月，《鄧小平文選（1938～1965 年）》出版發行。

9 月 4 日，同中共中央幾位負責人談話時指出，中國肯定要沿著自己選擇的社會主義道路走到底，誰也壓不垮我們。對國際局勢我們要冷靜觀察，穩住陣腳，沉著應付。

11 月，中共十三屆五中全會同意鄧小平辭去中共中央軍委主席的請求。

11 月 20 日，會見編寫第二野戰軍戰史的老同志，暢述第二野戰軍的光輝戰鬥歷程。

12 月 1 日，會見以櫻內義雄為團長的日本國際貿易促進協會訪華團主要成員。談話時指出，國家的主權和安全要始終放在第一位。

■1990 年

2 月 17 日，會見出席香港特別行政區基本法起草委員會第九次全體會議的委員。

3 月 3 日，同中共中央幾位負責人談話時指出，中國能不能頂住霸權主義、強權政治的壓力，堅持社會主義制度，關鍵就看能不能爭得較快的增長速度，實現我們的發展戰略。

3 月，第七屆全國人大第三次會議接受鄧小平辭去中華人民共和國中央軍事委員會主席職務。

■1991 年

1 月至 2 月，視察上海。同上海市負責人談話時提出，

抓緊開發浦東，不要動搖，一直到建成；希望上海人民思想更解放一點，膽子更大一點，步子更快一點。

8月20日，同中共中央幾位負責人談話時指出，堅持改革開放是決定中國命運的一招。

■1992年

1月至2月，到武昌、深圳、珠海、上海等地視察，發表重要談話，分析了國際國內形勢，總結了十一屆三中全會以來黨的基本實踐和基本經驗，明確回答了經常困擾和束縛人們思想的許多重大認識問題。指出，計劃和市場都是經濟手段，不是社會主義與資本主義的本質區別。社會主義的本質，是解放生產力，發展生產力，消滅剝削，消除兩極分化，最終達到共同富裕。提出判斷是非的標準，主要看是否有利於發展社會主義社會的生產力，是否有利於增強社會主義國家的綜合國力，是否有利於提高人民的生活水平。強調要抓住機遇，大膽改革，加快發展，堅持黨的基本路線一百年不動搖。

10月，中國共產黨召開第十四次全國代表大會。會議確定經濟體制改革的目標是建立社會主義市場經濟體制，提出用鄧小平建設有中國特色社會主義理論武裝全黨的戰略任務。鄧小平會見了出席十四大的全體代表。

■1993年

11月2日，《鄧小平文選》第三卷出版發行。中共中央舉行學習《鄧小平文選》第三卷報告會，江澤民發表重要講話。

■1994年11月2日，經修訂增補的《鄧小平文選（1938～1965年）》、《鄧小平文選（1975～1982）》，改稱《鄧小平文選》第一卷、第二卷出版發行。

■1997年2月19日，在北京逝世，享年93歲。

附錄三：李光耀大事年表

1923 年 9 月 16 日生於新加坡。祖籍中國廣東省大埔縣黨溪鄉。新加坡萊佛士學院畢業。

1940 至 1950 年在倫敦經濟學院、劍橋大學和中殿律師學院學習。

1950 年獲中殿律師學院律師資格。

1950 年回新加坡後，曾擔任律師和幾個工會的法律顧問。

1954 年 11 月參與創建新加坡人民行動黨，並任秘書長。

1955 年當選為立法議會（1965 年 12 月改稱國會）議員。

1959 年 6 月任新加坡自治政府首任總理。

1963 年 9 月，新加坡同馬來亞、沙撈越和沙巴組成馬來西亞聯邦，他繼續任新加坡總理。

1965 年 8 月 9 日，新加坡退出馬來西亞聯邦，成立共和國，李光耀擔任共和國總理，至 1990 年 11 月。

1991 年 9 月任總理公署高級部長。

1994 年 10 月當選為新成立的國際儒學聯合會名譽理事長。

1997 年 1 月任內閣資政（總理公署），2001 年 11 月連任。

2011 年 5 月，李光耀發表聯合聲明，宣布他不會在新一屆內閣中擔任職位。李光耀從小受英文教育，又努力學習華語和方言閩南話。尤其喜歡學習及背誦中國人的四字成語。

喜歡跑步和游泳，愛喝中國茶。

李光耀 1950 年結婚。夫人柯玉芝是他在劍橋大學的同學，是一位頗有名望的律師，祖籍中國福建省同安縣。他們有兩個兒子一個女兒。長子李顯龍；次子：李顯揚；女兒：李瑋玲。

1976 年以來，他曾多次訪問中國。李光耀重視並致力於發展同中國的友好關係。

2005 年 5 月被復旦大學授予名譽博士學位。

2006 年 5 月、2007 年 11 月訪華。

2008 年 8 月來華參加第 29 屆奧運會開幕式及相關活動。

2008 年 10 月訪問中國。

2010 年 5 月訪問中國。

2009 年 6 月榮獲全球航空業領導人獎。

2015 年 3 月 23 日 91 歲病逝於中央醫院。

附錄四：葉劍英發表關於台灣回歸祖國實現和平統一的方針政策[1]

1981 年 9 月 30 日

今天是中華人民共和國 32 周年國慶前夕，又欣逢辛亥革命七十周年紀念日即將來臨之際，我首先向全國各族人民，包括臺灣同胞、港澳同胞以及國外僑胞致以節日的祝賀和親切問候。

1979 的元旦，全國人民代表大會常務委員會發表〈告臺灣同胞書〉，宣布了爭取和平統一祖國的大政方針，得到全中國各族人民，包括臺灣同胞、港澳同胞以及國外僑胞的熱烈擁護和積極回應。臺灣海峽出現了和緩氣氛。現在，我願趁此機會進一步闡明關於臺灣回歸祖國，實現和平統一的方針政策：

（一）為了儘早結束中華民族陷於分裂的不幸局面，我們建議舉行中國共產黨和中國國民黨兩黨對等談判，實行第三次合作，共同完成祖國統一大業。雙方可先派人接觸，充分交換意見。

---

1 葉集凱，蔣經國晚年政治改革的背景，頁 200-201。

（二）海峽兩岸各族人民迫切希望互通音訊、親人團聚、開展貿易、增進瞭解。我們建議雙方共同為通郵、通商、通航、探親、旅遊以及開展學術、文化、體育交流提供方便，達成有關協議。

（三）國家實現統一後，臺灣可作為特別行政區，享有高度的自治權，並可保留軍隊。中央政府不干預臺灣地方事務。

（四）臺灣現行社會、經濟制度不變，生活方式不變，同外國的經濟、文化關係不變。私人財產、房屋、土地、企業所有權、合法繼承權和外國投資不受侵犯。

（五）臺灣當局和各界人士，可擔任全國性政治機構的領導職務，參與國家管理。

（六）臺灣地方財政遇有困難時，可由中央政府酌情補助。

（七）臺灣各族人民、各界人士願回祖國大陸定居者，保證妥善安排，不受歧視，來去自由。

（八）歡迎臺灣工商界人士回祖國大陸投資，興辦各種經濟事業，保證其合法權益的利潤。

（九）統一祖國，人人有責。我們熱誠歡迎臺灣各族人民、各界人士、民眾團體通過各種管道、採取各種方式提供封建主義，共商國事。

臺灣回歸祖國，完成統一大業是我們這一代人光榮、偉大的歷史使命。中國的統一和富強，不僅是祖國大陸各族人民的根本利益所在，同樣是臺灣各族同胞的根本利益所在，而且有利於遠東和世界和平。

我們希望廣大臺灣同胞，發揚愛國主義精神，積極促進

全民族大團結早日實現，共用民族榮譽。希望港澳同胞、國外僑胞繼續努力，發揮橋樑作用，為統一祖國貢獻力量。

　　我們希望國民黨當局堅持一個中國、反對"兩個中國"的立場，以民族大義為重，捐棄前嫌，同我們攜起手來，共同完成統一祖國大業，實現振興中華的宏圖，為列祖列宗爭光，為子孫後代造福，在中華民族歷史上譜寫新的光輝篇章。

附錄五：廖承志致蔣經國先生信[1]

1982 年 7 月 24 日

經國吾弟：

咫尺之隔，竟成海天之遙。南京匆匆一晤，瞬逾三十六載。幼時同袍，蘇京把晤，往事歷歷在目。惟長年未通音問，此誠憾事。近聞政躬違和，深為懸念。人過七旬，多有病痛。

至盼善自珍攝。

三年以來，我黨一再倡議貴我兩黨舉行談判，同捐前嫌，共竟祖國統一大業。惟弟一再聲言"不接觸，不談判，不妥協"，余期期以為不可。世交深情，於公於私，理當進言，敬希詮察。

祖國和平統一，乃千秋功業，臺灣終必回歸祖國，早日解決對各方有利。臺灣同胞可安居樂業，兩岸各族人民可解骨肉分離之痛，在台諸前輩及大陸去台人員亦可各得其所，且有利於亞太地區局勢穩定和世界和平。吾弟嘗以"計利當計天下利，求名應求萬世名"自勉，倘能於吾弟手中成此偉業，必為舉國尊敬，世人推崇，功在國家，名留青史。所謂"罪人"之說，實相悖謬。偏促東隅，終非久計。明若吾弟，

---

1 前註 249，頁 202-203。

自當了然。如遷延不決，或委之異日，不僅徒生困擾，吾弟亦將難辭其咎。再者，和平統一純屬內政。外人巧言令色，意在圖我臺灣，此世人所共知者。當斷不斷，必受其亂。願弟慎思。

孫先生手創之中國國民黨，歷盡艱辛，無數先烈前仆後繼，終於推翻帝制，建立民國。光輝業跡，已成定論。國共兩度合作，均對國家民族作出巨大貢獻。首次合作，孫先生領導，吾輩雖幼，亦知一二。再次合作，老先生主其事，吾輩身在其中，應知梗概。事雖經緯萬端，但縱觀全局，合則對國家有利，分則必傷民族元氣。今日吾弟在台主政，三次合作，大責難謝。雙方領導，同窗摯友，彼此相知，談之更易。所謂"投降"、"屈事"、"吃虧"、"上當"之說，實難苟同。評價歷史，展望未來，應天下為公，以國家民族利益為最高準則，何發黨私之論！至於"以三民主義統一中國"云云，識者皆以為太不現實，未免自欺欺人。三民主義之真諦，吾輩深知，毋須爭辯。所謂臺灣"經濟繁榮，社會民主，民生樂利"等等，在台諸公，心中有數，亦毋庸贅言。試為貴黨計，如能依時順勢，負起歷史責任，毅然和談，達成國家統一，則兩黨長期共存，互相監督，共圖振興中華之大業。否則，偏安之局，焉能自保。有識之士，慮已及此。事關國民黨興亡絕續，望弟再思。

近讀大作，有"切望父靈能回到家園與先人同在"之語，不勝感慨系之。今老先生仍厝於慈湖，統一之後，即當遷安故土，或奉化，或南京，或廬山，以了吾弟孝心。吾弟近曾有言："要把孝順的心，擴大為民族感情，去敬愛民族，

奉獻於國家。"誠哉斯言，盍不實踐於統一大業！就國家民族而論，蔣氏兩代對歷史有所交代；就吾弟個人而言，可謂忠孝兩全。

否則，吾弟身後事何以自了。尚望三思。

吾弟一生坎坷，決非命運安排，一切操之在己。千秋功罪，繫於一念之間。當今國際風雲變幻莫測，臺灣上下眾議紛紓歲月不居，來日苦短，夜長夢多，時不我與。盼弟善為抉擇，未雨綢繆。"寥廓海天，不歸何待？"

人到高年，愈加懷舊，如弟方便，余當束裝就道，前往臺北探望，並面聆諸長輩教益。"度盡劫波兄弟在，相逢一笑泯恩仇"。遙望南天，不禁神馳，書不盡言，諸希珍重，佇候覆音。

老夫人前請代為問安。方良、緯國及諸侄不一。

順祝

近祺！

廖承志

1982 年 7 月 24 日

附錄六：蔣夫人發表給廖承志公開信[1]

1982 年 8 月 17 日

承志世姪：

七月廿四日致經國函，已在報章閱及。經國主政，負有對我中華民國續之職責，故其一再聲言「不接觸，不談判，不妥協」，乃是表達我中華民國、中華民族及中國國民黨浩然正氣使之然也。

余閱及世姪電函，本可一笑置之。但念及五十六七年前事，世姪尚屬稚年，此中真情肯綮，殊多隔閡。余與令尊仲愷先生及令堂廖夫人，曩昔在廣州大元帥府，得曾相識，嗣後，我總理在平病況阽危，甫值悍匪係美瑤在臨城綁劫藍鋼車後，津浦鐵路中斷，大沽口並已封港，乃衹得與大姊孔夫人繞道買棹先低至青島，由膠濟路北上轉平，時逢祁寒，車廂既無煖氣，又無膳食飲料，車上水喉均已冰凍，車到北平前門車站，周身既抖且僵。離滬時即知途程艱難，甚至何時或可否能如期到達目的地，均難逆料，而所以趕往者，乃與總理之感情，期能有所相助之處，更予二家姊孫夫人精神上之奧援，於此時期中，在鐵獅子胡同，與令堂朝夕相接，其

足令余欽佩者，乃令堂對總理之三民主義，救國宏圖，娓媚道來，令余驚訝不已。蓋我國民黨黨人，固知推翻滿清，改革腐陳，大不乏人，但一位從未浸受西方教育之中國女子而能了解西方傳來之民主意識，在五十餘年前實所罕見。余認其為一位真正不可多得之三民主義信徒也。

再者，令尊仲愷先生乃我黃埔軍校之黨代表，夫黃埔乃我總理因宅心仁恕，但經多次澆漓經驗，痛感投機份子之不可恃，決心手創此一培養革命精銳武力之軍校，並將此尚待萌芽之革命軍人魂，交付二人，即是將校長之職，委予先總統，以灌輸革命思想，予黨代表委諸令尊，其遴選之審慎，自不待言。觀諸黃埔以後成效，如首先敉平陳炯明驍將林虎、洪兆麟後，得統一廣東。接著以北伐進度之神速，令國民革命軍軍譽鵲起，威震全國，猶憶在北伐軍總司令出發前夕，余與孫夫人，大兄子文先生等參加黃埔閱兵典禮，先總統向學生訓話時，再次稱許廖黨代表對本黨之勳猷（此時廖先生已不幸遭兇物故，世姪雖未及冠，已能體會失怙之痛矣。）

再次言及仲愷對黃埔之貢獻時，先總統熱淚盈眶，其真摯慟心，形於詞色，聞之者莫不動容，諒今時尚存之當時黃埔學生，必尚能追億及之。余認為仲愷先生始終是總理之忠實信徒，真如世姪所言，為人應「忠孝兩全」，倘謂仲愷先乃喬裝為三民主義及總理之信徒，而實際上乃為潛伏國民黨內者，則豈非有虧忠貞？若仲愷先生失心忠貞，則豈非世姪有虧孝道耶？若忠孝皆胴（註「胴」為不任事與不足之意）。則廖氏父子二代對歷史豈非茫然自失，將如何作交代耶？此意尚望三思。

　　再者在所謂「文化大革命」鬥臭、鬥垮時期，聞世姪亦被列入鬥爭對象，虎口餘生，亦云不幸之大幸，世姪或正以此認為聊可自慰。日本讀賣新聞數年前報導，中共中央下令全國二十九省市，進行歸納，總結出一「正式」統計數字，由一九六六年開始，到一九七六年十年之內，被迫害而死者有二千萬人，波及遭殃者至六億人。雲南省、內蒙古等地，有七十二萬七千名幹部遭到迫害，其中三萬四千人被害致死。

　　「北京日報」亦曾報導，北京市政府人員在「文革」中，就有一萬二千人被殺，共黨高層人物，如劉少奇、彭德懷、賀龍等人‧均以充軍及飢餓力式迫死，彼等如九泉有知，對大量幹部自相殘殺，豆箕相剪之手段，不知將作何想法？毛澤東老奸巨黠，為其個人之尊榮，使盡屠活流寇作風，歷史將如何評判？須知嘉興南湖十二共黨首領中之陳公博、周佛海最後雖自毀個人歷史，均尚能漸悟蘇聯式共產主義草管人命，殘暴行為，正禍及全國，乃自動脫黨。三十餘年來，大陸生靈塗炭之鉅，尤甚於張獻忠、李自成數十百倍，未知世姪有動于衷乎？昔黃巢礫殺八百萬，聞者莫不咋舌，外人且以其飲俄帝伊凡之畜生行為尤甚。今自共黨在大陸僭政以來，美國時代雜誌即曾統計遭其殺戮迫害而死者近五千萬生命，以此數額與全世界殺人魔王相比擬，彼等均有遜角毛酋變本加厲，確如斯魔名言，「一人死可悲，千萬人死乃一統計。」世姪所道「外人巧言令色」，旨哉斯言，莫非世姪默詆奸邪之媚外了。

　　相對言之，中華民國開國以還，除袁世凱之卑鄙覬覦野心失敗外，縱軍閥時代，亦莫敢竄改國號，中華民國自國民

政府執政以還，始終以國父主義及愛國精神為基據，從未狎褻諛外，如將彼等巨像高懸全國，靈爽式憑，捧為所宗者，今天有正義感之猶太人尚唾棄其同宗之馬克斯，乃共黨竟奉之為神明，並以馬列主義為我中華民族之訓條，此正如郭沫若宣稱「斯太林是我的爸爸」實無恥之尤，足令人作三日嘔。

國學大師章太炎為陳炯明撰墓誌，謂我總理聯俄容共鑄成大錯，中國共產黨曲解國父聯合世界上以平等待我民族之要旨，斷章取義，以國父容共一詞為護身符，因此諱言國父批牘墨跡中曾親批「以時局誠如來書所言，日人眼光遠之人士，皆主結民黨，共維東亞大局；其眼光短少之野心家，則另有肺腑也；現在民黨，係聯日為態度。」此一批示顯見：（一）總理睿知，已洞察日本某些野心家將來之企圖；（二）批示所書「現在」民黨當以聯日為態度，所言亦即謂一切依國家之需要而定。聯日聯俄均以當時平等待我為準繩。當時日本有助我之同情心，故總理乃以革命成功為先著，再者毋忘黃花崗七十二烈士中，有對中山先生肝膽相照之日本信徒為我革命而犧牲者。世姪在萬籟俱寂時，諒亦曾自付一生，波劫重重，在抗戰前後，若非先總統懷仁念舊，則世姪何能脫囹圄之厄‧生命之憂，致尚希冀三次合作，豈非夢囈？又豈不明黃台之瓜不堪三摘之至理耶？

比時大陸山頭主義更為猖獗，貪污普遍，賄賂公行特權階級包庇徇私，蓁蓁疊聞；「走後門」之為，也牲牲（註「牲牲」眾多也。）皆是，禍在蕭牆，是不待言，敏若世姪，抑有思及終生為蟒螫所利用，隨時領導一更，政策亦變，且夕為危，終將不免否？過去毛酋兼權，一日數驚，鬥爭侮辱，

酷刑處死，任其擺佈，人權尊嚴，悉數蕩盡，然若能敝帚自珍，幡然來歸，以承父志，澹泊改觀，養頤天年，或能予以參加建國工作之機會。倘執迷不醒，他日光復大陸，則諸君仍可冉冉超生，若願欣賞雪竇風光，亦決不必削髮，以淨餘劫一，回頭是岸，願捫心自問。欷欷之誠，書不盡臆。

　　順祝

　　安謐

　　　　　　　　　　　　　　　　　蔣宋美齡

附錄七：鄧六條[1]

　　一九八三年六月二十六日鄧小平在北京會見美國新澤西州西東大學教授楊力宇時談到實現中國大陸和臺灣和平統一的一些設想問題的核心是祖國統一。和平統一已成為國共兩黨的共同語言。但不是我吃掉你，也不是你吃掉我。我們希望國共兩黨共同完成民族統一，大家都對中華民族作出頁獻。

　　我們不贊成臺灣「完全自治」的提法，他說：自治不能沒有限度，既有限度就不能「完全」。「完全自治」就是「兩個中國」，而不是一個中國。制度可以不同，但在國際上代表中國的，祇能是中華人民共和國。我們承認臺灣地方政府在對內政策上可以搞自己的一套。臺灣作為特別行政區，雖是地方政府，但同其他省市的地方政府以至自治區不同，可以有其他省市自治區所沒有而為自己所獨有的某些權力，條件是不能損害統一的國家的利益。

　　祖國統一後，臺灣特別行政區可以有自己的獨立性，可以實行同大陸不同的制度。司法獨立，終審權不須到北京。臺灣還可以有自己的軍隊，祇是不能構成對大陸的威脅。大陸不派人駐臺，不僅軍隊不去，行政人員也不去。臺灣的黨、

1　同註 249，頁 207-208。

政、軍等系統，都由臺灣自己來管。中央政府還要給臺灣留出名額。

　　和平統一不是大陸把臺灣吃掉，當然也不能是臺灣把大陸吃掉。所謂「三民主義統一中國」，這不現實。

　　要實現統一，就要有個適當方式，所以我們建議舉行兩黨平等會談，實行第三次合作，而不提中央與地方談判。雙方達成協議後，可以正式宣布，但萬萬不可讓外國插手，那樣祇能意味著中國還未獨立，後患無窮。

　　我們希望臺灣方面仔細研究一下「九條」的內容和鄧穎超在政協六屆一次會議上致的開幕詞，消除誤解。

　　你們做了一件很好的事。我們是要完成前人沒有完成的事業的。如果他們能完成這件事，蔣氏父子以及一切致力於中國統一事業的人，歷史都會寫得好一些。當然，實現和平統一需要一定時間。如果說不急，那是假話，我們上了年紀的人，總希望早日實現。要多接觸，增進瞭解。我們隨時可以派人去臺灣，可以祇看不談，也歡迎他們派人來，保證安全、保密。我們講話算數，不搞小動作。

　　我們已經實現了真正的安定團結。我們和平統一祖國的方針，是黨的十一屆三中全會以後制定的，有關政策是逐漸完備起來的，我們將堅持不變。

　　中美關係最近略有好轉，但是，美國的當權人士未放棄搞「兩個中國」或「一個中國」。美國把它的制度吹得那麼好，可是總統競選時一個說法，剛上任一個說法，中期選舉一個說法，臨近下一屆大選時又是一個說法。美國還說我們的政策不穩定，同美國比起來，我們的政策穩定得多。

附錄八：中華人民共和國和美利堅合眾國聯合公報（八一七公報）[1]

1982 年 8 月 17 日

一、在中華人民共和國政府和美利堅合眾國政府發表的一九七九年一月一日建立外交關係的聯合公報中，美利堅合眾國承認中華人民共和國政府是中國的唯一合法政府，並承認中國的立場，即只有一個中國，臺灣是中國的一部分。在此範圍內，雙方同意，美國人民將同臺灣人民繼續保持文化、商務和其他非官方關係。在此基礎上，中美兩國關係實現了正常化。

二、美國向臺灣出售武器的問題在兩國談判建交的過程中沒有得到解決。雙方的立場不一致，中方聲明在正常化以後將再次提出這個問題。雙方認識到這一問題將會嚴重妨礙中美關係的發展，因而在趙紫陽總理與羅納德·雷根總統以及黃華副總理兼外長與亞歷山大·黑格國務卿於一九八一年十月會見時以及在此以後，雙方進一步就此進行了討論。

---

1 中華人民共和國外交部網站
　http://big5.fmprc.gov.cn/gate/big5/www.fmprc.gov.cn/chn/wjb/zzjg/tyfls/tyfl/
　1153/t4924.htm

　　三、互相尊重主權和領土完整、互不幹涉內政是指導中美關係的根本原則。一九七二年二月二十八的上海公報確認了這些原則。一九七九年一月一日生效的建交公報又重申了這些原則。雙方強調聲明，這些原則仍是指導雙方關係所有方面的原則。

　　四、中國政府重申，臺灣問題是中國的內政。一九七九年一月一日中國發表的告臺灣同胞書宣布了爭取和平統一祖國的大政方針。一九八一年九月三十日中國提出的九點方針是按照這一大政方針爭取和平解決臺灣問題的進一步重大努力。

　　五、美國政府非常重視它與中國的關係，並重申，它無意侵犯中國的主權和領土完整，無意干涉中國的內政，也無意執行＂兩個中國＂或＂一中一臺＂政策。美國政府理解並欣賞一九七九年一月一日中國發表的告臺灣同胞書和一九八一年九月三十日中國提出的九點方針中所表明的中國爭取和平解決臺灣問題的政策。臺灣問題上出現的新形勢也為解決中美兩國在美國售台武器問題上的分歧提供了有利的條件。

　　六、考慮到雙方的上述聲明，美國政府聲明，它不尋求執行一項長期向臺灣出售武器的政策，它向臺灣出售的武器在性能和數量上將不超過中美建交後近幾年供應的水平，它準備逐步減少它對臺灣的武器出售，並經過一段時間導致最後的解決。在作這樣的聲明時，美國承認中國關於徹底解決這一問題的一貫立場。

　　七、為了使美國售台武器這個歷史遺留的問題，經過一段時間最終得到解決，兩國政府將盡一切努力，採取措施，創造條件，以利於徹底解決這個問題。

　　八、中美關係的發展不僅符合兩國人民的利益，而且也有利於世界和平與穩定。雙方決心本著平等互利的原則，加強經濟、文化、教育、科技和其他方面的聯繫，為繼續發展中美兩國政府和人民之間的關係共同作出重大努力。

　　九、為了使中美關係健康發展和維護世界和平、反對侵略擴張，兩國政府重申上海公報和建交公報中雙方一致同意的各項原則。雙方將就共同關心的雙邊問題和國際問題保持接觸併進行適當的磋商。

附錄九：八一七公報（英文版）[1]

Joint Communique of the United States of America and the People's Republic of China
August 17, 1982

In the Joint Communique on the Establishment of Diplomatic Relations on January 1, 1979, issued by the Government of the United States of America and the People's Republic of China, the United States of America recognized the Government ofthe People's Republic of China as the sole legal Government of China, and it acknowledged the Chinese position that there is but one China and Taiwan is part of China. Within that context, the two sides agreed that the people of the United States would continue to maintain cultural., commercial, and other unofficial relations with the people of Taiwan. On this basis, relations between the United States and China were normalized.

The question of United States arms sales to Taiwan was

---

1 美國國務院網站
　http://usinfo.state.gov/eap/Archive_Index/joint_communique_1982.html

not settled in the courseof negotiations between the two countries on establishing diplomatic relations. Thetwo sides held differing positions, and the Chinese side stated that it would raise theissue again following normalization. Recognizing that this issue would seriously hamper the development of United States - China relations, they have held further discussions on it, during and since the meetings between President Ronald Reagan and Premier Zhao Ziyang and between Secretary of State Alexander M. Haig, Jr. and Vice Premier and Foreign Minister Huang Hua in October 1981.

Respect for each other's sovereignty and territorial integrity and non-interference in each other's internal affairs constitute the fundamental principles guiding United States China relations. These principles were confirmed in the Shanghai Communique of February28, 1972 and reaffirmed in the Joint Communique on the Establishment OfDiplomatic Relations which came into effect on January 1, 1979. Both sidesemphatically state that these principles continue to govern all aspects of theirrelations.

The Chinese Government reiterates that the question of Taiwan is China's internal affair. The Message to Compatriots in Taiwan issued by China on January 1, 1979 promulgated a fundamental policy of striving for peaceful reunification of the motherland. The Nine-Point Proposal put forward by China on September 30, 1981 represented a further major effort under this fundamental policy to strive for a peaceful solution to the Taiwan question.

The United States Government attaches great importance to its relations with China, and reiterates that it has no intention of infringing on Chinese sovereignty andterritorial integrity, or interfering in China's internal affairs, or pursuing a policy of"two Chinas" or "one China, one Taiwan." The United States Government understandsand appreciates the Chinese policy of striving for a peaceful resolution of the Taiwanquestion as indicated in China's Message to Compatriots in Taiwan issued on January1, 1979 and the Nine-Point Proposal put forward by China on September 30, 1981.The new situation which has emerged with regard to the Taiwan question alsoprovides favorable conditions for the settlement of United States - China differencesover United States arms sales to Taiwan.

Having in mind the foregoing statements of both sides, the United StatesGovernment states that it does not seek to carry out a long-term policy of arms salesto Taiwan, that its arms sales to Taiwan will not exceed, either in qualitative or inquantitative terms, the level of those supplied in recent years since the establishmentof diplomatic relations between the United States and China, and that it intendsgradually to reduce its sale of arms to Taiwan, leading, over a period of time, to a finalresolution. In so stating, the United States acknowledges China's consistent positionregarding the thorough settlement of this issue.

In order to bring about, over a period of time, a final settlement of the question of United States arms sales to Taiwan, which is an issue rooted in history, the two Governments will make every effort to adopt measures and create conditions conducive to the thorough settlement of this issue.

The development of United States - China relations is not only in the interests of the two peoples but also conducive to peace and stability in the world. The two sides are determined, on the principle of equality and mutual benefit, to strengthen their ties in the economic, cultural, educational, scientific, technological and other fields and make strong, joint efforts for the continued development of relations between the Governments and peoples of the United States and China.

In order to bring about the healthy development of United States - China relations, maintain world peace and oppose aggression and expansion, the two Governments reaffirm the principles agreed on by the two sides in the Shanghai Communique and the Joint Communique on the Establishment of Diplomatic Relations. The two sides will maintain contact and hold appropriate consultations on bilateral and international issues of common interest.

參考文獻

一、著　作

1. 阮銘，鄧小平帝國 30 年，玉山社，2009 年 9 月 1 刷。

2. 李光耀：《李光耀回憶錄（1923-1965）》，新加坡：新加坡聯合早報出版。

3. 李光耀回憶錄：我一生的挑戰　新加坡雙語之路，時報文化出版，2015 版，初版。

4. 李光耀觀天下，遠見天下文化出版，2014 年版，第 1 版。

5. 李光耀：新加坡賴以生存的硬道理，大地出版社，2013年 5 月。

6. 林毅夫、蔡昉、李周著，中國經濟改革與發展，台北：聯經事業出版公司，2000 年 7 月初版。

7. 亞歷克斯・喬西：《李光耀》，上海人民出版社，1976年版。

8. 陶涵，蔣經國傳，時報出版，2000 年 10 月 1 刷。

9. 郝鐵川，鄧小平與中國的民主、法治和人權，天地圖書，2011 年 4 月 28 號。

10. 施正鋒，當代新加坡民主政治，翰蘆圖書出版有限公司，

2013 年 5 月 1 日。

11. 陳國祥，硬耿領導：客家籍政治領袖的志節與功過，印刻出版,2011 年 6 月初版。

12. 許介鱗，評比兩岸最高領導，海峽學術出版社，2004 年 3 月。

13. 傅高義，鄧小平改變中國，天下文化，2012 年 6 月。

14. 新加坡國家檔案館，李光耀選擇了新加坡－東方領袖篇，CENGAGE Learning，2013 年。

15. 新加坡國家檔案館，李光耀選擇了新加坡－西方領袖篇，CENGAGE Learning，2013 年。

16. 新加坡國家檔案館，李光耀選擇了新加坡－養生篇，CENGAGE Learning，2013 年。

17. 新加坡國家檔案館，李光耀選擇了新加坡－親友篇，CENGAGE Learning，2013 年。

18. 新加坡國家檔案館，李光耀選擇了新加坡－建國篇，CENGAGE Learning，2013 年。

19. 新加坡國家檔案館，李光耀選擇了新加坡－動員篇 CENGAGE Learning，2013 年。

20. 新加坡國家檔案館，李光耀選擇了新加坡－縱論篇，CENGAGE Learning，2013 年。

21. 新加坡國家檔案館，李光耀選擇了新加坡－選區篇，CENGAGE Learning，2013 年。

22. 新加坡國家檔案館，李光耀選擇了新加坡－政策篇，CENGAGE Learning，2013 年。

23. 漆高儒，蔣經國評傳，正中書局，1998 年 2 月 2 版。

24. 魏萼，中國文化與西方文明－從臺灣人的移民性格談起，文史哲出版社，2008 年 6 月初版。
25. 顧長永，新加坡蛻變的 40 年，五南出版，2006 年 7 月初版一刷。

二、論　文

1. 尹立言博士，蔣經國與李光耀：世界政治家的楷模・標準的人民公僕，香港世界文化開發公司，2007 年 5 月 8 日。
2. 邱騰緯，蔣經國人格特質與台灣政治發展，台灣師範大學，2008 年 6 月，博士論文。
3. 李伯儀，蔣經國主政時期台灣財政政策之研究，中山大學，2002 年 5 月，碩士論文。
4. 徐厚鶴，鄧小平主政時期軍事思想與實踐研究，中山大學，2004 年 1 月。
5. 許志嘉，中共外交決策模式研究：鄧小平時期的檢證分析，政治大學，1998 年 3 月，博士論文。
6. 曾素瑩，中共十五大「鄧小平理論」之研究，中國文化大學，碩士，2000 年。
7. 焦東傑，國立中央大學歷史研究所碩士論文，鄧小平對台政策的形成背景及影響，2007 年 11 月。
8. 葉集凱，蔣經國晚年政治改革的背景，中央大學，2007 年 7 月，碩士論文。
9. 楊福如，蔣經國先生改革開放思想與影響之研究，台灣

師範大學，2003 年，碩士論文。

10. 鄭寶闌，蔣經國與鄧小平「改革開放」政策的比較研究，佛光大學，2006 年，碩士論文。

11. 蔡定男，鄧小平財政理念與實踐之研究，中山大學，2005年 6 月，碩士論文。

12. 蕭耀銘，蔣總統經國先生行政革新指示之研究，文化大學，1985 年，碩士論文。

13. 魏煒，《李光耀時代的新加坡外交研究（1965-1990）》，華東師範大學歷史系 2006 年博士學位論文。

14. 蘇柏嘉，政治領導力之研究 ── 以蔣經國總統用人為例，台灣師範大學，2012 年 8 月，碩士論文。

三、期刊、報導

1. 中國時報，104 年 3 月 24 日李光耀逝世特別報導 A5。

2. 中國時報，104 年 3 月 25 日時論廣場 A21。

3. 中國時報，104 年 10 月 17 日時論廣場

4. 邱騰緯，蔣經國人格特質之形成背景，新竹教育大學人文社會學報，第六卷第二期。

5. 何清漣，國政府如何控制媒體「中國人權研究報告」（第一部份A），2004 年。

6. 林以君記者，星警正壓「小印度區」44 年首見，聯合報，2013 年 12 月 10 日。

7. 理查德‧伊文思原著《鄧小平傳記》上海人民出版社，1996。

8. 新紀元，從共產黨員到反共領袖蔣經國看清了什麼？（第 119 期 2009/04/30）。
9. 聯合報，104 年 3 月 24 日，A3 版。
10. 聯合報，104 年 3 月 24 日，民意論壇，A14。

四、網　站

1. 大紀元淺談蔣經國（上）
   http://www.epochtimes.com.hk/b5/9/1/7/93869.htm?p=all
2. **你所不知道的新加坡，香港獨立媒體**
   http://www.inmediahk.net/node/1017797
3. 國家展委員會
   http://www.ndc.gov.tw/m1.aspx?sNo=0061378#.VFNGaD SUeSo
4. 國家發展委員會
   http://www.ndc.gov.tw/m1.aspx?sNo=0060092#.VFM6_jS UeSp
5. 搜狐新聞
   http://news.sohu.com/92/19/news146771992.shtml
6. 新華網
   http://big5.xinhuanet.com/gate/big5/news.xinhuanet.com/p olitics/2010-11/17/c_12784087.htm
7. 維基百科
   http://zh.wikipedia.org/wiki/%E8%94%A3%E7%B6%93% E5%9C%8B
8. 維基百科
   http://zh.wikipedia.org/wiki/%E9%82%93%E5%B0%8F%

E5%B9%B3

9. 維基百科
   http://zh.wikipedia.org/wiki/%E6%9D%8E%E5%85%89%
   E8%80%80

10. 維基百科
    http://zh.wikipedia.org/wiki/%E9%82%93%E5%B0%8F%
    E5%B9%B3#.E5.AE.B6.E5.BA.AD.E8.83.8C.E6.99.AF

11. 維基百科
    http://zh.wikipedia.org/wiki/%E9%82%93%E5%B0%8F%
    E5%B9%B3#.E5.AE.B6.E5.BA.AD

12. 維基百科
    https://zh.wikipedia.org/wiki/%E9%82%93%E5%B0%8F
    %E5%B9%B3

13. 中國新聞網
    http://big5.chinanews.com:89/cul/2013/09-13/5284207.shtml

14. 濟寧晚報
    http://epaper.jn001.com/jnwb/html/2013-05/12/content_57
    13.htm

15. 南洋大學校友網站
    http://www.nandazhan.com/zb/lgyjiashi.htm

16. 中華人民共和國外交部網站
    http://big5.fmprc.gov.cn/gate/big5/www.fmprc.gov.cn/chn/
    wjb/zzjg/tyfls/t

17. 美國國務院網站
    http://usinfo.state.gov/eap/Archive_Index/joint_communiq
    ue_1982.html

出版著作及發表論文

編號	書　　名	出版社	出版日期
	邱錦添教授、律師之著作		
1	近代華人傑出領袖 — 蔣經國、鄧小平與李光耀	自行出版（文史哲總經銷）	2015 年 10 月
2	食品安全衛生管理法之理論與實務	自行出版（元照公司總經銷）	2014 年 11 月
3	金融消費者保護法與案例解析（最新版）	自行出版（元照公司總經銷）	2014 年 09 月
4	唐代貞觀法政思想及其當代意義（上下冊）	自行出版（文史哲總經銷）	2014 年 03 月
5	金融消費者保護法與案例解析（初版）	元照出版社	2012 年 11 月
6	醫療觀光	揚智出版社	2012 年 07 月
7	仲裁制度在華人社會實踐之比較	自行出版（元照總經銷）	2011 年 04 月
8	鹿特丹規則與海牙規則、威斯比規則及漢堡規則之比較	自行出版（元照總經銷）	2011 年 04 月
9	最新兩岸保險法之比較 — 兼述 2009 年大陸保險法合同規定之評析	文史哲出版社	2010 年 04 月
10	海商法新論	元照出版社	2008 年 06 月
11	兩岸觀光旅遊政策與法規	國立編譯館	2008 年 04 月
12	兩岸保險法之比較	文史哲出版社	2007 年 06 月
13	海峽兩岸海運政策與法規	國立編譯館	2007 年 05 月
14	海上貨物索賠之理論與實務	國立編譯館	2005 年 01 月
15	兩岸海商法載貨證券之比較	國立編譯館	2002 年 11 月
16	散裝貨物海上運送人責任之研究	文史哲出版社	1999 年 10 月再版
17	海上貨物運送失火免責之研究	文史哲出版社	1999 年 05 月再版
18	海商法	五南圖書出版公司	1998 年 04 月再版
19	台北都會區捷運車站土地聯合開發之研究	文史哲出版社	1994 年 11 月

20	工程受益費之研究	文史哲出版社	1992 年 08 月
21	問政四年	自行出版	1990 年 03 月
22	汽車保險之研究	自行出版	1970 年 06 月

邱錦添教授、律師之論文		
編號	文章名稱	刊物名稱	發表日期
1	2015 兩岸法院對民事判決、仲裁判斷（裁決）之認可與執行	中律會訊第 18 卷第 2 期	2015 年 09 月（上篇）
2	論國際航空運送人之損害賠償責任	中律會訊第 16 卷第 5 期	2014 年 03 月
3	海盜贖金應否列入共同海損之探討	兩岸商法評論第 3 卷第 1 期	2012 年 12 月
4	香港新仲裁條例之特色及其對兩岸仲裁之影響	第三屆海峽兩岸律師（彰化）論壇	2012 年 12 月
5	兩岸法院對仲裁判斷之認可與執行	軍法專刊第 58 卷第 6 期	2012 年 12 月
6	兩岸撤銷仲裁判斷（裁決）之比較	中律會訊第 15 卷第 1 期	2012 年 11 月
7	衡平仲裁	廣東惠州仲裁委員會	2012 年 04 月
8	人生哲學	全國律師 101 年 3 月號	2012 年 03 月
9	兩岸證券仲裁制度之比較與實例分析	軍法專刊第 58 卷第 1 期	2012 年 02 月
10	大陸船舶油污損害賠償司法解釋之分析	全國律師 101 年 2 月號	2012 年 02 月
11	兩岸有關婚姻法規定之比較 — 兼述大陸婚姻法最新司法解釋	中律會訊第 14 卷第 2 期	2011 年 11 月
12	兩岸仲裁法關於仲裁協議之規定與司法判決之比較	軍法專刊第 57 卷第 5 期	2011 年 10 月
13	兩岸海商法船舶碰撞之規定與司法判決之比較	中華全國律協海商法論文集（2011）	2011 年 09 月
		軍法專刊第 57 卷第 6 期	2011 年 12 月

14	海洋石油開發裝置是否屬於船舶？ ── 從美國墨西哥灣溢油事件談起	中律會訊 第 13 卷	2011 年 06 月
15	ECFA 生效後，仲裁對兩岸經貿之作用	兩岸商法評論 第 2 卷第 1 期	2011 年 04 月
16	兩岸保險法告知義務之規定與司法判決之比較	中華全國律協 海商法論文集 （2010）	2010 年 10 月
17	2009 聯合國鹿特丹規則之立法及其對兩岸海商法與大陸航業之影響	兩岸商法評論 第 1 卷第 2 期	2010 年 06 月
18	兩岸保險法告知義務規定之比較	武漢海事仲裁 第 6 集 ── 武漢 仲裁委員會	2010 年 01 月
19	兩岸海事訴訟「保全程序」之比較	中國律師 2009 年 海商法國際研討會	2009 年 10 月
20	2009 大陸保險法之主要修訂內容及其與台灣保險法之比較	中律會訊 第 11 卷 5 期	2009 年 05 月
21	兩岸保險法告知義務之規定與司法判決之比較	景文科技大學 ── 景文學報 19 卷 1 期	2009 年 02 月
22	建造中船舶所有權之有關法律問題	2008 年中國海商法 年刊及中國海商法 論壇	2008 年 11 月
23	阿瑪斯號油輪污染案件之檢討與司法判決之評析	全國律師 97 年 9 月號	2008 年 09 月
24	2006 年擔任大陸海事仲裁員之幾點心得	仲裁報專刊	2008 年 05 月
25	國際貨物運輸法發展之新趨勢	中律會訊	2008 年 05 月
26	大陸物權法對其海商法之影響	法令月刊 第 59 卷第 5 期	2008 年 04 月
27	聯合國海上貨物運輸公約草案之介紹及其對兩岸海商法之衝擊	法務部法學叢刊 第 53 卷第 1 期 （209 期）	2008 年 01 月
28	大陸保險市場開放對臺灣保險業之挑戰	保險大道 第 48 期	2006 年 09 月
29	醫療行為不適用消費者保護法之規定 ── 依最高法院 2005 年臺上字第 1156 號民事裁定	全國律師 94 年 11 月號	2005 年 12 月
30	兩岸法院對民事裁判、仲裁判斷之認可與執行	法令月刊 第 56 卷第 11 期	2005 年 11 月

31	大陸國際海運條例之分析	司法院中國大陸法制之研究第 14 期	2005 年 11 月
32	建議取消遺產稅實現社會公平	稅務旬刊第 120054 期	2005 年 09 月
33	金融控股公司法律關係之分析	全國律師94 年 9 月號	2005 年 09 月
34	金融控股公司網路金融之風險管理	法令月刊第 56 卷第 8 期	2005 年 08 月
35	論載貨證券之效力兼述兩岸海商法規定及司法判決之比較分析	法務部法學叢刊第 50 卷第 1 期（12008 期）	2005 年 01 月
36	論阿瑪斯號輪污染海域之管轄權兼評屏東地方法院九十二年重訴字第四號駁回之裁定	法令月刊第 56 卷第 1 期	2005 年 01 月
37	詐欺保險案例之分析	法令月刊第 55 卷第 12 期	2004 年 12 月
38	兩岸提單記載准據法、管轄及仲裁條款之分析比較	全國律師93 年 9 月號	2004 年 09 月
39	多式聯運經營人之責任制度兼述兩岸多式聯運規定之比較	法令月刊第 55 卷第 4 期	2004 年 04 月
40	台商在大陸包二奶所衍生之法律問題	臺北市立師範學院社教學報	2003 年 12 月
41	兩岸海運無單放貨判決之分析與比較	第一屆十校聯盟航運研討會	2003 年 10 月
		政大法學評論	2004 年 08 月
42	不起訴處分確定後再行起訴之要件－從興票案談起	臺灣客家論壇第 4 期	2003 年 09 月
43	臺灣高鐵與 BOT 漸行漸遠—從政府直接投資與間接投資談起	全國律師92 年 9 月號	2003 年 09 月
44	大陸海商法承運人留置權之分析兼述兩岸海上承運人留置權之比較	法令月刊第 54 卷第 8 期	2003 年 08 月
45	成立「新竹縣新埔鎮城鄉新風貌促進協會」之緣由—擁抱鄉土、回饋鄉親	臺北市新竹縣同鄉會會刊	2003 年 07 月
46	兩岸間接通航「二段提單」法律問題之評析	兩岸經貿月刊第 138 期	2003 年 06 月

47	我為全國律師公會打贏一場勝仗 —— 依臺北高等行政法院九十一年訴字第四一○九號判決	全國律師 92 年 2 月號	2003 年 02 月
48	兩岸保險人代位求償權之比較	再保險資訊 第 201 期	2003 年 02 月
49	參加中國律師二○○一年海商研討會議有感	全國律師 91 年 4 月號	2002 年 04 月
50	兩岸載貨證券免責函之分析	航貿週刊 第 2002.05 期	2002 年 02 月
51	大陸訴前申請輪船公司無單放貨之特殊判決	航貿週刊 第 2002.04 期	2002 年 01 月
52	兩岸法院無單放貨判決之比較與評析	全國律師 90 年 11 月號	2001 年 11 月
53	兩岸海上保險規定之比較	航貿週刊 第 2001.30 期	2001 年 07 月
54	電子提單	航貿週刊 第 2001.29 期	2001 年 07 月
55	大陸新婚姻法之特色 —— 兼論 "包二奶" 之法律問題	全國律師 90 年 7 月號	2001 年 07 月
56	兩岸有關婚姻法規定之比較	全國律師 90 年 7 月號	2001 年 07 月
57	兩岸有關船舶污染海域之規定及其法律責任 —— 從希臘籍貨輪「阿瑪斯號」油污染事件談起	法令月刊 第 52 卷第 5 期	2001 年 05 月
58	參加 "中國律師 2000 年大會" 有感	全國律師 90 年 5 月號	2001 年 05 月
59	台商赴大陸投資前應準備什麼	創業與發展 創刊號	2001 年 04 月
60	兩岸海商法複合運送（又稱多式聯營運送）規定之比較	全國律師 90 年 1 月號	2001 年 01 月
61	大陸海商法的幾個特色	法令月刊 第 51 卷第 1 期	2000 年 01 月
62	兩岸海商法有關船舶碰撞規定之比較	法令月刊 第 50 卷第 11 期	1999 年 11 月